明代倭寇

鄭樑生著

文史哲學集成
文史哲出版社印行

國家圖書館出版品預行編目資料

明代倭寇 / 鄭樑生著. -- 初版. -- 臺北市：
文史哲,民 97.03
頁：公分.（文史哲學集成；539）
含參考書目
ISBN 978-957-549-771-2 (平裝)

1.中國－倭寇史料 2. 明（1236-1644）3. 研究評論

626.65 97003343

文史哲學集成 539

明代倭寇

著者：鄭樑生
出版者：文史哲出版社
http://www.lapen.com.tw
登記證字號：行政院新聞局版臺業字五三三七號
發行人：彭正雄
發行所：文史哲出版社
印刷者：文史哲出版社
臺北市羅斯福路一段七十二巷四號
郵政劃撥帳號：一六一八〇一七五
電話886-2-23511028・傳真886-2-23965656

實價新臺幣五〇〇元

中華民國九十七年（2008）三月初版

ISBN 978-957-549-771-2

序

明代之受倭寇侵擾，始於明太祖朱元璋即位之次年，即洪武二年（一三六九）正月，寇山東瀕海郡縣，擄掠當地居民之際，由於明初海盜橫行，並勾結倭人，到處劫掠，故於四年頒布海禁，嚴禁國人在海上活動，連民船漁舟亦不得擅自下海。對於外國船隻之欲至中國貿易的，則必須與中國建立主從關係，由明朝政府頒給國王印章及勘合，以國王名義呈遞國書——表文，使用明朝年號，以朝貢方式至中國，但須遵守貢期、人數、船數和指定港口，始准通貢互市。任何私人交易，一般禁止。

中國自唐、宋以來，對外海上貿易活動本已甚爲活躍，但明朝政府卻違反了海外貿易發展的趨勢實施海禁政策。這種政策，既不符有無相遷的需求，也漠視了沿海居民，尤其閩、廣沿海地區人民的生計。由於此一地區山多田少，生產不足以自給，故大多以舶爲家，生活所需，全靠海上活動。既然片板不許下海，無異切斷他們的生活補給線。所以即使干犯海禁的後果嚴重，也無法顧慮那麼多而從事私販，或逃往國外，或流爲寇盜了。

私販活動在明朝已相當活躍，因市場需求，海禁愈嚴，獲利愈厚，因此干犯禁令從事私販之風愈熾。當時雖有人主張紓緩海禁以增加稅收，但反對者總是以祖宗成法爲藉口阻撓。只因從事私販可獲鉅利，故從嘉靖二十年代前後開始，濱海地區的許多豪門巨室，或若干部校官員也染指其間。

當時私販，大都以勢家爲奧援。初時，彼此尚能守約，相與往來。惟日子一久，逐漸欺詐勒騙，負欠貸款不肯償還。因此勒騙勾當一再發生，致舶主番商不得返國，遂登岸劫掠。禍亂既已發生，政府遣軍剿捕，追究責任，私商乃鋌而走險，變爲海盜。於是一般小民之困於生計者，或好亂者相率入海，結夥爲亂，而難於收拾。結果，攻城掠邑、殺戮無虛日；四郊廬舍，鞠爲煨燼；千隊貔貅，空塡溝壑；聞者興憐，見者隕涕。

明代倭亂，既非貧民爲謀生所作劫掠行爲，亦非所謂爲反抗封建專制政府貪瀆的人民起義，乃是由私販所引起，亦即由海禁政策衍生之民亂、寇亂。因此，當明廷於隆慶初開放部分海禁，允許人民在福建漳州海澄，以餉稅制方式對外貿易後，便餉足民安，大盜不作。

本書是筆者整理近年來所撰寫有關倭寇問題之篇什，並加上若干新資料而成。盡量避免學術論文模式，來論述明代倭寇之全貌，及此一民亂對國家社會所造成之影響。雖然眼高手低，無法達到預期目標，但如因此書而使讀者對明代倭亂也進一步瞭解，則幸甚。

二〇〇六年仲夏 **鄭樑生** 於淡江大學歷史系

明代倭寇　目錄

第一章 序論

第一節 倭寇研究之回顧

一、日本學者的論著

直到目前爲止，日本有關倭寇問題研究的論著，大都將其重點放在問題的個別研究，尤其將論述的焦點朝向倭寇的組成分子方面，故能將發生於明代的大寇亂作整體把握者，可謂絕無僅有。雖然如此，要把那些論著都一一加以錄列，或一一過目，誠非易事。故在此只舉十九世紀末以後問世管見所及之目錄，至其內容介紹，則因受篇幅限制，只得留待他日。

專著

1. 菅沼貞風，《大日本商業史》（東京，東邦協會，明治十七年（一八八四））。此書在昭和十五年（一九四〇）附錄菅沼本人〈變小爲大轉敗爲勝新日本圖南の夢〉，由東京岩波書店發行。
2. 星野恒，《史學叢說第一集》（東京，富山房，明治四十二年（一九〇九））。

3.日本歷史地理協會，《日本海上史論》（東京，三省堂，明治四十四年〔一九一一〕）。此書爲喜田真吉、久米邦武、渡邊世祐三人合著。
4.三浦周行，《日本史の研究》，第二輯所收錄對外關係史論文（東京，岩波書店，大正十一年〔一九二二〕）。
5.辻善之助，《增訂海外交通史話》（東京，內外書籍株式會社，昭和五年〔一九三〇〕）。
6.秋山謙藏，《日支交涉史話》（東京，內外書籍株式會社，昭和十年〔一九三五〕）。
7.瀨野馬雄，《瀨野馬雄遺稿》（昭和十一年〔一九三六〕）。
8.藤田元春，《日本交通の研究——中近世篇》（東京，富山房，昭和十三年〔一九三八〕）。
9.秋山謙藏，《日支交涉史研究》（東京，岩波書店，昭和十四年〔一九三九〕）。
10.竹越與三郎，《倭寇記》，（東京，刀江書院，昭和四十四年〔一九六九〕，再版）。
11.小葉田淳，《中世日支通交貿易史の研究》，（東京，中央公論社，昭和十七年〔一九四二〕）。
12.登丸福壽、茂木秀一郎，《倭寇研究》（東京，中央公論社，昭和十七年〔一九四二〕）。
13.小葉田淳，《史說日本と南支那》（東京，野田書房，昭和十七年〔一九四二〕）。
14.西村真次，《日本海外發展史》（東京，東京堂，昭和十七年〔一九四二〕）。
15.市村瓚次郎，《東洋史統》，卷三（東京，富山房，昭和十八年〔一九四三〕）。
16.宮崎市定，《日出づる國と日暮るる處》（東京，星野書店，昭和十八年〔一九四三〕）。

17. 村田四郎，《八幡船史》（東京，草臥房，昭和十八年（一九四三））。
18. 秋山謙藏，《東亞交涉史論》（東京，第一書房，昭和十九年（一九四四））。
19. 石原道博，《東亞史雜考》（東京，生活社，昭和十九年（一九四四））。
20. 長沼賢海，《日本の海賊》（東京，至文堂，昭和三十年（一九五五）。日本歷史新書）。
21. 稻村賢敷，《琉球諸島における倭寇史跡の研究》（東京，吉川文館，昭和三十二年（一九五七））。
22. 田中健夫，《中世海外交涉使の研究》（東京，東京大學出版會，一九五九年）。
23. 石原道博，《倭寇》（東京，吉川弘文館，昭和三十五年（一九六〇）。日本歷史叢書）。
24. 田中健夫，《倭寇と勘合貿易》（東京，至文堂，昭和四十六年（一九七一））。
25. 呼子丈太朗，《倭寇史考》（東京，新人物往來社，昭和四十六年（一九七一））。
26. 森克己・田中健夫編，《海外交涉史の視點》（東京，日本書籍株式會社，昭和五十年（一九七五））。
27. 長沼賢海，《日本海事史研究》（福岡，九州大學出版會，昭和五十一年（一九七六））。
28. 石井正敏，川越泰博輯，《日中・日朝關係研究文獻目錄》（東京，國書刊行會，昭和五十一年（一九七六））。
29. 每日新聞社，《遣明船と倭寇》（每日新聞社，昭和五十四年（一九七九）。《圖說人物　海と日本史》，三）。

30. 田中健夫，《倭寇》（東京，教育社，昭和五十七年（一九八二））。
31. 村上護，《日本の海賊》（東京，講談社，昭和五十七年（一九八二））。
32. 湯谷稔，《勘合貿易史料》（東京，國書刊行會，昭和五十八年（一九八三））。
33. 佐久間重男，《日明關係史の研究》（東京，吉川弘文館，一九九二）。
34. 松浦章，《中國の海賊》（東京，東方書店，一九九五）。
35. 太田弘毅，《倭寇——商業・軍事史的研究》（橫濱，春風社，二〇〇二）。
36. 太田弘毅，《倭寇——日本あふれ活動史》（東京，文芸社，二〇〇四）。

單篇論著：

日本學者研究明代倭寇之單篇論者甚多，值得參考者亦復不少，因受篇幅限制，在此僅列舉作者芳名如下：秋山謙藏、弊原坦、柏田忠一、有馬成甫，後藤肅堂（秀穗）、津田左右吉、片山誠二郎、佐久間重男、寺田四郎、柴田卓郎、長沼賢海、中村九四郎、長谷川正氣、增田涉、岩間德野、行宜（李獻章）、宮崎市定、奧崎裕司，成田喜英、小宮山綏介、田村榮太郎、市村瓚次郎，中野禮四郎、瀨野馬熊、新村出、駒井義明、稻葉岩吉、田村洋孝、關周一、伊藤公夫、三浦亮治、高木真太郎、三浦周行，內藤雋甫、檀上寬、中村榮孝，山口正之、福田和則、松浦章、大隅晶子、川越泰博。

二、中國學者的論著

中國國學者有關倭寇問題的著作在十六世紀中葉，亦即在倭寇尚未殄滅的嘉靖（一五二二～一五六六）四十年代已開始問世，此可能因當時東南沿海地區所受災害嚴重使然。由於當時將被害寇害記錄下來者，如非直接參與剿倭的，就是耳聞目睹其事，或爲宣諭日本而遠涉重洋前往彼邦的，故其著作可謂信而有徵，提供後人研究相關問題的寶貴資料。惟其間亦有只記錄事件發生的年份而未言明月日的，致在引用時難免發生困擾，這未嘗非憾事。這類著作如不參考其他相關文獻，就很難把事情的先後弄清楚。茲將中國學者在民國以後所撰此一領域之相關著作錄列如下：

專　著

1. 黎光明，《嘉靖禦倭江浙主客軍考》（北京，哈佛燕京社，民國二十二年〔一九三三〕《燕京學報》專號之四）。
2. 陳懋恒，《明代倭寇考略》（北京，哈佛燕京社，民國二十二年。《燕京學報》專號之六）。
3. 王婆楞，《歷代征倭文獻考》（南京，正中書局，民國二十九年〔一九四〇〕）。
4. 張維華，《明代海外貿易簡論》（上海，人民出版社，一九五六）。
5. 戴裔煊，《明代嘉隆年間的倭寇海盜與中國資本主義的萌芽》（北京，中國社會科學出版社，一九八二）。

6. 汪向榮，《中日關係史文獻論考》（長沙，中華書局，一九八五）。
7. 范中義，《戚繼光評傳》（南寧，廣西教育出版社，一九八六）。
8. 林仁川，《明末清初私人海上貿易》（上海，華東師範大學出版社，一九八七）。
9. 汪向榮，《明史日本傳籤證》（成都，巴蜀書社，一九八八）。
10. 李金明，《明代海外貿易史》（北京，中國社會科學出版社，一九九〇）。
11. 吳重翰，《明代倭寇犯華史略》（長沙，商務印書館，一九三九）。
12. 陳尚勝，《懷夷與抑商——明代海力量興衰研究》（濟南市，山東人民出版社，一九九七）。
13. 張鲁山，《明代倭寇大事記》
14. 南泉，《明代倭寇考略》
15. 何格恩，《明代倭寇侵擾沿海各地年表——附說明》

中國有關倭寇研究之單篇論著遠較專著爲多，其作者有張德昌、張道淵、翦伯贊、秦佩珩、管照微、胡寄馨、賈敬顏、趙令揚、陳伯瀛、杜鳴治、何格恩、王扶生、劉紹寬、李應玉，鄭宗棨、吳玉年、庾年、徐蔚南、劉紫萍、胡彬熙、劉倓、劉伯驥、戴裔煊、郝懿楠、吳金成、陳學文、樊樹志、劉瑀、高邁、徐天胎、戚公用、簡素、李絜非、鄭書祥、陳鳴鐘、雲川、王裕群、陸成候、无根、頡譜、林仁川、陳牧野、毛一波、王伯敏、葛滋超、王士倫、向東方、曾保華、周建卿、李建祿、陳抗生、南泉、佘烈、陳香、李洵等，他們的論著俱屬概論而深入探討者並不多見。

三、台灣學者的論著

台灣在明代雖也受倭寇的侵擾，但此地學者之研究相關問題的，其起步實較中、日兩國爲晚，投身於此一領域的人員也瞠乎其後，雖然如此，其研究成果卻有足觀者。茲將其專著臚列於後：

1. 陳文石，《明洪武嘉靖間的海禁政策》（臺北，臺灣大學文學院，民國五十五年〔一九六六〕。臺大文史叢刊之二十）。
2. 鄭樑生，《明史日本傳正補》（臺北，文史哲出版社，民國七十年〔一九八一〕。文史哲學集成）。
3. 王儀，《明代平倭史實》（臺北，臺灣中華書局，民國七十三年〔一九八四〕）。
4. 鄭樑生，《明代中日關係研究》（臺北，文哲出版社，民國七十四年〔一九八五〕。文史哲學集成）。日文版於同年一月，由東京雄山閣發行。
5. 鄭樑生編校，《明代倭寇史料》，第一輯（臺北，文史哲出版社，民國七十六年〔一九八七〕）。輯錄《明太祖實錄》至《明穆宗實錄》爲止，吉有關中國東海沿海地區之史料。
6. 鄭樑生編校，《明代倭寇史料》，第二輯（臺北，文史哲出版社，民國七十六年〔一九八七〕）。輯錄《明神宗實錄》所建有關壬辰倭亂（萬曆朝鮮之役）之史料。
7. 鄭樑生，《中日關係史研究論集》，第一集（臺北，文史哲出版社，民國七十九年〔一九六〇〕）。

8. 鄭樑生，《中日關係史研究論集》，第二集（臺北，文史哲出版社，民國八十四年〔一九九七〕）。
9. 鄭樑生，《中日關係史研究論集》，第五集（文史哲出版社，民國八十四年〔一九九五〕）。
10. 鄭樑生，《中日關係史研究論集》，第七集（臺北，文史哲出版社，民國八十六年〔一九九七〕）。
11. 鄭樑生，《明代倭寇史料》，第三輯（臺北，文史哲出版社，民國八十六年〔一九九七〕）。輯錄《明史》之相關史料。
12. 鄭樑生，《明代倭寇史料》，第四輯（臺北，文史哲出版社，民國八十六年〔一九九七〕）。主要輯錄廣東、福建兩省方志之相關史料。
13. 鄭樑生，《明代倭寇史料》，第五輯（臺北，文史哲出版社，民國八十六年〔一九九七〕）。輯錄浙江、江蘇、山東、遼東等沿海各州縣方志之相關史料。
14. 鄭樑生，《中日關係史研究論集》，第八集（臺北，文史哲出版社，民國八十七年〔一九九八〕）。
15. 鄭樑生，《中日關係史研究論集》，第十集（臺北，文史哲出版社，民國八十九年〔二〇〇〇〕）。
16. 鄭樑生，《中日關係史研究論集》，第十一集（臺北，文史哲出版社，民國九十年〔二〇〇一〕）。
17. 鄭樑生，《中日關係史》（臺北，五南書局，民國九十年〔二〇〇一〕）。
18. 鄭樑生，《中日關係史研究論集》，第十二集（臺北，文史哲出版社，民國九十二年〔二〇〇三〕）。
19. 鄭樑生，《中日關係史研究論集》，第十三集（臺北，文史哲出版社，民國九十三年〔二〇〇四〕）。
20. 鄭樑生，《明代倭寇史料》，第六輯（臺北，文史哲出版社，民國九十四年〔二〇〇五〕），主要輯錄明代官方之出版品，中、日兩國之國書，及若干民間著作。

21. 鄭樑生，《明代倭寇史料》，第七輯（臺北，文史哲出版社，民國九十四年（二〇〇五））。輯錄當代士人之相關著作。（註一）

22. 李光濤，《萬曆二十三年封日本國王豐臣秀吉考》（臺北，中央研究院歷史語言研究所，民國五十六年（一九六七））。

23. 李光濤，《朝鮮壬辰倭禍研究》（臺北，中央研究院歷史語言研究所，民國六十一年（一九七二））。

24. 張增信，《明季東南中國的海上活動》（臺北，中國文化大學史學研究所，民國七十五年（一九八六））。

25. 黃中青，《明代海防的水寨與遊兵——浙閩粵沿海島嶼防衛的建制與解體》（宜蘭縣，學術獎助基金，民國九十年（二〇〇一））。

26. 吳大昕，《海商·海盜·倭——明代大倭寇的形象》（南投，國立暨南大學歷史研究所碩士論文，民國九十一年（二〇〇二））。

台灣學者的相關著作，除上述外，上有陳文石、林麗月、徐泓、周維強、張彬村、張增信、曹永和、鄭喜夫與筆者等的單篇論著。

上舉眾多論著，無不從中國或日本的立場來探討倭寇的起因、倭寇的組成分子、寇掠實態、中國倭亂所造成之災害等，對單一問題研究所占比重較大，對倭寇本身之活動作爲考察對象者則有上舉太田弘毅之專著。

第二節　本書之架構

本書分六章十四節來立論。

第一章〈序論〉列舉前此中國、日本、台灣從事倭寇研究之學者芳名，並舉其專著名稱、出版處所、出版者及出版年及本書結構。

第二章〈明朝海禁與倭寇〉，首言倭寇的起因。所謂倭寇，乃指從朝鮮半島之高麗朝至李朝，中國之元末至明代，由朝鮮半島至中國沿海之間肆虐的海寇集團而言，其組成分子有日本人、韓人、中國人、以及葡萄牙人。他們在初期是以所謂海盜集團之名主、莊官、地頭爲中心，而武裝商人集團，沿海流浪者加入其中，更有中國之不肖官員、軍民私造海舟，而假朝廷幹辦爲名，擅自下番，擾害外夷，或誘引爲寇，倭寇更爲猖獗。

學者們把倭寇分爲前後兩期，而以十四世紀中葉至十六世紀三十年代初期，亦即從其發生於高麗起，至明世宗嘉靖三十一年止（一三五〇～一五五二）爲前期，十六世紀三十年代以後者爲後期。後期倭寇以勢家豪右爲主，他們仍襲前此故技，操持玩弄，勒騙欺詐，甚至大肆引誘倭人至中國劫掠。故筆者除舉例論述各地發生倭亂之緣由外，兼言倭寇的入侵路線與水、米的補給問題，以及被倭寇所擄男、婦的下落。

眾所周知，明朝實施海禁的目的在於當時倭寇與海寇騷擾大陸沿海之事實，及他們所僞裝的商船難與一般外國船隻區分。明太祖制定的海禁政策，除其繼承者們不斷沿襲外，爲有效實施這種禁令而三申五令「瀕海民不得私出海」,「申禁人民不得擅自出海與外國互市」。因此，筆者在第二節首言明朝政府所頒布私出外境及違禁下海律的內容,與其所設釜底抽薪之計,然後提及洪武、建文年間的海禁問題。朱元璋除加強沿海各地的防禦措施外，也建造不少戰船以防倭寇之來襲，更以禁售海外物資方式，杜絕人民從事海外貿易。永樂，宣德年間則因太宗的對外態度積極，以四海一家爲前提，接受諸外國之輸誠來貢。雖然如此，太宗也仍實施海禁，並顧及海防。宣宗的對外態度則遠較太宗消極，惟他係以招撫諸夷使之服屬，朝貢以取代武力征服，並認爲唯有明、日國關係正常化，始能解決倭寇問題。正統至正德年間的海禁較爲加強，對違禁者的刑法加重，並嚴格執行諸外國來貢時的各種限制。惟至正德時緩和海禁的主張逐漸萌芽，給明朝帶來變更海禁政策之曙光。卻因日本貢使所引發之寧波事件，與葡萄牙人東來後騷擾東南沿海地區，至紓緩海禁的主張一時受到壓抑，主張厲行海禁的意見佔絕對優勢，結果，海禁較往日更爲嚴厲。

海禁嚴厲後，倭寇更爲猖獗，乃命朱紈執行海禁，因紈之手段嚴急，致引起勢家之不安忌恨，終於失位。納落職後撤備弛禁的結果，遂進入所謂大倭寇時代。惟在隆慶年間放寬部份海禁後，海氛便得以逐漸平息。

對明朝因應倭亂方式問題，首先論述高麗，尤其是朝鮮的靖倭方式。朝鮮以懷柔倭人為靖倭的主要方針，亦即除遣軍防禦沿海地方外，也還勸諭其首領投降歸順，如聽從勸降，則給予田地、家財、使之娶妻，獲得安居之地，而此一策略頗能奏效。中國方面則在嘉靖以前除發布海禁，加強海防外，又實施貢舶貿易，透過與日本之間的官方往來，達到禁戢倭寇的目的。惟至嘉靖二十年代末期，日本不再派遣貢舶而私販又猖獗，因明廷一味採取征剿政策，致寇亂難於敉平，使東南沿海居民陷於塗炭之苦，也給國家、社會帶來莫大災害。

第三章言明代倭亂之實態，而分三個時期來論述，即：正德以前之倭亂、嘉靖二十年代之倭亂，及嘉靖三十年代之倭亂。

由《明太祖實錄》或《明史》〈日本傳〉的紀錄可知，洪武年間的寇掠並不頻繁，尚能保持小康局面。永樂年間則因日本幕府第三任將軍足利義滿派遣貢舶，而頗能順應明廷要求取締倭寇，並送還被擄中國沿海居民，故此一時期的倭亂亦不嚴重。從宣宗至武宗的百餘年間，或許因寇掠次數不多，受害又不嚴重，故海防以鬆懈到幾乎無法禦敵。對正德以前的寇掠情形，是以表列方式以明其概。

對嘉靖二十年代的倭亂，則首言爆發於嘉靖二年的寧波事件的起因，宋素卿的來歷，明廷對此一事件的處置情形，朝鮮之送還中林、望古多羅，被日本使節所擄指揮袁璡的下落，以及廷臣的補救之策。然後論述浙江巡撫朱紈執行海禁當時海防之鬆懈，與私販猖獗的情形，和朱紈革渡船、嚴保甲，掃蕩倭寇淵藪之經過。認爲此一時期的寇亂，大都由私販所引起，因朱紈嚴格執行海禁，故其禍害並不嚴重。然朱紈失位後，因不復設巡撫，且撤備弛禁，禍亂遂逐漸加劇，致三十一年時不得不復設巡撫。惟當時寇亂猖獗已極，故擔任巡撫的王忬已無法控制賊情。

對嘉靖三十年代的倭亂，則首言發生大動亂的由來，與明廷復設巡撫的緣由，然後論及渠魁蕭顯一夥之肆虐情形，徐海一夥寇掠的情狀，以及王直被消滅的經過。認爲此一時期的倭亂亦由私販所引起，而是勢豪之家又操持玩弄，勒騙欺詐。復由於沿海小民迫於貪酷，苦於徭役，困於饑寒，遂相率入海從倭。更有中國奸民大規模地誘引倭人之中國劫掠。因此，禍亂遂如大火燎原，一發不可收拾。直至胡宗憲用計先後消滅徐海、陳東、麻葉及王直後，倭亂方纔逐漸平息。

第四章〈倭亂難靖的緣由〉，首論當時政治腐敗，海防廢弛的情形。當時民眾之所以接濟、勾引倭寇者眾，肇因於政治腐敗，未能照顧民生而謀生困難，固小民不得不干犯海禁，鋌而走險。更因當時政壇讒、賄公行，上下欺蔽，行政系統，幾至癱瘓，遂使社會擾攘不安。

就軍紀問題而言，首先徵引湖廣道御史屠仲律之言，已說明嘉靖三十年代將領之統馭無術，及舉光祿寺卿章煥，戶科給事中楊允繩所上〈疏〉，認爲倭患之所以難靖，其患在於將習不振，弊源不革。兵將不相習，教戒不明。將士如烏合之眾，其陣中或縱或橫，雜亂失次；軍令不嚴，士氣渙散。更由於軍中有通敵分子，和軍官之參與擄掠民婦者；倭寇來臨時，又有以庫銀、船隻資寇，使之離去者。非僅如此，在戰場上更有顛倒功罪，或攘奪別人戰功，或將自己過失諉諸他人者。至於戰術不精，技不如倭；兵器落伍等，也都成爲倭寇難靖的因素。

自從嘉靖初年因中國奸民勾結佛朗機人與日本人，騷擾中國東南沿海以後，明朝厲行海禁的結果，走私活動轉趨猖獗・東南沿海所在通番，而以福建、浙江爲尤甚。倭賊入寇，多因中國奸民爲之勾引。倭寇之所以敢肆流劫，皆緣中國內逆爲之嚮導。倭寇非內逆無以逞狼貪之志，內逆非倭寇無以遂鼠竊之謀。蓋逋逃不歸，其時出於日本者不下數千，其餘則皆中國之赤子無賴者入而附之而已，福建漳州居其大半，而寧、紹往往亦間有之，故並非盡爲日本人。由於中國人之從倭者眾，遂亦成爲倭寇難靖的因素之一。

嘉靖三十年代靖倭督撫之更迭頻繁，督府更迭之頻繁雖與倭寇之平定與否無必然關係，但或多或少的影響軍心。尤其當時督府人事之更迭不僅深受嚴嵩、趙文華之干預，而且嚴、趙等人又顛倒是非，誣陷立赫赫武功的督撫，使他們被處斬或謫戍或繫獄，戰敗者反而獲得賞賜或陞遷。在此情形下，又怎能令將士心悅誠服，勇赴疆場？

第五章〈倭亂對國家社會所造成之影響〉，首先論述此一倭亂對明朝財賦所造成之影響，而說明明廷對倭亂所採的各種因應措施，如：因募兵、調兵而來的官兵之廩給、行糧之籌措問題，當時政府到底採用什麼方式來因應？筆者在此根據《明世宗實錄》的記載，表列從倭亂開始熾烈的嘉靖三十二年，至此亂即將止息的嘉靖四十五年，前後十三年半，因倭亂而來的各種額外收支，如：軍費來源、金額、用途及其使用地區等，由此當可看出當時倭亂對國家財政所造成之影響是如何的大。

明朝當因倭亂而從各方面設法籌措軍費外，對被災地區的難民也非採救濟措施不可。救濟難民雖有種種方式，但與倭亂有關者，就是減免災區民眾的稅賦。然減免稅負的情形因時因地之不同而有異，因此也用表列方式以明其概。大致上，明廷採減免稅賦的時期，能與各地區被害的時間相對應，這表示明廷雖因倭亂而財政困難，但對廣大地區的災民仍採若干救濟措施。我們雖無從得知那些措施對災民到底有多少裨益，惟就其所減免大都爲錢糧的情形觀之，實際獲益者可能都是地主階級，佃農與一般大眾則似乎未能分享其好處。

由史料所示，當某一地區所受倭寇災害嚴重時，明廷都會免除各該地方機關首長朝覲。乍看起來，這種措施似與國家財賦無關，其時讓那些地方首長無需長途跋涉其任所和京城之間，而能夠有較充裕的時間從事重建災區，使災區居民早日安堵，恢復生產，這對充裕國家財富應會產生正面作用。

至於此一寇亂對當時中央財政所造成之影響情形如何？對這個問題，則根據戶部的統計數字來瞭解其梗概，並據此以窺當時所採取彌補經費的辦法。其辦法雖是額外提編與加派，即加稅，則因此衍生許多弊端，留下嚴重的後遺症。

繼財政問題之後所探討者爲因倭亂所造成文官、儒生與將士之傷亡情形。在此首先探討嘉靖三十二年至三十六年之間，渠魁徐海、王直爲首的倭寇大肆蹂躪江南之際，明廷曾將一再從各地調兵遣將，或增募壯士的情形。然後列舉因此寇亂犧牲生命之文官、儒生及將士，所錄列者乃目前在台灣能夠見到之紀錄。我們雖可由這些紀錄了解此一時其因剿倭傷亡之文官、儒生與官軍，惟在此所見者應是衆多犧牲者裡的一少部份，其未見載籍者，應遠較此爲多，而尤以官軍爲然，否則就無須再三再四的從全國各地調兵遣將，來因應這個寇亂了。

當寇亂發生之際，固有許多官員、將士傷亡，但一般民衆之因此喪失生命財產者，亦指不勝屈，此一事實無須贅言。故在此主要根據《倭變事略》來考察一般民衆死於倭亂的情形，並根據《倭變事略》、《籌海圖編》、《明世宗實錄》及若干地方志，介紹嘉靖三十二年至三十五年之間，在浙江嘉興、海鹽、石門、慈谿、奉化、烏程、鎮海、象山、黃巖，天台各縣爲守節而死亡之烈女事蹟。由此可知，倭寇不僅公然抵抗官軍，殺擄一般男婦，竟連幼兒亦不放過。因此在所舉者僅是浙江的部分地區，如果將東南沿海的其他地區也列入，則當時因倭亂死於非命的民衆之數目將更爲可觀。

繼軍民傷亡問題所探討者爲城鎮衛所之失陷情形。在嘉靖三十年代前半，倭寇寇掠的地方以江南及兩浙地方爲主，惟自渠魁徐海於三十五年八月，在浙江平湖之梁莊爲浙江總督胡宗憲所滅，及渠魁王直於三十七年正月，被胡宗憲誘捕，收押於按察司獄後，情勢便有所改變。王直在獄中時，其徒黨以胡宗憲食言而憤慨異常，乃焚舟登舟山，據岑港固守以爲報復。越明年，新倭大至東三郡，其在岑港之王直餘黨毛海峰等，從岑港徐移至舟山群島之何梅，然後造舟出海，至福建泉州之浯嶼，開始寇掠閩、廣沿海州縣，連府城亦有被攻陷者。此一時期寇掠閩、廣地區者雖未必都是王直黨徒，但他們所造成之傷害應非淺鮮。在此，主要根據《籌海圖編》與《明實錄》，表列嘉靖十二年十月至萬曆十年八月，城鎮、衛、所被寇掠的情形，並註明其被攻陷者。由此可知，倭寇最猖獗的時其在嘉靖三十二年至四十五年之間。而此一時期之寇亂可與《明史》〈日本傳〉之紀錄相印證。

倭寇既劫掠東南沿海地區，公然抵抗官軍，使地方官員傷亡，更殺擄男婦，即焚燬許多官民廨舍，則必然嚴重影響地方治安。所以此一地區之居民非但無法安居樂業，而且隨時都會有喪失生命、財產之虞。所以戶口之會因而有所損耗，自屬必然。因受資料與篇幅限制，筆者在此只以福建莆田縣、福寧州、泉州府，即舟山群島之定海縣爲例，考察戶口之變遷情形。由此當可了解倭亂對戶口所造成之損失是如何的大，如何的嚴重。

第六章是結論，對全書作一概括性論述。認爲明代倭寇的發生，肇因於太祖朱元璋所實施之海禁政策。朱元璋雖因倭寇問題實施海禁，但此海禁不僅無法根絕倭寇之肆虐，反而衍生更多問題。

明朝政府如果像朝鮮似的由征剿改爲綏撫，則當時的情形勢必呈現另一種局面。因此，實施海禁政策所付出的負面影響是難於估量的。

第二章　明朝海禁與倭寇

第一節　倭寇之起因

一、倭寇的字義

所謂倭寇，乃指從朝鮮半島之高麗朝至李朝，中國之元末至明代，由朝鮮半島至中國沿海之間肆虐的海寇集團而言。倭寇一詞，並非日方的稱呼，乃是中國人或韓人意識爲日本人之海盜集團的總稱。此一詞與首見於《高麗史》卷二二高宗十年（元太祖十八年，日本貞應二年，一二二三）五月甲子條所紀：「倭寇金州」。而倭寇兩字之被當作成語使用，則見於《高麗史》卷三七中定王二年（元至正十年，日本正平五年，一三五〇）二月條所紀：「倭寇固城，竹林、巨濟、何浦。千戶崔禪，都領梁琯等戰破之，斬獲三百餘艘。」以爲倭寇之侵始此。《高麗史節要》卷二六同年同月條並見此事。因此，學者們以爲倭寇這個觀念在此一時期以形成、固定而爲韓人所意識，乃將本年視爲倭寇發生之年分。

所謂倭寇，寇字表示行動，倭爲名詞，例如：《高麗史》卷三八恭愍王六年（一三五七）六月丙寅（二十五日）條紀：「倭寇江陵道」；同書卷三九恭愍王八年五月己亥（八日）條紀：「倭寇禮成江」。《朝鮮太祖實錄》卷一恭愍王二十一年（一三七二）六月條則書如：「倭寇東北界」。當他們騷擾中國沿海時，《明太祖實錄》洪武三年（一三七〇）六月是月條則謂：「倭夷寇山東，轉掠溫、台、明州旁海之民，遂寇福建」。這些記事表示此一時期的倭或倭夷——日本人的侵擾頗爲強韌。（註一）

至於倭寇兩字之被當作名詞使用，在明初已見其例，如：《明太祖實錄》卷四一洪武二年（一三六九）四月乙丑朔戊子（二十四日）條所謂：「陞太倉衛指揮僉事翁德爲指揮副使。先是，倭寇出沒海島中，數侵略蘇州、崇明，殺傷居民。……德時守太倉，率官軍出海捕之，遂敗其衆，獲倭寇九十二人，得其兵器海艘。奏至，詔以德有功，故陞之。……仍命德領兵往捕未盡倭寇」。同書卷七四洪武五年（一三七二）六月丙子朔己丑（十四日）條則謂：「命羽林衛指揮使毛驤、於顯，指揮同知袁義等，領兵捕逐蘇、松、溫、台瀕海諸郡倭寇。」等即是好例。由此可知倭寇一辭在明初已被用於官方紀錄。

二、倭寇的發生

有人以爲倭寇發生的原因在於①交通關係的斷絕。②爲獲稻米與奴隸。③受元軍東征日本的影響。④高麗的積弱不振。⑤及因經濟拮据，無法僅靠日本國內的物產生活，所以鋌而走險到海外去。（註二）如果這些理由是針對肆虐於高麗的倭寇而發，或許中肯，然在中國方面則非如此。這些理由並非倭寇發生的所有原因，只是一部分。（註三）至於中國若干學者將倭寇的寇掠行爲美化爲「起義」，更是無稽之談。筆者爲編校明代倭寇史料，遍蒐臺灣、日本、中國近千種文獻史料（註四），卻未曾發現將倭寇之寇掠行爲視爲「起義」之片言隻字，故將這種寇掠勾當譽爲「起義」，實有違事實而難免政治化之譏。寇亂就是寇亂，民亂就是民亂，何必硬將那些寇盜或干犯海禁從事走私者捧爲民族英雄？

前此中、韓兩國的許多人士認爲倭寇就是日本人的海盜集團，「得間則張其戎器而肆侵略，不得則陳方物而稱朝貢」（註五）者，即右手持算盤，左手持刀槍，如有人妨礙其右手之算盤，則伸出其左手的刀槍，（註六）由強行掠奪進至強行貿易。（註七）初期是由所謂海盜集團之名主、莊官、地頭爲中心，而武裝商人集團、沿海流浪者加入其中。（註八）其侵掠規模，小則二三艘，大則數百艘的大船隊，此乃惡徒化的武士之劫掠行爲。（註九）佐藤信淵在其所著書《禦海儲言》〈倭寇船軍法〉裏說：「從永正（一五四～一五二一）、大永（一五二一～一五二八）年間起，伊豫國因島、久留島、村上、北浦諸人士相商前往海外，從事海賊勾當以富家室，並以野島領主村上圖書爲議事之主。各集自己派下之浮浪人共三四百，分乘大小船十餘艘航行大洋。西自大明國之寧波、福建、廣東、廣西諸州起，至西南印度諸國、安南、廣南、占城、柬埔寨，及南海中之呂宋、八剌臥、亞勃泥諸島而剽掠近海諸邑，搶奪種種財物器械以富其家。之後乃視此如家業，劫掠多年。所以四國、九州海濱之諸浪人、漁夫、船夫、無賴等遂漸加入其行列，因而人數漸多，後來其眾竟有八九百人，或逾千人者。而西南海中諸蕃，均為此賊所困，大明國也畏懼彼輩，遂派出大軍以嚴防禦。世人所謂倭寇，即指此海盜而言。」可見所謂倭寇，乃始於倭寇將軍村上義弘的水軍，其劫掠目的在於致富。（註一〇）

明宣宗曾命行在（南京）都察院嚴私通番國之際，並諭右都御史顧左等曰：「私通外夷，已有禁例。近年官員、軍民卻不知遵守，往往私造海舟，假朝廷幹辦為名，擅自下海，擾害外夷，或引以為寇。近日已有擒獲而各寘重罪。你們應申明前禁，榜諭緣海軍民，有犯者准許諸人首告，得實者給犯人家財之半；知而不告，及軍衛有私縱之不禁者，一體治罪。」（註一一）唐樞也曾說：「嘉靖六（一五二七）、七年以後，海防官員奉公嚴禁人民下海，以致商道不通，商人失其生理，於是轉而為寇。嘉靖二十年後，海禁越嚴，賊夥越盛。許棟、李光頭輩，其聲勢因而蔓延，禍患便隨著時間的流逝而日益嚴重，今日之事（指嘉靖三十年代之大倭寇），實由來與此。通商之事順遂而易舉，寇掠之事違反國法而難為。只因其順易之路為國法所不容，故逆難之圖謀乃作。」（註一二）可見明朝的海禁政策導致其東南沿海地區發生倭寇，及官員、軍民私造海舟，並假朝廷幹辦為名，擅自下番，擾害外夷，或引以為寇，致倭寇更為猖獗。嘉靖三十年代的閩縣知縣仇俊卿更說：「海寇之聚，其初未必同情。有冤抑難理，因憤而流於寇者；有憑藉門戶，因勢而利于寇者；有貨殖失計，因困而營于寇者；有功名淪落，因傲而效于寇者；有搶掠人口，因壯而役于寇者；有貨賃作息，因貧而食于寇者；有知識風水，因能而誘于寇者；有親屬被拘，因愛而牽于寇者。諸如此類，中間不無可矜。雖在寇盜之日，未必皆無求生之心，樂于犯法，以甘必死者，豈人情之通好哉！招徠撥亂轉移，亦易吾將爲攻心伐交之計。」（註一三）可見經濟拮据指是倭寇發生的原因之一，經濟上的需要，亦即爲富家室前往海外貿易，卻因明朝海禁而有志難伸，這纔使他們干犯禁令鋌而走險，而又有許多鋌而走險，而爲虐。所以如將此亂硬說爲反抗封建專制政府的民眾「起義」，而未免太抬愛那些亂民了。

至於明世宗之治世（一五二二～一五六六）各地發生寇亂的原因，於嘉靖三十年代奉浙江總督楊宜之命，東渡招諭日本的鄭舜功留有如下記錄：

○嘉靖甲午（十三年，一五三四）給事中陳侃出使琉球，例由福建津發，比從役人皆閩人也。既至琉球，必候汛風乃旋。比日本僧師學琉球，我從役人聞此僧言日本可市，故從役者即以貨財往市之，得獲大利而歸，致使閩人往往私市其間矣。後有私市平戶島，島夷利貨，即殺閩商。未幾，天乃雨血其地，地復出血，島夷俱灾。遭殺諸商皆見夢於島主，島主寢疾，立廟祀之，其島始安。自後私商至彼，待以殊禮。繕舟匱乏，島夷稱貸，故私商眾，福亂始漸矣。（註十四）

○浙海私商，始自福建鄧獠，初以罪囚按察司獄，嘉靖丙戌（五年，一五二六）越獄逋下海，誘引番夷私市浙海雙嶼港，投託合澳之人盧黃四等私通交易，嘉靖庚子（十九年，一五四〇）繼之許一松、許二楠、許三棟、許四梓，勾引佛朗機國夷人絡繹浙海，亦市雙嶼、大茅等港，自茲東南釁門始開矣。（註一五）

○明年癸卯（二十二年，一五四三）鄧獠等寇掠閩海地方，浙海寇盜亦發。海道副使張一厚，因許一、許二通番致寇，延害地方，統兵捕之。許一、許二等敵殺得志，乃與佛朗機夷泊雙嶼。伙伴王直於乙巳歲（二十四年，一五四五）往市日本，始誘博多津助才門等三人來市雙嶼。明年復行，風布其地，直浙倭患始生矣。（註一六）

○歲丙午（二十五年一五四六）許二、許四因許一、許三事，故所欠番人貨物無償，卻以姦黨於直隸蘇、松等處地方誘騙良民，收買貨財到港。許二、許四陰嗾番人搶奪。陽則寬慰被害之人，許償貨價，故被害者不知許二、許四之謀，但怨番人搶奪。自本者則舍而去之，借本者思無抵償，不敢歸去，乃隨許四往日本國，價以歸舟。至京泊津，遭騙之人，寖以番人搶騙財貨之故告以島主。島主曰：「番商市中國，敢搶中國人財，今市我國莫不懷擄矣。」即殺番人，乃以薪粒等物給許四，使送華人以歸。許四自思初欠番夷貨物，又失番夷商賈歸，竟不敢向雙嶼，卻與沈門、林剪、許獠等合踪，劫掠海隅民居。許二以兄弟許一、許三喪亡，許四不歸，所欠番人貨財不能抵償，遂與朱獠、李光頭等誘引番人寇劫閩、浙地方矣。（註一七）

○癸丑（三十二年，一五五三），而葉宗滿勾引倭夷來市浙海。比懼舟師，不敢停泊，往市廣東之

南澳，閩、廣倭患始生矣。（註一八）

由上引文自可知，中國東南沿海之倭亂，無不肇因於私販（走私商人），而倭患之猖獗與否，又與明朝執行之寬嚴有關，但與所謂「起義」則風馬牛不相及。

三、倭寇的分期

學者們把倭寇分為前後兩期，將十四世紀中葉起，至十六世紀五十年代初期，亦即從其發生於高麗起，至明世宗嘉靖三十一年止（一三五〇～一五五二）者為前期，十六世紀五十年代以後發生者，即嘉靖三十二年（天文二年，一五五三）以後肆虐者為後期，此一區分方式殆已成定論。

如前文所說，倭亂起於元至正十年（高麗忠定王二年，日本正平五年，觀應元年，一三五〇）其後二十餘年之間，頻頻入侵朝鮮半島而幾無虛日。至其規模小則二、三艘，大則連艦數百，蔽海而至。使高麗政府窮於應付，終因此陷於疲弊，斷送國脈。

前期倭寇的特色在其主要分子為日本西陲的武士與海盜集團，劫掠目標則為糧食、水手及其他男女、漕船。他們大都出身日本，其震撼中國的時期與日本南北朝（一三三六～一三九二）的板蕩時期對應著。

誠如《明史》〈日本傳〉所紀，此等倭寇於不久後，在方國珍、張士誠餘黨誘導下襲擊中國沿海郡縣，北自遼東、山東起，南至江蘇、浙江、福建、廣東，逐漸受其侵害。

中國方面的倭寇，初期只寇掠沿海地方，後來則與奸民狼狽爲奸，襲擊內地，輾轉肆虐而旁若無人，致人民大受其害。嘉靖三十年代爲倭寇最猖獗的時期。明廷爲釜底抽薪，乃用計消滅徐海、王直等渠魁，並用所有力量打敗其餘黨。倭寇的殄滅，除海防的加強，戰術的進步外，於隆慶元年（一五六七）開放部分海禁，准許人民在漳州海澄以餉稅制方式往販東西兩洋，亦有以致之。迄至萬曆年間（一五七三～一六一九），豐臣秀吉侵略朝鮮之事告終，德川幕府（一六〇三～一八六七）統一日本，使其國內復歸平靜後，中國方面的倭寇方纔逐漸退去，始得鬆一口氣。

後期倭寇索擄掠者，除糧食、男女外，凡值錢的財物無不成爲他們的目標。他們劫掠時既有奸民爲其嚮導，爲其接濟，更有官軍爲其洩漏師期者。

明初的倭寇被認爲自朝鮮半島的延長線上，（註一九）之後，除真倭外尚有許多「倭寇之幻影」（註二〇）似的人物，及中國衣冠之盜、貴官家、應考科舉落榜者、失去生活憑依者加入其行列。故此一時期倭寇的本質，未嘗不可謂爲以中國人之海寇爲主。（註二一）此可由《明史》〈日本傳〉所謂：「大抵真倭十之三，從倭者十之七。」及徐學聚《嘉靖東南平倭通錄》所言：「蓋江南海警，倭居十三，而中國叛逆居十七也。」及《明世宗實錄》所紀：「夫海賊稱亂，起於負海姦民通番互市。夷人十一，流人十二，寧、紹十五，漳、泉、福人十九，雖概稱倭夷，其實多編戶之齊民也。」（註二二）獲得佐證。而前後兩期倭寇組成分子之差異，亦可由此得知。

雖在不久以後，日本海盜在南洋群島出沒而從事貿易，並幹海賊勾當。他們藉朱印船之名，或混跡這種船隻之間渡重洋，劫掠航海中之船隻與沿海地方。他們因從前一代以來的關係，由中國南下的倭寇和中國海盜攜手合作者多，如庄吾等即其代表。因他們前此受明朝水軍追逐而退至呂宋，而在呂宋見敗。因此，他們未避明之嚴厲海防連袂前往南洋，乃自然趨勢。當荷蘭、西班牙人出現亞洲時，明、倭聯合與之作戰的事例不少。（註二三）而歐洲人之因此海盜而傷腦筋者亦多。其受害最深者為菲律賓與南洋群島（註二四）。

當時有許多日本人居住現今越南、柬埔寨、泰國、菲律賓、馬來西亞、爪哇、蘇門答臘，形成日埠。（註二五），至有山田長政、呂宋左衛門。角倉了以、天竺德兵衛等耀武揚威其間。然當德川幕府實施鎖國政策，嚴禁國民出海後，曾經肆虐三百餘年之久的倭寇便銷聲匿跡，直到明治維新前夕，皆跼蹐於其島國。（註二六）

四、倭寇的入侵路線與水、米補給

如據鄭若曾《籌海圖編》與茅元儀《武備志》的記載，倭寇入侵中國的路線可別為三，即①至閩廣路。②至直浙山東總路。③至朝鮮遼東總路。明人康太和也說：「倭奴居海島之家，與浙西之會稽。大洋之中有三山鼎峙，一名馬蹟，一名天衢，一名揚（洋）山，倭奴之來。必繇馬蹟。欲致寧波、台、溫、必繇天衢；欲至乍浦、吳淞江口、劉家河，必繇揚（洋）山。而馬蹟尤為要衢，岸可列寨，可泊船。」（註二七）可見鄭若曾、茅元儀兩人所言有關倭寇入侵中國的路線頗為中肯。而他們係橫渡東海於，接近中國大陸時避著颶風，採集著薪、水，並循成爲攻防要地的島嶼而來。因此，「凡倭夷之來，每人帶水四百斤，每日用水六碗，極其愛惜，常防匱乏也。水味不同，海水鹹，不可食，食即令人泄，故彼國開洋，必於五島取水。」(註二八)

在五島取水者非只有倭寇，日本貢使至中國朝貢時亦復如此，因爲海水鹹，不可以飲食，故淡水爲航海所貴。如以海水爲飲食，則嘔泄不堪。如烹臘味，則去其汁，臘味可用，因此使節人員必須預蓄淡水，而每人預備淡水四百觔。(註二九)

此雖言他們帶水的情形，但水也會腐敗，所以非換不可。茅元儀云：「倭寇將近中國而經過八山下，陳錢等島嶼時，必停舶換水。其所以欲換的原因在於冬季寒冷時雖稍可耐久，若五六月則貯藏在桶中即壞。故水雖甚清冽，也不能超過數日。因海洋浩渺，風濤叵測，里程無法估計。故過山而汲，乃自然趨勢。如係盥洗沐浴，海水、山水也都可用。有人說：『浴海水令人膚冽』，惟近訪之，知其所知並非如此，只是令人肌膚變黑而已。」(註三〇)也就是說，倭寇和日本貢使雖在長崎附近之五島列島以桶裝載清水，但在航行海洋之際，因顛簸搖晃而易壞，尤其夏季爲然，更何況海洋浩渺，不知何時能夠到達目的地，所以遇到有清水的地方，就非更換不可。然在更換後又不知何時方能獲新鮮的水，所以非設法保鮮不可。茅元儀說他們保存的秘法是：把水煮沸後放在缸裏，如此則能使它令宿而不壞，然亦不能超過半月。(註三一)亦即它們以煮沸法來延長水的貯藏時間，至有水的地方補給。爲這種補給方式，必須要有補給處，「如乏澹(淡)水，或不過山，則必煮海，若燒酒法取氣水而用之。」（註三二）缺水時雖可煮海水來取氣水〈蒸餾水〉飲用，但船上的薪柴有限，無法時常以此方式造「氣水」，故飲用「氣水」必是在萬不得已時。（註三三）倭寇入侵中國沿岸郡縣的路線固然有三，然當他們從五島出發，寇掠距日本最遠的閩、廣時，茅元儀以爲其補給飲用水的地點在洋山。（註三四）現代地圖所見洋山係以大洋山、小洋山爲中心，乃「海道必由之路，可藏海船數百」的群島。（註三五）東有馬蹟，西有許山，南有衢山，北有大七山、小七山，「此地不守，以馬蹟結巢，而徐公上下〈徐公島、上川山島、下川山島，均在洋山之東〉，皆爲倭寇淵藪。」（註三六）洋山島山巔有一淡水池，「倭船與我兵之船，必艤而汲。」（註三七）故可知該處爲自日本至中國的必經之路。

洋山既爲明軍船與倭寇補給淡水處，則明朝當局當然會注意及此，成其取締倭寇之重點。因每年六、七、八月，風漸險惡，正月、十一、十二月的風向不定，故舟皆不可行。三月至五月則東北風多，倭來便易。十月小陽汎，亦可渡海。然因倭寇有停泊海島乘間而至者，故春、秋二汎，皆當嚴爲預防。（註三八）即陰曆三月至五月爲前往中國的最好季節，又是水最易腐敗的時期。因此，明朝當局乃實施會哨，戰船於每值春汎之際出海。初哨以三月，二哨以四月，三哨以五月，小陽汎亦謹慎防備。（註三九）

嘉靖末，曾以洋山爲洋遊哨，該處成爲會哨中心。（註四〇）明朝之所以以此爲會哨中心，當與他爲水之補給站有關。以補給站飲用水處所爲會哨中心，不失爲明智之舉。

對倭寇而言，他們除補給水之外，糧食的補給亦不可或缺。因此，明朝政府鑒於定海外的秀岱、蘭劍、金塘等五山爭利，而內相讎殺、外連倭夷，歲為邊患。因此，信國公湯和奉太祖之命經略海上時，曾使居住海邊之人民全部遷徙內地，不讓他們在沿海地區謀生，此為清野之策。嘉靖三十年代，工部右侍郎趙文華曾〈疏〉請讓人民開種這些島嶼，以給幕租，以為若興此利，金塘一山，即可墾田數萬畝，歲入米幾萬石。如將玉環諸山也加上去，則每年可得米幾十萬石，而對海防有莫大裨益。然其患有二，故當道屢議屢止。其一人是倭人將藉此以為糧，結巢於此，如此則兵費反而增多。其二則為大家爭佃，秋糧難徵，而無益於小民。（註四一）由此可知，倭寇在島嶼補給糧食的地點。然若他們以此為巢穴，則攻逐之費不知要增加幾倍，是齎盜糧，為小而失大。故湯和之採清野之策，有其道理在。然此策略對禁絕倭寇未必絕對有效，其故在於南澳當閩、廣交界之處，乃明初起遣居民遺棄之地，四面蔽風，大潭居中可以聚舟，其面積較金塘大二倍。五六年來，因浙、直嚴厲攻捕，至倭船無法在該處停泊，故俱轉至此處互市。福建捕急，則奔廣東，廣東捕急，則奔福建。他們無論貨物之購齊或售完與否，均定期於四月末至，五月末離去。交易時，係搭棚而在地上，鋪板陳列。而所陳列之貨甚為清雅。刀鎗之類則悉藏在舟中。如能暗中使人於海濱沉滅其舟，則要生擒岸上之倭，易如反掌。（註四二）可見即使「有田百頃」成為「遺棄之地」，也無法把事情解決，徒然變為倭寇與私販交易之場所而已。

我們雖然已知倭寇無法在上述地點補給其所需之米，但他們到中國的時間長久時，自非另找補給處不可。都御史章煥說：倭賊從遠處來，雖每個人各持數日之糧米，但到達海岸時多苦饑者，故可在數步之內制賊之死命。雖因海濱廪藏露積，因此，賊至而掩之，因糧以爲食，因財以爲用。中國奸人與之爲伍，窮民供他們使役。故倭賊所向無前，乘人不備。如此蓄積收斂而此倭賊無所掠，則此爲使倭賊坐困之方法，如此則不出數日便可使之成擒。（註四三）

章煥又說：相傳倭夷揮刃成風，天性好鬥，誠難與之爭鋒，唯有在其久饑時，方易制服。近日官軍連續獲勝，無不乘其饑餓。當時曾剖賊腹檢視，則其所食類多青草，由此可知，禦寇之要訣爲何。（註四四）

由章煥之言可知，倭寇在中國海濱補給糧食之必要性，與明朝當局所採對應措施。他們如果無法補給所需糧食，將處何種境地？此可由《金山倭變小誌》所紀錄：「（嘉靖三十三年）四月庚午，官兵從海口追賊百餘至府北門，賊皆饑斃。」得知箇中情形。

明朝當局鑒於倭寇需要補給糧米，乃以米爲滅寇武器。《籌海圖編》說：「江南倭於嘉靖三十三年（一五五四）大舉入寇而官兵屢敗。當時南京兵部尙書張經兼部務總督軍務，胡宗憲爲浙江巡按。宗憲方至嘉禾，倭賊已至武塘而將逼城。宗憲逐取出酒百餘甕，米五十包下毒，然後封包如故。以二小舟裝載那些酒、米，交與數位健兒，並使他們攜帶官服、文牒，假裝犒兵者。賊見後即驅逐健兒，健兒遂浮水逃遁。賊入舟，見有官服、文牒，信爲犒兵者，乃呼其同伴歡飲。將醉時，復作飯食之，一時流瀉暴死者七八百人。餘賊之中計，遂相戒勿食民間遺物。適逢雨驟至，

又無所得食，淋漓饑睏，因此，斃者益眾，遂解圍離去。（註四五）

因明軍以毒酒、毒米斃倭寇，所以之後賊至民間遇酒饌，必先令中國人先嘗，然後飲食，以防中毒。（註四六）由此我們可看到需以中國本土米、水補給之倭寇，與欲藉此以殄滅倭寇之害的明朝當局之動態。

明朝當局爲杜絕倭寇不可或缺的水、米之補給，自須謀求治本辦法。其最根本的問題是：倭寇擁眾而來，動以千萬計，然他們非能自至，乃是由福建內地奸人接濟他們。因以米、水接濟他們，他們方纔敢久留；濟以貨物，然後方纔敢從事貿易；爲他們嚮導，他們纔敢深入內地。海洋之接濟，由如北陲之奸細也。奸細除而後北人方可驅逐，杜絕接濟而後倭夷方可綏靖，其能查察此一弊端者爲沿海寨司之官。（註四七）因此，明廷爲防寨司官通倭，乃訂下舉處罰條列：

凡把守海防武職官員，有犯受通番土俗哪嗟報水，分利金銀貨物等項，值銀百兩以上，名為買港。許令船貨司私入，患（串）通交易，貽患地方及引惹番賊海寇出沒，戕害居民，除真犯死罪外，其餘俱問受財枉法罪名，發邊衛永遠充軍。（註四八）

文中所謂「哪嗟」，及職司海舶者，「哪嗟報水」，則當爲因接濟米、水給與之報酬。倭寇至中國後，如無法獲得接濟，必無法長期逗留以逞其劫掠之能事。職此之故，明廷便嚴加管束負責海舶業務的官員，以杜絕他們利用職務通倭。

五、倭寇俘虜的下落

前期倭寇劫掠的主要目標是糧食、糧船、水手，一旦登陸，則擄掠在當地的工作的男婦。這種情形，無論朝鮮半島或中國都是如此。因此，無論瀕臨滅亡危機的高麗，或富於新興氣象的明朝，都造成很大的問題。尤其高麗爲防倭寇而亂其財政，至爲朝鮮所取代，因此中朝兩國都曾爲設法解決此一問題而煞費苦心。她們爲釜底抽薪，乃遣使東渡與日本當局交涉。此交涉始於至正二十六年（日本正平二十一年、貞治五年，高麗恭愍王十五年，一三六六）由高麗開其端，遣金乙貴，金龍一行持書東渡。（註四九）繼則遣金逸一行往日本要求禁戢倭寇，而室町幕府曾予回書。（註五〇）

辛禑王時代曾五度遣使至日，那些使者爲羅興儒（元年，一三七五）、鄭夢周（三年，一三七七）、李子庸（三年）、韓國柱（四年，一三七八）、尹思忠（五年，一三七九）等名臣，他們交涉的對象爲室町幕府。這種交涉爲朝鮮所繼承，而室町幕府命釋絕海中津撰擬之〈復朝鮮書〉被收錄於《善鄰國寶記》。

中國方面則除明太祖朱元璋於其即位之次年即洪武二年（一三六九），遣行人楊載赴日促其貢並取締倭寇。明年三月遣趙秩時，則把前此拘留之日僧十五人送還，（註五一）而征西府將軍懷良也以僧祖來爲使，進〈表箋〉，貢馬及方物，並送還前年明州、台州被倭寇所擄男女七十餘人。（註五二）洪武五年（一三七三）五月，高麗送回被倭寇所擄男女七十八人，明廷命有司遣其還鄉。（註五三）同年十一月，高麗王王顓命其中郎將宋坦送回前此爲倭寇所劫嘉興府人金希聲等十一人。（註五四）此事意味著當時的室町幕府基礎已穩固，能夠控制海賊，明廷也因而懷有重視此一問題的熱忱。所以足利義滿於建文三年（一四〇一）首次遣使朝貢於明時，惠帝說：

茲爾日本國王源道義，心存王室，懷愛君之誠，踰越波濤，遣使來朝。歸逋流人，貢寶刀、駿馬、甲冑、紙、硯，副以良金，朕甚嘉焉。……毋容逋逃，毋縱姦宄，俾天下以日本為忠義之邦，則可名于永世矣。（註五五）

成祖也說：

能遵奉朝命，禁止壹岐、對馬諸嶋之人，不為海濱之害。用心勤至，尤為可嘉。（註五六）

又說：

昔者海寇攘竊，肆虐邊隅，彼此為梗，民罹其殃。朕命王殄滅之，以除蟊蠹。王即發兵掩捕，破其舟艦，戳其黨與，擒其首賊，遣人繫送來京。而渠魁遠竄海嶋，偷息黥波。魚蝦出沒，莫適其鄉。舟楫猝不能及，鋒鏑猝不能加。施之以德，不能以懷；動之以威，不能使畏。王乃晝夜謀思，至忘寢食。四出追襲，百計以擒之。茲焉遣使上〈表〉，獻俘于庭。……王之忠誠，可以貫金石，可以通神明。允合天心，式慰朕望。自今海隅肅清，居民無警，得以安其所樂。雞豚狗彘，舉得其寧者，皆王之功也。（註五七）

而不惜給予嘉美之辭。

上舉者係以外交方式遣還，但也有被贖回者，也有被奪還或放還、逃逸者，如：

○〈鄭〉夢周憫倭賊奴我良家子弟，乃謀贖歸。力勸諸向個出私貲若干，且爲書授尹明以遣。賊魁見書辭懇惻，還俘百餘人。自是每明之往，必得俘歸。（註五八）

○恭愍初，……倭寇萬德社，殺掠而去。濯以輕騎追捕，悉還其俘。（註五九）

○日本僧信弘，與倭寇戰于兆陽浦，盡斬之。放還被虜婦女二十餘人。（註六〇）

○遣僉知司譯院事裴蘊，押送唐人金保奴等三人于遼東，嘗被倭寇逃來者也。（註六一）

以上所舉者畢竟是少數，大部分的被擄者被帶回日本後，可能都被拘留在日本成爲奴隸。宣德四年（永享元年，一四二九）末自日本返國的朝鮮通信使朴瑞生云：

倭寇嘗侵略我國，虜我人民以為奴婢，或轉賣遠國，俾不永還。其父兄子弟，痛心切齒，而未來得報讎者，幾何人乎？臣等之行，每泊舟處，被虜之人，爭欲逃來。以其主枷鎖堅囚，未果，誠可愍也。（註六二）

可證。朴瑞生所謂：「或轉賣遠國，俾不永還」，他們到底被賣往何處？《高麗史》辛昌元年（洪武二十二年，元中六年、康應元年，一三八九）八月條云：

琉球國中山王察度，遣玉之奉〈表〉長稱臣。歸我被倭寇虜掠人口，獻方物、硫磺三百斤、蘇木六百斤、胡椒三百斤、甲二十部。

可見他們被賣到琉球等地，琉球也因送還被倭寇所擄掠人口而與朝鮮建立邦交。既然有朝鮮人被售至琉球，則當時可能有出售朝鮮人俘虜的日本人集團。

注釋

註一：秋山謙藏，〈支那人の倭寇〉，《歷史地理》，第六十三卷第五號。參看田村榮太郎，〈倭寇物語〉，《歷史科學》，第三卷第五號。鄭樑生《明史日本傳正補》〈台北，文史哲出版社，民國七十一〈一九八二〉年〉頁一一〇。中山久四郎，〈倭寇について〉，《史學雜誌》，第三十三編第一號。

註二：田中健夫，《倭寇と勘合貿易》，〈東京，至文堂，昭和四十一〈一九六六〉年〉，頁一九～二六；〈室町時代における日本と海外諸國との關係〉，豐田武、ジヨン・ホール編，《室町時代——その社會と文化》〈東京，吉川弘文館，昭和五十一〈一九七六〉年〉。

註三：登丸福壽、茂木秀一郎，《倭寇研究》〈東京，中央公論社，昭和十七〈一九四三〉年〉，頁二三謂：「倭寇的起因在於日本國內人民生活困窘，高麗及元、明兩朝的嚴禁交通，使其寇掠更爲猖獗」。辻善之助，《增訂海外交通史話》〈東京，內外書籍株式會社，昭和十一〈一九三六〉年〉，頁二三謂：「此謂倭寇，即意味著私販船隻」。然這些都有只強調其某一層面而未必十分中肯。李洵，〈公元十六世紀的中國海盜〉〈一九八〇〉、林仁川，〈明代私人海上貿易商人與倭寇〉〈一九八〇〉所言倭寇之組成分子乃嘉靖以後者，如指嘉靖以前則未必正確。

註　四：第八輯至第十輯爲當時文武官員之〈奏疏〉，正在編校。

註　五：錢薇，《承啓堂集》〈明崇禎刊本〉，卷一，〈與當道處倭議〉。

註　六：參看後藤肅堂，〈倭寇の說明する我が國民性の一角〉，《史學雜誌》，第二十六編第一號。寺田四郎，〈海賊雜俎〉，《地政學》，第一卷第十、十二號。

註　七：新村出，〈八幡船考〉，《經濟論叢》，第二十一卷第四號。

註　八：參看前舉林仁川論文。

註　九：片山誠二郎，〈明帝國日本〉，《中華帝國》〈世界歷史，十一〉，頁一三五。

註一〇：佐藤信淵，《禦海儲言》，〈倭寇船軍法〉。

註一一：《明宣宗實錄》〈本書引用之明實錄爲中央研究院歷史語言研究所影印本〉，卷一〇三，宣德八年（一四三三）七月壬子朔己未（八日）條。

註一二：唐樞，《禦倭雜著》〈明經世文編本〉，卷一，〈簡分守公〉。

註一三：鄭若曾，《籌海圖編》〈四庫全書本〉，卷一二，〈經略〉，二，「禦海洋」。此言並見於謝杰，《虔臺倭纂》，卷上〈倭原〉，二。

註一四：鄭舜功，《日本一鑑》（商務印書館據舊鈔本影印本，民國二十八年〔一九三九〕）〈窮河話海〉，卷六，「海市」。

註一五：同前註

註一六：同前註

註一七：同前註

註一八：同前註

註一九：藤家禮之助，《日中交流二千年》（東海大學出版會，一九七七），頁二一五。

註二〇：石原道博，在其所著〈倭寇の幻影〉，茨城大學文理學部紀要《人文科學》，第十號，亦收錄其所著《倭寇》〈東京，吉川弘文館，昭和三十九年〉中謂：「除真倭——日本人倭寇外，將倭寇之譜系析為下列八種：①華人倭寇（所謂倭寇、假倭、裝倭等）。②以和平入貢方式偽貢顯掠，遞貢遞掠（旋貢旋寇、隨貢隨掠、偽貢顯掠）與明貢暗寇（明商實寇）者。③官軍的殘暴（歸咎於倭寇）④中國衣冠之盜的違法貪婪（與倭寇狼狽為奸，或歸罪於倭寇之所為）。⑤中國之盜（陸賊、山賊等）的殘暴（假冒海盜——倭寇之名）。⑥無賴、暴徒、亂民等的殘暴（假冒倭寇之名，或作倭寇之行為來宣傳）。⑦為誇大禦倭、平倭之功，或推諉戰敗責任，乃將倭寇寇掠的情形作虛偽或誇大宣傳。⑧假冒倭寇首級來領賞（以贗首領獎）。筆者以為佛郎機（葡萄牙）人之在東南沿海騷擾者亦應納入。

註二一：同前註。

註二二：《明世宗實錄》〈本文引用之《明實錄》為中央研究院歷史語言研究所影印本〉，卷一八九，嘉靖十五年（一五三六）七月甲寅朔壬午〈二十九日〉，同書卷四二二，三十四年（一五五五）五月甲午朔壬寅〈九日〉等條。
註二三：登丸福壽、茂木秀一郎，前舉書二七～二八。
註二四：同前註。
註二五：岩生成一，〈南洋日本人町の盛衰〉，《台北帝國大學史學科研究年報》第二～第五輯、〈バタビヤ移住日本人の活動〉，《史學雜誌》，第四十六編第十二號。
註二六：鄭樑生，《明代中日關係研究》（台北，文史哲出版社，民國七十四年〔一九八五〕），頁二七八。
註二七：康太和，《留省稿》〈明崇禎刊本〉，卷一，〈擬應詔陳言以備安壤大計疏〉〈上明世宗疏〉。
註二八：茅元儀，《武備志》〈明天啓元年〔一六二一〕刊本〉，卷二三一，〈舶船〉。
註二九：鄭舜功，《日本一鑑》〈窮河話海〉，卷七，「水火」。
註三〇：同前註。
註三一：同註二八。
註三二：鄭舜功，《日本一鑑》〈窮河話海〉，卷七，「水火」。
註三三：太田弘毅，〈倭寇水・米補給〉，《藝林》，第二十三卷第一、二號。本項據此立說。
註三四：茅元儀，《武備志》，卷二〇九，〈洋山記〉。參看唐樞，《禦倭雜著》，卷一，〈洋山記〉。
註三五：《觀海指掌圖》。
註三六：范淶，《兩浙海防類考》〈明萬曆三十年〔一六〇三〕浙江官刊本〉。

註三七：同前註。
註三八：茅元儀，《武備志》，卷二〇九，〈勤會哨論〉。
註三九：同前註。
註四〇：登丸福壽、茂木秀一郎，《倭寇研究》，頁一二六～一二七。
註四一：茅元儀，《武備志》，卷二〇九，〈海防〉，一。
註四二：鄭若曾，《籌海圖編》，卷三，〈廣東倭變紀〉，「廣東事宜」。茅元儀，《武備志》，卷二一三，〈海防〉，五。
註四三：鄭若曾，《籌海圖編》，卷一二，〈經略〉，二，「築城堡」。
註四四：鄭若曾，《籌海圖編》，卷九，〈平倭錄〉。
註四五：鄭若曾，《籌海圖編》，卷二，〈寇術〉。
註四六：同前註。
註四七：鄭若曾，《籌海圖編》，卷四，〈福建倭變紀〉，「福建事宜」。
註四八：明申時行等重修，《大明會典》〈明萬曆十五年司禮監刊本〉，卷一六七，〈關津〉。《明律條例》，〈兵〉。
註四九：《太平記》，卷三九記載金乙貴、金龍一行於同年五月二十三日抵日本，其所攜〈牒〉、方物俱為賊所劫。

註五〇：《高麗史》〈首爾，亞細亞文化社，一九七三〉，卷四一，恭愍王十五年（一三六六）十一月己卯朔壬辰〈十四日〉條云：「遣檢校中郎將金逸如日本，請禁海賊」。

註五一：瑞溪周鳳，《善鄰國寶記》〈續群書類從本〉，後小松院明德三年（一三九二）〈答朝鮮書〉。

註五二：《修史爲徵》，一，〈大明皇帝書〉。

註五三：《明太祖實錄》，卷六八，洪武四年（一三七一）十月庚辰朔癸巳（十四日）條。

註五四：《明太祖實錄》，卷七三，洪武五年（一三七二）五月丁未朔戊辰（二十二日）條。

註五五：瑞溪周鳳，《善鄰國寶記》，應永八年（一四〇一）〈大明書〉。

註五六：瑞溪周鳳，《善鄰國寶記》，應永八年（一四〇一）〈大明書〉。

註五七：瑞溪周鳳，《善鄰國寶記》，應永十四年（一四〇七）〈大明書〉。

註五八：《高麗史》，卷一一七，〈鄭夢周傳〉，辛禑，一，三年（一三七七）條。

註五九：《高麗史》，卷一一一，〈柳濯傳〉。

註六〇：《高麗史》，卷一三三，辛禑，一，四年（一三七八）條。

註六一：《朝鮮太宗實錄》，卷二七，十四年（一四一四）六月壬寅朔條。

註六二：《朝鮮太宗實錄》，卷四六，十一年（一四二九）十二月條。

第二節　明朝之海禁政策

一、頒布私外出境及違禁下海律

眾所周知，明朝實施海禁的目的在於當時倭寇與海寇騷擾大陸沿海之事實，及他們所僞裝的商船難與一般外國船隻區分，而那些倭寇與海寇又「得間則張其戎器而肆侵略，不得，則陳其方物而稱朝貢。」（註一）因此，他們係西洋也能見到的「半商半寇」（註二），而葡萄牙、西班牙等國家武裝完備的商船也與此相仿。（註三）外國商船之欲以此方式在中國沿岸達成其貿易目的的嘗試，對剛建立王朝的明帝國而言，自有損其安泰與權威而無法容忍，所以不能不實施海禁。（註四）

明朝實施海禁的時間，與其存亡的時代大致相同，至其實施的動機就如鄭曉所說：

> 初，方國珍據溫、台、處，張士誠據寧、紹、嘉、蘇、松、通、泰諸郡，皆在海上。方、張既降滅，諸賊、強豪悉航海，糾島倭入寇。……焚民居，掠貨財。北自遼東、山東，南抵閩、浙、東粤，濱海之區，無歲不被其害。（註五）

此言內奸糾島倭寇掠濱海郡縣，至那些地方連年蒙受其害，因此，太祖乃戒懼沿海居民與他們狼狙爲奸，這才禁止其子民私自出海。時人雖因明廷之海禁，致與外國人士之交通斷絕，但在中國實施海禁的，太祖並非始作俑者，此事可由《元史》〈食貨志〉，或《續文獻通考》的記載獲的佐證。元代以前，中、日貿易固然存在，但中國王朝卻無實施海禁之實。雖然元代亦曾有短暫時間有過這種措施，即使這樣，使海禁長久化者實爲朱元璋及其繼承人。

明太祖制訂的海進政策，除被其繼承者們不斷沿襲外，他們爲有效實施這種禁令，除三申五令「禁瀕海民不得私出海」（註六），「申禁人民不得擅出海與外國互市」（註七）外，又制訂如下律法要求人民遵守：

○在京、在外軍民人等，與朝貢夷人私通往來，投託管顧，撥置害人，因此透漏事情者，俱問發邊充軍。軍職有犯，調邊衛帶俸差操。通事并伴送人係軍職者，從軍職之例：係文職有贓者，革職爲民。（註八）

○凡將馬、牛、軍需、銅錢、段匹、紬絹、絲棉私出外境貨賣及下海者杖一百，挑擔馱載之人減一等，物貨、船車並入官：於內以十分爲率，三分付告人充賞。若將人口、軍器出境及下海者，絞；因而走泄事情者，斬。其居該官司及守把之人，通同夾帶或知而故縱者，與犯人同罪；失覺察者減三等罪，止杖一百，軍兵又減一等。（註九）

亦即凡民間有人將馬、牛及軍需物品、鐵貨、銅錢、段（緞）匹、紬絹、絲棉（蠶絲）私自運往國外出售，及私自下海者，各按期情節之輕重，主從犯之別，科以不同之刑罰。至其實際問刑的條例則有如下規定：

○官民人等擅造二桅以上違式大船，將帶違禁物貨下海前往番國買賣，潛通知海賊，同謀結聚，及爲嚮導劫掠良民者，正犯處以極刑，全家發邊衛充軍。若止將大船雇與下海之人分取番貨，雖不曾造有大船，但糾通下海之人接買番貨者，俱問發邊衛充軍。其探聽下海之人，番貨到私下收買販賣若蘇木、胡椒至一千斤以上者，亦問發邊衛充軍，番貨入官。若小民撐使單桅小船於海邊捕取魚蝦，採打柴木者，巡捕官旗軍兵不許擾害。（註一〇）

○官員軍民人等，私將應禁軍器賣與夷人圖利者，比依將軍器出境，因而走泄事情者律各斬，爲首者仍梟首示眾。（註一一）

○各邊將官并管軍頭目私役及軍民人等，私出境外釣豹、捕鹿、砍木、掘鼠等項，并把守之人知情故縱，該管里老官旗軍吏扶同隱蔽者，除真犯死罪外，其餘俱調發煙瘴地面；民人里老爲民軍丁充軍官旗軍吏，帶俸食糧差操（註一二）

○凡沿海去處下海船隻，除有號票文引許令出洋外，若姦豪勢要及軍民人等，擅造二桅以上違式大船，將帶違禁貨物下海前往番國買賣，潛通海賊，同謀結聚，及爲嚮導劫掠良民者，正犯比照謀叛以行律處斬，仍梟首示眾，全家發邊衛充軍。其打造前項海船，賣與夷人圖利者。比照私將應禁軍器下海因而走泄事情律，爲首者處斬，爲從主發邊衛充軍。若只將大船雇與下海之人分取番貨，及雖不曾造有大船，但糾通下海之人接買番貨，與探聽下海之人：番貨到來，私買、販賣若蘇木、胡椒至一千斤以上者，亦問發邊衛充軍，番貨入官。若小民撐使單桅小船給有執照，於海邊近處捕魚、打柴，官軍不許擾害。（註一三）

○私自販賣硫磺五十斤，焰硝一百斤一上者問罪，硝磺入官；賣與外夷及邊海賊寇者，不拘多寡，比照私將軍器出境因而走泄事情律，爲首者處斬，爲從者俱發邊衛充軍。若合成火藥賣與鹽徒者，亦問發邊衛充軍。兩鄰知而不舉，各治以罪。（註一四）

○各邊夜不收出境探聽賊情，若與夷人私擅交易貨物者，除真犯死罪外，其餘問調廣西煙瘴地面衛所食糧差操。（註一五）

○凡官軍民人等，私將應禁軍器賣與夷人圖利者，比照私將應禁軍器下海因而走泄事情律，斬；爲從者問發邊衛充軍。（註一六）

由上錄各〈律〉與〈條例〉可知，馬、牛、軍需、銅錢、紬絹、絲棉等物貨皆嚴禁出海，其故在於馬、牛係耕戰之具，軍需鐵貨爲兵杖所資，銅錢，緞匹、紬絹、絲棉俱爲國之通貨，（註一七）故不得私自攜帶出境。如將人口帶出，則是有從僞之心；走泄事情，是無爲主之意，故俱坐以絞、斬，以杜叛源。（註一八）爲徹底堵住軍民人等私自出海販賣香料，明廷也不止一次地下令禁止使用香料，如：

禁民間用番香、番貨。先是，上以海外諸夷多詐，絕其往來，唯琉球、真臘、暹羅許入貢。而緣海之人，往往私下諸番貿易香貨，因誘蠻夷為盜。命禮部嚴禁絕之，敢有私下諸番互市者，必真（寘）之重法。凡番香、番貨，皆不許販鬻，其見有者，限以三月鎖（銷）盡。民間禱祀，止用松、柏、楓、桃諸香，違者罪之。其兩廣所產香木，聽土人自用，亦不許越嶺貨賣。蓋慮其雜市番香，故併及之。（註一九）

惠帝建文三年〈一四〇一〉十一月又規定：

不問官員軍民之家，但係番貨、番香等物，不許存留販賣，其見有者，限三月銷盡。（註二〇）

對上述律法的執行可能因人因地而異，亦即在走私猖獗的閩、浙沿海較嚴，連下海捕魚也禁止。

嚴私下海捕魚禁。時有奏豪頑之徒私造船下海捕魚者，恐引倭寇登岸。行在戶部言：「今海道正欲隄備，宣敕浙江三司諭沿海衛所嚴為禁約，敢有私捕及故容者，悉指其罪。」從之。（註二一）

有些地方官員則自訂章程，降言具體的海禁措施，如景泰四年（一四五三）當時的漳州知府謝騫，他因見月港、海滄等地居民經常下海購買香料等物貨，即下令隨地編甲，隨甲置總，每總各置牌一聯，屬本地人戶，約定五日需帶牌赴府點校，把靠海的違式船盡行拆散，僅留長五、六尺以下之小船，且必須由官府打烙印始准航行。每船朝出暮歸，每總各照牌面約束。本地人如暮不歸，即赴府呈報，有不報者，事發連坐。（註二二）亦即以連坐方式掌控人民，使人民因相互監視而不敢作奸犯科。海道副使譚綸則鑒於連年倭患皆爲私通貿易而起，而浙人多詐，竊買絲棉、水銀、生銅、藥材一切通番之貨，抵廣變賣，復易廣貨歸浙，本謂交通而巧立名曰走廣。（註二三）故乃採保甲法，委所轄各府佐貳官公同屬縣掌印官省約與從，親詣地方，不論腹裏沿海，與城郭鄉鎮去處，官吏生徒，舉監之家，務逐戶挨查。且每十戶編爲一牌，牌內分十直格，皆以巷道爲准，左下格填注巷門字樣，右下格填注戶主姓名。每家輪值三日，按日將牌懸掛於本家門首，每一牌每年一名輪流爲甲長，管領九家：每十牌每年一名輪流爲保長，管領百家。如發現有遠出不歸，或私受絲棉、火藥等物，假名走廣，潛往通番或逋逃海外不還鄉者，牌內值日應抱牌到官府報告拿究，如隱匿不報，一家有犯，十家連坐。（註二四）這種嚴厲措施，不僅將人民緊縛在其居所而動彈不得，就連下海捕魚謀生也不可能。

二、洪武、建文年間的海禁

明朝有關海禁的文字首見於洪武四年（一三七一）。《明史》卷九一〈兵三〉海防條云：

> 洪武四年十二月，命靖海侯吳禎，籍方國珍所部溫、台、慶元三府軍士，及蘭秀山無田糧之民，凡十一萬餘人，隸各衛為軍，且禁沿海民私出海。

明朝既因爲倭寇問題才實施海禁，又使易受寇掠的濱海居民遷徙內地，且藉其丁壯編入軍衛，將之動員以絕後患，此乃一石二鳥的辦法。有關禁止人民下海問題，可由《明史》卷二〇五〈朱紈傳〉所謂：「初，明祖定制，片板不許下海。」及許孚遠《敬和堂集》卷一〈疏通海禁疏〉所言：

「凡有販番諸商，告給文引者，禁行禁絕，敢有故違者，照例處以極刑」。嘉靖二十六年當時擔任浙江巡府的朱紈也說：

我朝立法垂訓，尤嚴夷夏之防，至今海濱父老相傳，國初寸板不許下海。歷代承平，蓋有由也。伏覩大明律內一款，凡謀叛但共謀者，不分首從皆斬，妻妾子女給付功臣之家為奴，財產並入官。父母、祖孫、兄弟，不限籍之同異，皆流二千里安置。知情故縱隱藏者絞，知而不首者杖一百，流三千里。若謀而未行，為首者絞，為從者皆杖一百，流三千里。知而不首者杖一百，徒三年。又一款，若將人口、軍器出境，及下海者絞，因走泄事情者斬。通同故縱者，與犯人同罪。（註二五）

由此亦可知當時海禁相當嚴厲。

《大明律》〈兵律〉謂：

凡沿海去處，下海船隻，除有號票文引，許令出海外，若姦豪勢要，及軍民人等，擅造二桅以上違式大船，將帶違禁貨物下海番國販賣，潛通海賊，同謀結聚，及為嚮導，劫掠良民者，正犯比照謀叛已行律處斬，仍梟首示眾，全家發邊衛充軍。

這種規定，係指民間之貿易船隻而言。亦即當其船舶入港之際，只要將其貨物報官，繳納關稅，便允許其自由貿易。也就是說，當時的下海船隻，只要有號票文引就可出洋。如擅造二桅以上違式大船，及攜帶違禁貨物下海，前往番國買賣，潛通海賊，爲其嚮導，劫掠良民者，則須受嚴厲制裁。亦即：正犯比照謀叛以行律處斬，梟首示衆，其家族則發邊衛充軍。因此，在此一時期的人民，只要不違反規定，還是可以下海交易。既然不許建造二桅以上大船而只許造小船，則其下海船隻便無法航行遠洋，因此，當時人民即使獲准下海買賣，有只能從事沿海貿易。因《大明律》更定於洪武三十年（一三九七），所以繼承元末以來之貿易方針的明朝，它在對外貿易方面也可能沿用其辦法而予以成文化。

雖然人民持有號票文引就可從事沿岸貿易或海外貿易，只要繳納關稅便允許他們貿易，但至洪武末年，卻規定某些物品不能輸出而實施貿易統制，逐漸將對外貿易官營化。因此，這種規定在初時雖可適用於民間貿易方面，然自發布海禁，禁止某些物品輸出海外後，明廷便嚴格執行其規定。

明朝之將海外貿易限定爲朝貢方式的官方貿易，禁止人民進出海外，卻並非連沿海貿易也加以禁止。《大明律》〈舶商匿貨〉條雖是禁止人民從事對外貿易的措施，但太祖的海禁未必執行得很徹底。海禁難徹底的原因，在於中國沿岸海長而不易防禦。尤其福建地方「斥鹵磽角，田不供食」（註二六），所以因農業生產條件薄弱所造成當地居民，比年荒旱頻仍，民益艱食。海上穀船來自浙之溫、台，廣之高、惠、潮。又豪牙、龍戶，一網包羅而被閉糴，價值一時騰貴，貧民難買生斗之糧。（註二七）所以他們必須求其衣食於海洋。在此情形之下，即使有嚴厲海禁，卻爲維持生活而不得不干犯禁令下海，甚至不惜誘引外夷。

明代海禁之所以由有條件禁止演變爲全面禁止，其故在於此後各國貢使在華的不法行爲，例如：景泰四年（一四五三）朝貢的日本貢使東洋允澎在臨清引起的暴動，（註二八）弘治九年（一四九六）堯夫壽蓂在濟寧的刃傷事件，（註二九）嘉靖二年（一五二三）赴華的細川、大內二氏之使節在寧波引起的寧波事件，（註三〇）琉球貢使之暴虐行爲，（註三一）及葡萄牙人之騷擾東南沿海地方，（註三二）中國奸民之下海誘引外夷（註三三）等，這些事情相互糾葛而使明朝當局益發加強其海禁，遂導致片板不許下海。

太祖雖發布下海通番之禁，然此乃針對中國人所採之措施，對於來自國外的，則必須設法防備。因爲如《明太祖實錄》所示，朱元璋在其即位之初，就有倭寇騷擾，（註三四），而北自遼東，南至廣東，俱受其害。

爲防倭寇侵擾，朱元璋於洪武三年（一三七〇）七月置水軍等二十四衛，（註三五），同年十二月，則從雷州衛指揮張秉彝之請預造戰艦，（註三六）。次年八月，詔浙江、福建瀕海九衛，造舟六百六十艘。（註三七）六年六月，則爲對付「來或莫知，去不易捕」之倭寇，使廣洋、江陰，黃海、水軍四衛營造「多櫓快船」巡洋（註三八）。並且又命吳禎爲總兵官，使他統率上述四衛官兵，並把京衛與沿海諸衛之部隊歸其指揮，俾負防倭之責，（註三九）而獲某種程度之效果。茅坤所謂：國初時，亦由方谷（國）珍、張士誠殘黨竄入之島中，煽動倭奴，相與爲敵。高皇帝乃命將出師，卻數年無功。已而降之黃榜，赦去罪人，久而安定。（註四〇）即指此間情形者。茅坤所言「久而安定」，雖有至誇張成分，但能維持小康局面則是事實。

朱元璋除營造軍船外，又於洪武四年八月，使靖寧侯葉昇巡行溫、台、福、興、漳、泉、潮州等衛，與督造防倭海船。（註四一）迄今洪武十七年（一三八四），則令東川侯胡海督促金吾等衛，造海舟一百八十艘，（註四二），命信國公湯和巡視浙江、福建，禁止人民下海捕魚。（註四三）此外，又採如下措施：

命江夏侯周德興往福建濱海四郡，相視形勢，衛所城不當要害者移往置之。民戶三丁取一，以充戍卒。乃築城一十六，增巡檢司四十五，得卒萬五千餘人。又命信國公湯和行視浙東西諸郡，整飭海防。乃築城五十九，民戶四丁以上者，以一為戍卒，得五萬八千七百餘人，分戍諸衛。（註四四）

可見朱元璋不僅關心海防，陸上防禦也沒有忽略。

湯和與周德興在受命之初，雖首先採取若干防禦措施來應急，但他們之大規模從事這項工作，係在洪武十九年至二十年至之間，此可由《通鑑明紀》洪武十九年條所謂：

是歲，湯和度地浙西東，並海設諸衛所，選丁壯三萬五千人築之。

及同書洪武二十年條所謂：

湯和浙東西之民戶四丁以上者，一為戍卒，得五萬八千七百餘人。增置諸衛所，先後築城凡五十九。

獲知箇中情形。之後，「所」雖有若干變動與增設，但在洪武二十年前後已大致整備。（註四五）

巡檢司唐代已設，元繼其制，明朝則僅將其制度做若干修改而已。在實質上，設衛、所、巡檢司，表示在各該地方築城，構築敵台與烽堠，及常川駐紮軍隊。洪武二十三年（一三九〇），在那些衛、所的每百戶與巡檢司，各置船二艘，用以巡視海洋。（註四六）

如前文所說，朱元璋為貫徹其人民下海之禁，乃以禁止民間使用番香、番貨作為釜底抽薪之計。並且在禁用番香、番貨之同時，也禁止民間販售舶來的番香、番貨，而於三個月內，由官方收置民間所有者。至於民間，則限用國產品。亦即朱元璋已禁止出售、使用海外物資的方式，杜絕人民從事海外貿易。海外貿易如能根絕，便能達到實施海禁的目的。所以把有明一代的海禁稱為「片板不許下海」的原因在此。

三、永樂、宣德年間的海禁

明成祖朱棣於建文四年（應永九年，一四〇二）篡位後，雖沿用其父太祖的海禁政策，但對外貿易的態度，實有在洪武年間（一三六八～一三九八）無法看到的積極性，其最顯著例子就是鄭和的經略海外。此一活動從永樂三年（應永十二年，一四〇五）起，至宣德五年（永享二年，一四三〇）止，前後共達七次。據《明史》〈鄭和傳〉的記載，和所到之處共三十七的國家。他的出使，不僅揚明朝國威，在政治上也具有很深意義。

朱棣對外國的積極性，可由其即位之年〈建文四年、應永九年，一四〇二〉九月遣使前往各國詔諭即位之事獲得佐證。當時他在詔書裏說：「或有不知避忌，而誤干憲條，皆寬宥之，以懷遠人」。「今四海一家，正當廣示無外，諸國有輸誠來貢者聽」。（註四七）以表明即使諸外國干犯明朝法令，也要寬宥它，以懷柔遠人，並以四海一家爲前提，接受諸外國之輸誠來貢。

日本就在成祖的這種對外政策下，成爲中華世界帝國之一員，在以東亞世界爲一環的朝貢體制中，與明朝從事朝貢形式的貿易。日本的這種貿易，就如室町幕府第三任將軍足利義滿呈獻之〈表文〉所示，係奉明爲宗主國，而自己屈居屬國地位，而朝鮮、琉球、暹羅等國家亦復如此。當時明朝對走私者係獎勵他們採取合乎中華世界帝國之框子的朝貢方式。至於中國子民，則表示不究既往的態度，亦即勸他們揚惡從善，就撫回國爲良民。成祖說：

> 好善惡不善，人之同情。有不得已而為不善者，亦非本心。往者爾等或避罪譴，或苦饑困，流落諸番，與之雜處，遂同為劫掠，苟圖全活。巡海官軍既不能矜情招撫，更加侵害。爾等雖有悔悟之心，無由自遂，朕甚憫焉。今特檢遣人齎敕往諭：「凡番國之人，即各還本土，欲來朝者，當加賜賚遣還。中國之人，逃匿在彼者，咸赦前過，俾復本業，永為良民。若仍恃險遠，執迷不悛，則命將發兵，悉行勦戮，悔將無極」。（註四八）

即言箇中情形者，此乃朱元璋時代無法看到的。

成祖頒布上舉〈詔敕〉後兩年（永樂三年，一四〇五），以顯露其效果：

遣行人譚勝受，千戶楊信等，往舊港招撫民梁道明等。舊港在南海，與爪哇鄰。道明，廣東人，挈家竄居于彼者累年。廣東、福建軍民從之者，至數千人，推道明為首。指揮孫鉉，嘗使海南諸番遇道明子二奴，挾與俱來。歲遣勝受等。偕二奴賫〈敕〉招撫之。（註四九）

道明受撫的結果，獲成祖賞賜襲衣，及鈔一百五十錠，文綺十二表裏，絹七十匹。（註五〇）

成祖除以軟硬兼施方式對付倭寇、海寇外，也實施海禁，而與其父親一樣禁止人民下海通番，以防中國受害。《明太祖實錄》紀成祖平定安南後之事云：

以安南平，詔天下曰：……安南與占城百夷等處接界，宜各守疆境，毋致侵越，亦不許民軍人等私通境，私下海販鬻番貨，違者依律治罪。（註五一）

可見他不僅繼承太祖遺志不許中國軍民下海通番，對新附的安南人也作同樣要求，欲以沿海禁來防倭寇與海寇之肆虐，從而加強政府控制的對外貿易。

成祖除施行海禁外，也顧及海防，例如：他於永樂元年命浙江觀海衛建造捕倭海船三十六艘，（註五二）六年十二月，以指揮姜清、張真爲總兵，指揮李珪、楊衍爲副總兵，使之前往廣東、福建，各率海舟五十艘，旗軍五千人攜帶軍器、火器，受姜清節制，往來巡視海洋。（註五三）因成祖實施被稱爲祖法的海禁令，與不怠忽海防，且又使日本臣服的結果，其治世（一四〇三～一四二四）的前半便幾乎未受倭寇騷擾。迄至永樂十一年前後，雖因幕府第四任將軍足利義持與明斷交而倭寇之肆虐逐漸加劇，但於十七年入侵遼東時，因劉榮的妥切策劃而獲空前大勝利。（註五四）

成祖崩後，由其子仁宗繼位。仁宗在位未及一年崩，宣宗成爲中華之主，仍繼承父祖遺志。然宣宗不似成祖之以武力爲手段，推進以招撫方式使諸夷服屬的和平外交，其最顯著例子就是對付安南的政策。他「只欲如洪武中及永樂初，使自爲一國，歲奉常貢。」（註五五）

宣宗除推動和平外交並恪遵祖訓外，也盡量多招諭各國。（註五六）此事可於宣德三年（應永三十二年，一四二八）六月遣使琉球國之際，對禮部尙書胡濙所謂：遠夷歸誠，故是美事，特賜冠服，亦表異恩。古人言：「招攜以禮，懷遠以德。」朕與卿等，尤當念之！（註五七）及同年十月，土魯番使節一行歸國時所謂：遠人朝貢，皆是向慕中國，若待之失宜，豈不解望？況此人已受重爵，宜令緣途有司優與飲食，陝西行都司撥與居宅，毋令失所。（註五八）等語窺見其一斑。

宣宗的對外態度遠較成祖爲消極，他不僅放棄安南，對北虜的防線也往後退縮。然宣宗之以招撫諸夷使之服屬，朝貢以取代武力征服，對明也不會有甚麼損失。事實上，朝貢乃實質上的通商，朝貢國家增多，意味著官方貿易的擴大，政府所須物貨增加。故成、宣時代的官營對外貿易，實較洪武、建文年間顯著發展。對倭寇問題，宣宗也知其治本之策在與日本交通貿易，故在中、日貢舶貿易中斷後，他曾遣內官柴山前往琉球，命中山王尙巴志斡旋日本復貢事宜。（註五九）

宣宗之所以如此做，當係他認爲唯有使明、日兩國關係正常化，始能找出解決倭寇問題的端緒。

四、正統至正德年間的海禁

在成、宣時代，故因對外貿易發展而國內手工業極其發達，（註六〇）但與之同時發生土地高度集中——土地兼併的現象，出現皇莊、藩莊、權貴莊田等，而那些莊園所佔比率相當大。更有進者，官僚所有地與皇室、貴族所佔土地普遍化的結果，他們經營的手工業非但以能滿足其個人需要，而且成爲個人發展經濟的手段。結果，商業資本在當時社會經濟所佔比重越來越大。商業資本越是發達，原本倚靠農業生產的地主階級，也與商業資本結合而擺脫其本來生產方式，擬從事海外貿易。從事對外貿易而佔有地利的，就是瀕海郡縣，即江蘇、浙江、福建、廣東的居民，（註六一）他們對海外貿易積有長年經驗。（註六二）因此，他們隨商業資本發達而想下海通商的慾望，就以經濟繁榮爲背景更爲昂揚，此乃自然趨勢。同時因土地兼併而失去謀生處所的部分農民，他們爲維持生活而擬移殖海外，以尋求謀生之路，未嘗不可認爲是這種趨勢的當然結果。（註六三）走私發達，乃意味海禁鬆弛，人民下海不絕。爲此，明廷乃三申五令其海禁。如宣宗宣德八年（永享五年，一四三三）嚴禁人民私通海外，英宗正統十四年（寶德元年，一四四九）代宗景泰三年（享德元年，一四五三）重頒海禁令等，即是明證。正統十四年當時的福建按察司僉事應軫向英宗報告說：舊例，瀕海居民私通外夷，貿易番貨，漏泄軍情，及引海賊劫掠邊地者，正犯極刑，家人戍邊；知情故縱者罪同。比年，民往往嗜利忘禁。上刑部申明禁之。（註六四）英宗雖命刑部申明海禁，然當我們把《大明律》〈舶商匿貨〉條與憲宗成化七年（一四七一）出版的《律條疏義》卷八〈戶律〉比對，便可知此一時期的通番罪以較往日為重。刑罰加重，既表示下海通番難根絕，也意味海禁的執行長期呈現鬆懈狀態。為此，明朝當局加強其禁令外，也嚴格執行諸夷來貢時的各種限制。

明朝對諸夷來貢的限制，並不侷限於其貢期、船數與人數，對他們到中國以後的行動也加以種種約束，以防不法夷人干犯法令。《大明律》〈問刑條例〉的規定是：

○凡夷人朝貢到京，會同館開市五日，各舖行人等將不係違禁之物入館兩平交易，染作布絹等件立限交還，如賒買及故意拖延騙勒，夷人久候不得起程，并私相交易者問罪，仍於館前枷號一個月；若各夷故違潛入人家交易者，私貨入官，未給賞者量為遞減。通行守邊官員不許將曾經違犯夷人起送赴京。

○會同館內外四鄰軍民人等，代替夷人收買違禁貨物者問罪，枷號一個月，發邊衛充軍。

但至孝宗時，其法令已較前繁瑣而嚴厲，曰：

○夷人朝貢到京，例許貿易五日，有司拘集舖行，令將帶不係違禁貨物，兩平交易。若原來伴送及館夫、通事人等，引領各夷潛入人家私相交易者，沒入價值私貨。夷人未給賞者，量為遞減。通行守邊官員，不許將曾經違犯夷人起送。若夫牌舖行人等，違例私相買賣，枷號示眾。

○在京及沿途官吏一應人等，敢有將引夷人收買違禁之物，及引誘宿娼，就于各該地方枷耗示眾。

其夷人回還，禮、兵二部各委官盤點行李，驗無夾帶違禁之物，方許起程。（註六五）

由此可知，此一時期的貢使不僅有違反明朝法令前往民家私相交易，或收買違禁物品者，更有透過不肖官吏宿娼者，而在眾多官員裏，也有與夷人狼狽爲奸者。故上舉兩則〈問刑條例〉及針對此一弊端而訂。雖然如此，明朝的一味限制貢使們的交易，乃有違當時發展海外趨勢者，它對國內生產事業的發展並無裨益。因爲產品如能輸出海外，則與輸出有關之各種產業當會受到刺激而發達，其產品也可能受市場需求而設法改良、提高其品質，產量也會因市場需求而增加。

明朝經土木之變（一四四九）後，對外政策益趨消極。憲宗（一四六五～一四八七在位）、孝宗（一四八八～一五〇五在位）之治世固能保持小康局面，然至武宗之治世（一五〇六～一五二一），因寵信宦臣劉瑾致政治紊亂，人民塗炭。在此情形下，當然無法悉心辦理太祖以來所實施以皇室爲中心之貢船貿易。其最明顯的例子就是從過去南洋、中東方面的五十餘個國家，這個時期已逐漸減少到幾乎沒有，其取代貢船至中國者，大都爲走私船隻。弘治六年（一四九三）當時的兩廣總督都御史閔珪奏謂：

廣東沿海地方，多私通番舶，絡繹不絕。不待比號，先行貨賣。備倭官軍為張〔聲〕勢，趣（越）次申報。有司供億，糜費不貲，事宜禁止。況夷情譎詐，恐有意外之虞。夷照原碇各番來貢年限事例，揭榜懷遠驛，令其依期來貢。凡番舶抵岸，備倭官軍押赴布政司，比對勘合相同，貢期不遠，方與轉呈提督市舶司太監及巡案等官，具奏起送。如有違礙，捕獲送問。下禮部議，……意者私船以禁弛而轉多，番船以嚴禁而不至。今欲揭榜禁約，無乃益沮向化之心，而反資私舶之利。今後番舶至廣，審無違礙，即以禮館待，速與聞奏，如有違礙，及阻回，而治交通者罪。（註六六）

即說明當時情況的。貢舶減少，自然無法滿足政府、宮廷與貴族之需要，實無庸多言。

時間稍早的英宗治世，司禮太監福安曾謂：鄭和於永樂、宣德年間經略西洋後三十餘年，因停下西洋的結果，府藏虛竭。（註六七）這種現象應是貢舶減少所致。在此情形下，有人主張緩和海禁，《明武宗實錄》云：

先是，兩廣姦民私通番貨，勾引外夷，與禁貢者混以圖利，招誘亡命，掠賣子女，出沒縱橫，民受其害。參議陳伯獻請禁治之。其應貢番夷，不依年分，亦行阻回。至是，右布政使吳廷舉巧辯興利，請立一切之法。撫按官及戶部，皆惑而從之。（註六八）

此言吳廷舉建議從對外貿易課徵若干稅捐以充實府藏，這種意見乃欲在一定範圍內緩和海禁。亦即在那些主張嚴格執行海禁的意見外，欲謀緩和海禁的主張逐漸萌芽，給明朝帶來變更海禁政策之曙光。（註六九）

五、嘉靖年間的海禁

迄至嘉靖二年（大永三年，一五二三）因日本貢使引起的寧波事件，與葡萄牙人東來後在東南沿海地方騷擾，致上述舒緩海禁的主張一時受到壓抑，主張厲行海禁的意見佔絕對優勢，結果，海禁較往日更爲嚴厲。

當時，葡萄牙人的在華交易活動與倭寇有關，中國因他們之東來而受騷擾，故被視如倭寇。正德六年（永正八年，一五一一），其船停泊廣東東莞縣附近的屯門島。六年後，遣使臣湯姆斯・比列茲（Thomes Pirez）至北京要求通商見拒。然他們非但不離開屯門島，反而以此爲根據地，與中國奸商勾結販賣人口。（註七〇）後來爲海道副使汪栢所敗，乃以廣州灣外的浪白嶼爲根據地，並屯漳州附近的浯嶼，騷擾沿海郡縣。（註七一），更於嘉靖三十二年八月勾結海道副使汪栢取得澳門。（註七二）因此，明朝既不得不注意其行動，也非再留意海防不可。

此一時期明朝海禁之較往日嚴厲，主要由於嘉靖二年（大永三年，一五二三）大內氏所遣宗設謙道一行，與細川高國所遣鸞岡瑞佐、宋素卿一行，引起寧波事件，明、日國關係惡化。然明並未閉關絕貢，僅令備倭衙門整飭海防，使日方嚴守貢期、船數、人數，並嚴禁使臣一行與奸謀之徒私通，以爲此一事件之善後。（註七三）惟此只是對日本貢使之限制，對葡萄牙人之騷擾和日本貢使之不法行爲，則分別於嘉靖三年四月，四年八月，八年十二月申飭海禁。迄至二十六年，則鑒於倭寇日益猖獗，命朱紈爲浙江巡撫，使其負責取締倭寇。（註七四）

朱紈上任後，上〈疏〉慨陳海防廢弛的情形，並言所以造成今日狀態的原因與其對應措施，（註七五）且爲防自己權限受到巡按使牽制，復上兩〈疏〉給世宗而俱得裁可。於是「革渡船，嚴保甲，搜捕奸民」。（註七六）此舉引起閩、浙大姓之勾倭與從事走私者之不安忌恨，遂遭排斥。惟紈仍於嘉靖二十七年春進攻雙嶼，掃蕩月港，給倭寇淵藪以很大打擊。（註七七）並且說：「去外國盜易，去中國盜難。去中國瀕海之盜猶易，去中國衣冠之盜難。」（註七八）逐鐫暴貴官、渠魁數人知名於朝廷，請戒諭他們。而出身福建的巡按御史周亮，給事中葉鏜竟上言謂：浙江巡撫如兼攝福建海防，恐有貽誤事機之虞，且無先例，宜改紈爲巡視，凡有關城池、倉庫、錢穀、甲兵、刑獄之事，不使過問，而欲殺其權。在朝的周亮之同黨也支持此一意見。結果，世宗竟奪紈職位，嚴厲海禁逐寢而不行。（註七九）

朱紈失敗的原因故在其手段嚴急，致招閩、浙大姓之忌，然據《明史》本傳的記載，紈爲長州（江蘇吳縣）人，則此事與出身福建的周亮、葉鏜等人之因出身不同而來的派系傾軋亦可能有關。紈被黜後數年之間不復設浙江巡撫，直至嘉靖三十一年（天文二年，一五五二）鑒於倭寇擾害之嚴重，方纔任命僉都御史王忬擔任斯職，然忬對此已束手無策，終於進入所謂大倭寇時代。忬後，李天寵、張經、周琉、楊宜等人先後擔任此一職物，胡宗憲於三十五年二月繼其任。（註八〇）宗憲先後計捕渠魁徐海、陳東、麻葉、王直等，於是倭寇的擾害便從兩浙轉移到閩、廣而逐漸平息。

六、隆慶以後的海禁

王直被誘捕後，其餘黨雖從浙江南徙至浯嶼，惟至嘉靖末年，倭寇已大致平定。四十三年，漳州的所謂二十四將、二十八宿之徒也被敉平，迎接了小康局面。前此嘉靖三十年時，曾於漳州月港興建海館，使郡卒往來巡視。至四十二年，則更靖海館爲海防館，置海防同知顓理海事。（註八一）隆慶元年（永祿十年，一五六七），巡撫塗澤民請開海禁，准許人民往販東西二洋，（註八二）唯仍禁赴日貿易。此一措施並非全面開放海禁，乃是有附帶條件的，亦即持有號票文引（出海證明）者始可下海貿易，雖然如此，往販日本仍被嚴厲禁止。這種政策雖不完整，但以泉、漳爲中心的明人商舶卻因此發展。此可由海澄縣番商李福等的連名〈呈稱〉所謂：

> 本縣僻處海濱，田受鹹水，多荒少熟，民業全在舟販，賦役俯仰是資。往年海禁嚴絕，人民倡亂。幸蒙院道題請建縣通商，數十年來，餉足民安。（註八三）

及漳州府海防同知王應乾之〈呈稱〉所謂：

> 漳屬龍溪、海澄二縣，地臨濱海，半係赤鹵之區，多賴海市為業。先年官司慮其勾引，曾一禁之。民靡所措，漸生邪謀，遂致煽亂，貽禍地方。迨隆慶年間，奉軍門塗右僉都御史議開禁例，題准通行，許販東西諸番；惟日本倭奴，素為中國患者，仍舊禁絕。二十餘載，民生安樂。（註八四）

窺見其一斑。巡撫許撫遠也謳歌允許往販東西兩洋後，「幾三十載，幸大盜不作，而海宇宴（晏）如。」（註八五）然此措施，反使明舶之赴日更為自由。崇禎年間，雖又進入海禁時代，然於明船下海通商之發展並無大影響。因此，有明一代二百餘年所實施，有違時代發展趨勢的海禁政策，終歸失敗。

註釋：

註　一：龍文彬，《明會要》，卷七七〈日本〉。王輯五，《中國日本交通史》（臺北，商務印書館，民國六十四年〔一九七五〕，臺三版），頁一五〇。

註　二：高須芳次郎，《海の二千六百年史》，頁五三。

註　三：寺田四郎，〈海賊雜俎〉，《地政學》，第十卷第十、十二號。

註　四：鄭樑生，《明史中日關係研究》（臺北，文史哲出版社，民國七十四年〔一九八五〕），頁二〇。

註　五：鄭曉，《吾學編》（明隆慶元年〔一五六七〕刊本），〈四夷考〉，上卷，「日本」條。

註　六：《明太祖實錄》，卷七〇，洪武四年（一三七一）十二月庚辰朔丙戌（七日）條。

註　七：《明太祖實錄》，卷二五二，洪武三十年（一三九七）四月癸未朔乙酉（三日）條。

註　八：明太祖敕撰，《大明律》（明隆慶二年〔一五六八〕重刊本），〈關津〉「問刑條例」。

註　九：前註所舉書〈關津〉「私出外境及違禁下海」。

註一〇：同註八。
註一一：同前註。
註一二：《大明律集解附例》（明萬曆間浙江官刊本），〈關津〉「條例」。
註一三：同前註。
註一四：同前註。
註一五：同前註。
註一六：同前註。
註一七：明洪武二十八年（一三九五）敕修，《大明律疏義》，（明成化二年（一四六六）南京承恩寺對住史氏重刊本），〈兵律官津〉「私出外境及違禁下海」。
註一八：同前註。
註一九：《明太祖實錄》，卷二三一，洪武二十七年（一三九四）正月辛丑朔甲寅（十四日）條。
註二〇：阮元，《廣東通志》，卷一八七，〈前事略〉「明」。
註二一：《明英宗實錄》，卷七，宣德十年（一四三五）七月庚午朔己丑（二十日）條。
註二二：羅青霄，《漳州府志》，卷四，〈漳州府〉「秩官・名宦」。
註二三：鄭若曾，《籌海圖編》（四庫全書本），卷一一，〈經略〉，一，「行保甲」。
註二四：同前註。參看李金明，《明代海外貿易史》（中國社會科學出版社，一九九〇），頁八二～八三。

註二五：朱紈，《甓餘雜集》（明萬曆間刊本），卷二，嘉靖二十七年（一五四八）五月二十六日〈議處夷賊以明典刑以消禍患事〉。

註二六：顧炎武，《天下郡國利病書》，卷九三，〈福建〉，三，「洋稅」。

註二七：許孚遠，《敬和堂集》，卷七，〈公移〉「頒正俗遍行各屬」。

註二八：《明英宗實錄》，卷二三四，景泰四年（一四五三）十月甲戌朔丙戌（十三日）條。

註二九：《明孝宗實錄》，卷一一六，弘治九年（一四九五）八月乙亥朔庚辰（六日）條。

註三〇：有關寧波事件的經緯，請參本書第三章第二節，或拙著〈寧波事件始末〉，鄭著《中日關係史研究論集》，第十二集（臺北，文史哲出版社，民國九十二年〔二〇〇三〕）。

註三一：《明英宗實錄》，卷五八，正統四年（一四三九）八月丙子朔庚寅（十五日）。《明憲宗實錄》，卷一四〇，成化十一年四月己朔卯戊子（十日）條。

註三二：《明武宗實錄》，卷一九四，正德十五（一五二〇）十二月乙亥朔己丑（十五日）條。

註三三：中國奸民之誘引外夷事，如《明太宗實錄》，卷二一一，洪武二十四年（一三九一）八月乙卯朔癸酉（十九日）條謂：「海盜張阿馬，引倭夷入寇，官軍擊斬之」。

註三四：倭寇之在太祖即位初寇掠中國事，可由《明太祖實錄》，卷三八，洪武二年（一三六九）丙申朔是月條所謂：「倭人入寇山東海濱郡縣，掠民男女兒而去。」知其梗概。

註三五：《明太祖實錄》，卷五四，洪武三年（一三七〇）七月丁亥壬辰（六日）條。

註三六：《明太祖實錄》，卷五九，洪武三年十二月丙申朔己酉（十四日）條。
註三七：《明太祖實錄》，卷五七，洪武五年（一三七二）八月乙亥朔甲申（十日）條。
註三八：《明太祖實錄》，卷七八，洪武六年（一三七三）正月癸卯朔戊申（六日）條所紀德慶候廖永忠所上之言。《明史》，卷九一，〈兵〉，三，「海防」。
註三九：《明太祖實錄》，卷七八，洪武六年正月癸卯朔庚戌（十一日）條。
註四〇：茅坤，《茅鹿門先生文集》（明萬曆間刊本），卷二，〈與李波泉中丞議海寇事宜書〉。
註四一：《明太祖實錄》，卷九九，洪武八年（一三七五）四月庚寅朔丙申（七日）條。葉昇封侯在洪武十二年，此係紀錄洪武八年事，不應稱他爲侯。
註四二：《明太祖實錄》，卷一六四，洪武十七年（一三八四）八月丙寅朔庚午（五日）條。
註四三：《明太祖實錄》，卷一五九，洪武十七年正月己亥朔壬戌（二十五日）條。
註四四：《明史》，卷三二二，〈日本傳〉。參看同書卷一三二，〈湯和書〉。
註四五：譚其驤，〈釋明代都司衛所制度〉（《禹貢月刊》，第三卷第十號）云：「明代郡、司、衛、所之制，於太祖元年罷諸翼統軍元帥，置武德、龍驤等十七衛新軍指揮使司，覈其所部兵五千人爲衛。衛設指揮。以千人爲千戶所，故衛、所之設始於此。至洪武七年（一三七四），申定其制，每衛設前、後、中、左、右五千戶所。大抵以五千六百人爲一衛，一千一百二十人爲一千戶所，一百一十二人爲一百戶所。每百戶所置總旗二，小旗十。軍士居一定土地，由政府給與牛耕田。平時採自給自足之屯田方式，一旦有事，則命將充總兵官，徵調衛、所部隊納入其麾下，俟戰爭結束，則返衛、所」。

註四六：《明史》，卷九一，〈兵〉，三，「海防」。

註四七：《明太祖實錄》，卷一二，上，洪武三十五年（建文四年，一四〇二）九月辛巳朔丁亥（七日）條。

註四八：《明太祖實錄》，卷一二，上，洪武三十五年九月辛巳朔戊子（八日）條。

註四九：《明太宗實錄》，卷三八，永樂三年（一四〇五）政月戊戌朔戊午（二十一日）條。

註五〇：《明太宗實錄》，卷四八，永樂三年十一月癸巳朔甲寅（二十二日）條。

註五一：《明太宗實錄》，卷六八，永樂五年（一四〇七）六月癸未朔條。

註五二：《明太宗實錄》，卷二三，永樂元年（一四〇三）九月丙子朔辛丑（八日）條。

註五三：《明太宗實錄》，卷八六，永樂六年（一四〇八）十二月甲戌朔庚子（二十七日）條。

註五四：有關劉榮在遼東獲勝之經緯，請參看拙著《明史中日關係研究》第四章第三節，或鄭著《明史日本傳正補》（臺北，文史哲出版社，民國七十年（一九八一）），頁三六二～三六五。

註五五：《明宣宗實錄》，卷二七，宣德二年（一四二七）四月己未朔己巳（十二日）條。

註五六：佐久間重男，〈明の對外政策と日中關係〉，《北海道大學人文科學論集》，八。

註五七：《明宣宗實錄》，卷一八，宣德元年（一四二六）六月癸亥朔條。

註五八：《明宣宗實錄》，卷二二，宣德元年十月辛酉朔甲申（二十四日）條。

註五九：《明宣宗實錄》，卷八六，宣德七年（一四三二）正月辛酉朔丙戌（二十六日）條。

註六〇：佐伯富，〈產業の發達と專賣制度・銀〉，《中國文化の成熟》（東京，世界文化社，昭和四十七年〔一九七二〕，世界歷史シリーズ，十三）；鄭樑生譯，〈經濟繁榮與國營制度〉，《絢爛的中國文化》，（臺北，地球出版社，民國六十七年〔一九七八〕，世界文化史，九）。

註六一：張維華，《明代海外貿易簡論》，頁七九。

註六二：明初以後雖禁止對外貿易，明廷卻三申五令海禁，由此可證私自下海者不絕，他們對海外貿易積有長年經驗。

註六三：張維華，前舉書頁七九～八〇。

註六四：《明宣宗實錄》，卷一七九，正統十四年（一四四九）六月己酉朔壬子（四日）條。

註六五：《明孝宗實錄》，卷一五九，弘治十三年（一五〇〇）三月乙酉朔己亥（十五日）條。

註六六：《明孝宗實錄》，卷七三，弘治六年（一四九三）三月丙寅朔丁丑（十二日）條。

註六七：《明英宗實錄》，卷二八七，天順二年（一四五八）二月庚寅朔戊申（十九日）條。

註六八：《明武宗實錄》，卷一四九，正德十二年（一五一七）五月乙亥朔辛丑（二十七日）條。

註六九：張維華，前舉書頁三九。

註七〇：《明武宗實錄》，卷一九四，正德十五年（一五二〇）十二月乙亥朔己丑（十五日）條。

註七一：《明世宗實錄》，卷三四〇，嘉靖二十七年（一五四八）九月癸酉朔乙亥（二十七日）條。

註七二：據張維華前舉書頁四二之說。

註七三：《明世宗實錄》，卷二八，嘉靖二年（一五二三）六月庚戌朔甲寅（五日）、戊辰（十九日），卷三三，同年十一月丁卯朔癸巳（二十七日），卷五〇，四年四月庚寅朔癸卯（十四日），卷五二，四年六月己丑朔己亥（十一日），卷二三四，十九年二月甲子朔丙戌（二十三日）各條。參看小葉田淳，《中世日支通交貿易史の研究》，（東京，刀江書院，昭和四十四年〔一九六九〕，再版），頁一五五～一五六。

註七四：《明世宗實錄》，卷三二五，嘉靖二十六年（一五四七）七月庚戌朔丁巳（八日）條。《明史》〈日本傳〉。

註七五：朱紈，《甓餘雜集》，卷二，嘉靖二十六年（一五四七）十二月二十六日〈閱視海防事〉。

註七六：《明史》，卷二〇五，〈朱紈傳〉。

註七七：朱紈，《甓餘雜集》，卷二，嘉靖二十六年五月二十五日〈捷報擒斬元兇蕩平巢穴以靖海盜事〉。

註七八：《明史》〈朱紈傳〉。高拱，《高文襄公文集》（明經世文編），卷一，〈與殷石汀論倭賊書〉也說：「倭尚可平，而地方之賊難於卒滅」。

註七九：《明世宗實錄》，卷三三八，嘉靖二十七年（一五四八）七月甲戌朔條。《明史》〈朱紈傳〉。

註八〇：鄭樑生，〈明嘉靖間靖倭督撫之更迭與趙文華之督察軍情〉，鄭著，《中日關係史研究論集》，第七集（臺北，文史哲出版社，民國八十六年〔一九九七〕），頁七九～一二五。

註八一：小葉田淳，《中世南島通交貿易史の研究》（東京，刀江書院，昭和四十三年〔一九六八〕），頁三五九。
註八二：張燮，《東西洋考》（明萬曆四十六年〔一六一八〕王起宗刊本）。
註八三：許孚遠，《敬和堂集》，卷一，〈海禁條約分行漳南道〉。
註八四：同前註。
註八五：同前註。

第三節　明朝因應倭亂之方法

一、高麗、朝鮮請倭之經緯

1.倭寇之猖獗

日本西陲的壹岐、對馬、松浦等地，人居蕭條，土地褊小，且甚墝薄，不事農業，未免饑饉，（註一）故必須仰粟於外。迄至十四世紀三十年代，其國內因分爲南、北兩朝而戰亂頻仍，致此一地方居民之生活益發困窘。他們因衣食無所出，所以前往高麗恣行作賊，以求溫飽者日多。其規模在初時爲二、三艘，劫掠對象則爲搬運租粟、租穀的漕船，在陸地上工作的男婦，鮮有殺人放火者。惟自全羅道元帥金先致擬誘殺倭酋藤經光而事敗，激怒他們以後。每入寇，竟連婦女、嬰孩也屠殺無遺。（註二）

2. 高麗遣使之經緯

前文已說，高麗之受倭寇侵擾，始自忠定王二年（正平五年，觀應元年，一三五〇）二月，襲固城、竹林、巨濟之際，至恭愍王之治世（一三五二～一三七四）漸趨猖獗。高麗政府爲消弭倭寇，雖曾調兵遣將加以征討，始終未能收到預期效果。固乃改用外交折衝方式，於恭愍王十五年（正平二十一年，貞治五年，一三六六）派遣金逸、金龍赴日要求禁戢倭寇。其〈牒狀〉則以元之征東行省名義發出，而擬藉大元帝國之威名以達到目的。（註三）惟日本對此請求未予積極回應。越明年七月，日本遣京都天龍寺僧梵盪、梵鏐前往高麗，對馬島之宗經茂（《高麗史》所記載之萬戶崇宗慶）也遣使至其國。八月，高麗遣講究使李夏生赴對馬。十一月，經茂復遣使至高麗，獲米千石。對馬與高麗之間的交涉內容雖不傳，但它們兩者之間對於禁戢倭寇問題似有所協議，外交折衝的和平工作獲得成效。（註四）惟在此以後，高麗政府未採進一步措施，故從二十年前後開始，寇亂復趨猖獗。至辛禑王時代臻於高峰。

辛禑王四年（天授四年、永和四年，一三七八）倭寇登岸德豐、合德等地，直入昇天府，威脅京城。王命諸軍嚴陣以待；崔瑩軍和倭寇激戰於海豐，不能敵，京中百官不知所措。其後，部將李成桂率精騎和伯淵合擊，大破之。崔瑩軍再由側面狙擊，倭寇棄屍遍野，殘兵乘夜遁海。王因勦倭大捷，論功行賞，獨賜崔瑩以安社功臣之號，李成桂因此心懷不滿，遂生除瑩之念。（註五）

六年，倭船五百餘艘，衝入鎭浦口，登岸竄擾，全羅、慶尙、忠清三道沿海地方受害慘重。王命李成桂爲「楊廣全羅慶尙道都巡察使」，以邊安烈副之，大破倭寇於荒山，屍蔽山野。

九年，倭寇犯江陵、金化、楊口，陷淮陽、平康、春州、安邊、歙谷等地，四出擄掠，其勢日益猖獗。十一年，倭船一百五十艘，寇咸州、洪原、北青等處，大肆燒殺，人民俱逃難山谷，朝廷束手無策，反大設鎭兵之法於各地佛寺，用費不可勝計。李成桂獨能深入，倭寇望風而逃。自是以後，賊漸微，但仍頻年來犯。（註六）

高麗鑒於與室町幕府交涉而未獲預期之回應，但與九州今川氏接觸的結果，卻有相當成效，故乃變更策略，將其交涉對象改爲西陲武將。故在辛禑王四年十月遣使時，除令版圖判書李子庸至今川了俊處致贈金銀器具、人蔘、蓆子、虎豹皮等禮物以謝其好意外，也還派前司宰令韓國柱前往大內義弘所在之中國地方，謀求遏阻寇盜問題。翌年五月，當國柱回國時，義弘即遣朴居士率領武士一百八十六人偕往，以防倭寇。故高麗於閏五月命檢校禮儀判書尹思忠報聘。七月，子庸西返時，了竣復送回被擄人二百三十餘口，（註七）於是九州探題與高麗之間因倭寇問題關係趨於密切。

3. 朝鮮之靖倭策略

繼王氏高麗之後建立王朝者爲李成桂。他在恭讓王之治世（一三八九～一三九二）即斷然從事各種制度的改革，且與產生在動盪不安的社會新勢力結合，更收攬人心，終於在群臣擁戴的名義下就王位。成桂即位後，即向明朝報告此事，以求獲宗主國之承認，並且根據明太祖之指示，於次年將國號改爲朝鮮。（註八）

朝鮮成立後百廢待舉，所要處理之內外問題山積，而平倭亦爲其重要課題之一。在高麗末年，倭寇雖日益猖獗，但因李成桂、崔瑩等將領指揮得宜而往往大有斬獲。並且經鄭地、崔茂宣等人的努力，非但使其水軍制度更爲充實，而且火藥的製法也更爲進步，（註九）這對征勦倭寇發揮了某一程度之效率。另一方面，對投化的倭人則給與優遇，對送還被擄男女者則予優厚賞賜，以懷柔他們。

朝鮮雖繼承高麗的綏撫政策，但除此外，又進一步的與倭通好，採取懷柔政策，亦即以相互往來方式促進彼此之間的友誼。與之同時，又充實軍備，以鞏固邊防。

李成桂在其即位之年即遣釋覺鎚赴日，要求日本禁戢倭寇，而獲室町幕府之回應。此一遣使，應可說是日、朝兩國交鄰之始，收到立竿見影之效。如據《朝鮮實錄》的記載，自此以後，朝鮮曾不斷遣使要求禁戢倭寇與送還被擄男婦，日本九州探題今川了俊以及西陲的武將們，也都對此事作回應，開始遣還被擄人。由於每當日方送還被擄人口時朝鮮當局都會給與賞賜，且彼此又能有好往來，故刺激了西陲諸侯而不斷送還被擄者。在此情形下，朝鮮得以要回被擄子民，日方亦因而獲偌大賞賜，更得以發展與朝鮮之間的貿易。亦即朝鮮以要求禁戢倭寇，及送還被擄人爲目的所作政策上嘗試，不但獲相當大的成果，而且因此促進兩國間的密切往來。更因此給那些絡繹於日、朝兩國間的倭人開啓由寇轉變爲海商之端緒，（註一〇）終於使朝鮮半島上的倭寇逐漸平靜。

當朝鮮以外交折衝方式靖倭而獲若干成效之際，其使倭寇瓦解者爲懷柔政策。此一政策可分爲三方面，其一是凡來降者給與衣物、糧食、田地，使之能夠安居樂業。這類倭人被稱爲降倭、向化倭或投化倭。其二是授來降者以官職。當時降倭之獲授官職者稱授職倭人，給予與其位階相稱之冕服。後來則連居住日本而不時往來於日、朝兩國間者亦因有功於朝鮮而授職。此類授職倭人著官服，持告身（派令），每年各至朝鮮一次，接受招待爲常例。授職即等於其貿易權獲朝鮮當局之公認。（註一一）惟因這些授職者皆出身倭寇，故朝鮮政府深恐他們有朝一日又會重操寇盜舊業，都把他們安排到內陸分散居住，以防萬一。其三是允許倭人到朝鮮從事貿易，朝鮮稱這類倭人爲使送客人、使送倭人或客人。他們除對馬島主宗氏與其一族外，尙有先後擔任九州探題的大內、今川、澀川諸氏，松浦黨、宗像社、島津氏、伊集院氏、秋月氏、菊池氏及其他氏族，他們俱爲日本西陲之豪族。

由上述可知，朝鮮是以懷柔倭人作爲靖倭的主要方針，對於倭掠沿海地方者，除遣軍防禦外，也還勸諭其首領投降歸順。如聽從勸降，則予以田地、家財，使之娶妻，獲得安居之地。結果，從太祖末年開始，歸順者——降倭接踵而至。在此情形下，日本西陲貧民之前往朝鮮歸化者亦復不少。其稱投化倭或向化倭者即指這類日本人而言。於是朝鮮當局爲酬庸這些歸化者，乃予某種職務；同時也爲懷柔渠魁而邀請他們至朝鮮，然後授予官職；對懷有某種技能如：醫學、鐵工方面的人員也予授職。此一策略，淵源於中國羈縻四夷之辦法。

朝鮮政府對和平往來者，既允許他們在沿海捕魚，也同意他們自由往來貿易，有時也聽從他們的請求，給予糧食。於是那些原以追求經濟利益爲目的的倭盜，便逐漸由寇掠轉變交易，亦即由倭寇轉變爲興利倭人、販賣倭人，或被稱爲客倭、商倭，不在肆虐朝鮮半島，故朝鮮的這種策略相當成功。

二、明朝靖倭的經緯與策略

1. 嘉靖以前的靖倭政策——海禁與貢船貿易

明朝因受倭寇騷擾，及戒懼沿海居民與他們狼狽爲奸，乃於洪武四年（建德二年、應安四年，一三七一）實施海禁，禁止其子民私自出海。時人雖因明廷之海禁，被禁下海，致與外國人士之交通斷絕，但在中國實施海禁的，明太祖並非其始作俑者。此事可由《元史》〈食貨志〉或《續文獻通考》的記載獲得佐證。

朱元璋除遣使赴日要求禁戢倭寇外，也曾分別命湯和、周德興等老臣前往江蘇、浙江、福建等沿海地區巡視，加強海防設施，且聽從軍事之建言建造兵船以備倭，故當時海防不可謂不嚴密。

因此，洪武年間〈一三六八～一三九八〉所受倭寇的災害尙屬輕微。明代中、日兩國的正式邦交始自惠帝建文三年（應永八年，一四〇一），成祖即位（一四〇二）後，彼此之間仍繼續有官方往來，雙方之船隻接跡於海上。

在當時的東亞國際環境裏，倭寇問題、明朝的海禁政策，及南海地方貿易的發展，都與明、日兩方之交通發生關聯。倭寇活動的目標並不止於通商，或劫掠沿海地方的米穀，連瀕海郡縣的居民也擄爲奴隸，並予販賣，所以這些事實俱使明、日兩方非建交不可。那些被擄者固以奪還、放還、生還、逃還、贖還，或直接送還，或經由朝鮮回其家鄉，但倭寇的本源在日本，如要根絕倭寇，就須將日本納入東亞社會的體制裏，所以倭寇問題實成爲完成此東亞世界過程的因素之一。而明朝的海禁政策卻只許朝貢貿易存在，結果，以朝貢方式，以貢品名義從四夷進口的貨物，幾乎都是上流階級的用品與軍用物資。從太祖之治世開始實施之海禁，乃禁止所有中國人走出海洋的措施。海禁與朝貢兩種政策，雖有內外之別，但其關係卻表裏難分。因此，對明朝而言，它們乃符合防止海盜橫行，與維持由政府控制貿易之形態，亦即兼顧政治、經濟兩方面之目的者。（註一二）

當明朝與日本之間的邦交開展後，日本室町幕府第三任將軍足利義滿於永樂二年（應永十一年，一四〇四）被冊封爲日本國王。成祖頒示《大統曆》，俾奉正朔，且賜與龜紐金印、冕服、〈誥命〉，（註一三）以及永樂勘合。自此以後，明、日兩國間的來往不絕，因此，明與日本的關係乃眞正的宗主與附庸的關係，而日本的事大思想濃厚。由於義滿頗能接受明廷要求取締倭寇，或送還被擄中國人。因此，當義滿於永樂六年（應永十五年，一四〇八）年五十一猝逝時謂：

故日本源道義，慈惠恭和，聰明特達，持身有禮，處世有義，好善惡惡，始終一志。敬天事上，表裏一誠。負弘偉之度，懷卓犖之才，仁厚洽於國人，賢德昭於遠邇。自朕御極以來，忠敬之心愈隆，職貢之禮，有加無替。遵奉朝命，斯須不稽。竭力殫心，唯恐不及。殄倭盜於海島，安黎庶於邊隅，並海之地，雞犬得寧，烽警不作，皆王之功也。（註一四）

而不惜給與極高評價。因每當足利義滿送還被擄人口時，明廷都給與侑大賞賜，故那些被擄者便成爲貿易品之一，此與日本西陲諸侯交通朝鮮之際，以送還被擄男女取得糧食及其他物品的情形相似，故可謂爲一種變相的人口買賣，是爲此一時期日本貢品之特色，（註一五）也是明廷利用外交所獲綏靖倭寇之成果。

足利義滿撒手人寰後，其子義持摒棄乃父政策，於永樂十七年（應永二十六年，一四一九）與明斷交，（註一六）斷交後倭寇又肆虐東南沿海矣。

義持之與明斷交，雖與其幕僚人員，及義持本身與其父親之間的疎離有關，但其採取這種措施的根本原因，與其謀求對華自由貿易之企圖，及他之無法約束手下諸侯，使他們禁戢倭寇不無關聯。（註一七）自由貿易，自由來往，此非僅爲義持與其幕僚人員之意願，也是日本當時的公卿、守護、寺社、商賈所渴望。釋瑞溪周鳳所謂：

今所謂勘合者，蓋符信也，永樂以後之式爾。……自古兩國商舶，來者往者，相望於海上。故為佛氏者，大則行化唱道之師，小則遊方求法之士，各遂其志。元朝絕信之際尚爾，況其餘乎。有勘合以來，使船之外，決（絕）無往來，可恨哉。（註一八）

實最能代表日本當時朝野的心聲。雖然使用勘合的貿易方式有種種限制，但義持自行終止這種貿易的結果，中、日兩國都蒙受很大損失。前者的損失是沿海數十府州縣民重遭倭寇不斷蹂躪，此事只要披閱《明太宗實錄》或《明史》〈日本傳〉即可明瞭。後者則非但未能達到目的，反失其龐大收入，兩相權衡則中國的損失當千百倍於日本固無須贅言。

義持死後，由其弟義教繼任幕府將軍。義教雖於當將軍後即遣使復貢，但此後的日本貢舶之赴華，政治意義與對國際上顧慮的成分消失，其統治階級只一味追求貿易之利而鑽營通貢貿易，（註一九）不再應明廷要求取締倭寇。非僅如此，在其國內也爲爭取籌辦貢舶之權而在權門勢之間勾心鬥角，到中國後也仍互相傾軋，遂釀成寧波事件。

誠如佐佐木銀彌所說，十六世紀赴華的日本貢舶，幾乎已完全失去作爲冊封體制之一環的朝貢、回賜之貿易意義，致此體制與貿易乖離，既無法解決禁戢倭寇問題，也無法透過日本國王將日本約束於華夷秩序之中。結果，明廷對中、日貿易所期待的，已甚麼也沒有了。（註二〇）

2. 武力征倭

嘉靖以前，明廷固以遣使招諭或允許其以貢舶方式至中國貿易，收到某一程度之靖倭效果，但也從明初開始即調兵遣將以靖倭，此一事實見諸史乘，斑斑可考。尤其因發生寧波事件及葡萄牙人東來騷擾沿海地區而加強海禁，致寇亂更爲猖獗，故以武力平倭的工作便如火如荼的開展。

徐學聚說：自嘉靖元年（大永二年，一五二二）罷市舶，凡番貨至，輒與奸商。久之，奸商欺冒，不肯償。番人泊近島，遣人坐索，不得。番人乏食，出久海上爲盜。久之，百餘艘，盤據海洋，日掠我海隅不肯去。小民好亂者，相率入海從倭。罷吏、黠僧，及衣冠失職、書生不得志群、不逞者，皆爲倭奸細，爲之鄉導。於是汪五峰、徐必（他書俱作碧）溪、毛海峰之徒，皆我華人，金冠、龍袍、稱王海島；攻城掠邑，末敢誰何，浙東大壞。（註二一）在此情形下，巡按御史在此情形下，巡按御史楊九澤於嘉靖二十六年六月上〈疏〉謂：浙江、寧波、紹興、台州、溫州皆枕山瀕海，連綿福建之福州、興化、泉州、漳州諸郡，時常有倭患。沿海雖設衛、所城池控制要害，及巡海副使備倭都司督兵捍禦，但海寇出沒無常，兩省官僚不相統攝，制禦之法終難畫一。往日聽從言官之請，特命重臣巡視。因此，數年平安無事。近來因廢此一職位，故寇復滋蔓。更由於浙江之處州，與福建之建寧，連年礦寇貽害地方。每當徵兵追捕，因兩府往往互相推諉責任，故與海寇略同，所以極須復設巡視重臣。然此巡視重臣必須管轄福建、浙江，兼制廣東潮州，專駐漳州。如此則南可防禦廣東，北可控制浙江而威令易行，事權也能夠歸一。經廷議後，命南京副都御史朱紈擔任此職，以巡撫浙江兼制福建福、興、漳、泉、建寧五府軍事。（註二二）七月倭寇起，仍命朱紈提督浙、閩海防軍務巡撫浙江。

朱紈擔任浙江巡撫後，因嚴厲執行海禁政策，採革渡船，嚴保甲，搜捕奸民等措施，（註二三）致引起閩、浙地方勢豪之家之勾結倭寇，與從事走私勾當者之不安忌恨，遂謀共同排斥他。因此，紈在執行海禁方面雖有豐碩成果，給倭寇淵藪以很大打擊，但竟爲反對其爲者所構陷而失位，終於仰藥自盡。結果，紈之嚴厲海禁遂寢而不行。

朱紈去世後，明廷非但不復設巡撫，而且御史宿應參又請寬海禁，於是舶主、土豪們，益發聯結日本商人，作奸犯科，日甚一日，然官司竟視若無睹，誰也無能爲力。（註二四）明廷既罷巡撫之職，又寬海禁，故倭寇侵掠東南沿海之情況便更加嚴重。

嘉靖三十一年四月，漳、泉海賊勾引倭奴萬餘人，駕船千餘艘，自浙江舟山、象山等處登岸，流劫台州、溫州、寧波、紹興之間，攻陷城寨，殺、擄居民無數。（註二五）七月，浙江巡按御史林應箕〈疏〉報四月中倭寇肆虐地方情狀，因參署海道副使李文進，分巡副使谷嶠，僉事李廷松，分守參議李龍（一作寵）、備倭把總等官周應禎、周奎、楊材等各失事而應予懲罰；海道副使丁湛，新推備倭都指揮張鐵（一作鈇），皆臨難規避，亦應並罰。（註二六）於是給事中王國禎，御史朱瑞登文章言：「海洋不靖，由朱紈得罪。後裁革巡視都御史，故三省軍民無所鈐（鈐）轄，雖設有海道副使，而權輕不便行事，往往至狼狽失職，如丁湛、李文進等事可驗也。請復設都御史爲便。」（註二七）經吏、兵兩渡覆議後，以爲國禎等人之意見頗有道理。爲巡視都御史必當兼假以巡撫總督之權，使之節制諸省，方可責其成功。其閩、浙二省，仍各設參將一員，駐劄邊海地方。世宗聽從其議，暫設巡視浙江兼管福、興、漳、泉提督軍務大臣一員，令吏部推舉堪任一職務者，星馳赴任，督兵勦賊，其兼管巡撫等項，須待賊平後議處。其於勦倭失事之丁湛等人，則各按其情節之輕重分別予以懲罰。（註二八）並以都御史王忬巡視浙江海道，及福、興、漳、泉地方。忬尋被改為巡撫大同。（註二九）唯忬對當時倭寇激烈的寇掠已束手無策，終於進入所謂嘉靖大倭寇時期。忬後李天寵、張經、周琉、楊宜等人先後負責此一方面之工作，至嘉靖三十五年（弘治二年，一五五六）二月，由胡宗憲繼其任。（註三〇）

在嘉靖三十年代，明廷雖不斷地從全國各地調兵遣將，或遣官員四處募兵以平倭，然倭寇不但不易殄滅，其勢反而日益滋蔓、增長，動輒以船數百艘，人員數千，蔽海而至。攻城略邑，姦淫擄掠，焚燒官宇廨舍，故當地居民之因此喪失生命財產不知凡幾，此事只要披閱《倭變事略》、《籌海圖編》、《嘉靖平倭通錄》、《明世宗實錄》、《明史》〈日本傳〉，以及東南沿海各府州縣地方志之相關記載即可明瞭。

當東南倭患激烈之際，工部右侍郎趙文華〈疏〉陳備倭七事。（註三一）經兵部覆議，仍於三十四年二月遣文華祭告海神，並視察江南賊情。（註三二）文華抵江南後，不懂對討倭工作毫無裨益，反而顛倒功罪，諸君益解體。文華既誣陷張經養寇失機，又以經「惑於參將湯克寬之言」而羅織克寬之罪，更譭謗不取寵於他的浙江巡撫李天寵嗜酒廢事。結果，經、克寬、天寵等雖在王江涇的勦倭戰役中獲空前大勝利，竟被逮下獄，論死。（註三三）文華不僅陷害張經、湯克寬、李天寵，也誣陷在滸墅關勦倭立大功的巡撫應天右僉都御史曹邦輔，言邦輔避難擊易，致師後期。邦輔遂被逮繫，謫戍朔州。

明廷在足利義滿去世後，雖一味以征勦方式靖倭，但其效不彰。當時寇亂之所以難於平定的原因，除軍紀敗壞，政治腐敗及內地居民之接濟、導引參與爲亂外，其最基本的原因應是海禁。明代的海禁政策不僅釀成偌大禍亂，更嚴重抑制了沿海居民之向外發展。當時被目爲寇盜的，其實多是走私商人。走私活動從明初開始即甚爲活躍，由於物品的供需關係，海禁愈嚴，其所獲利潤也就愈厚，干犯海禁，鋌而走險者也就愈多。當時下海通番的，明廷都把他們視爲海盜逋民加以取締。其對已在國外創業者則非但未給與應有的保護，反而聯合外國勢力予以迫害、摧殘，如萬曆（一五七三～一六一九）前期在台灣、菲律賓一帶從事貿易活動的林鳳之一再受到明軍征勦，更受明與西班牙部隊之挾擊而進退失據，不知所終，即是好例。

明朝的海禁政策，仍有違當時發展海外之趨勢者，它對國內生產事業的發展及國家財政也都沒有裨益。英宗復辟後的司禮太監福安曾說，鄭和於永樂、宣德年間經略西洋以後三十餘年，因停下西洋的結果，府藏虛竭，（註三四）此當與禁止往販海外有密切關係。

如前文所說，在武宗之治世（一五〇六～一五二一），明朝內部出現紓緩海禁的主張欲在一定範圍內謀求緩和海禁，這種意見雖給明朝變更海禁政策帶來曙光，惟在數年後，卻因日本貢使引起的寧波事件，與葡萄牙人東來後在東南沿海地方騷擾，致這種意見一時受到壓抑，主張厲行海禁的意見佔絕對優勢。結果，海禁較往日更爲嚴厲，（註三五）因而寇亂也日益嚴重。由此當可知，倭亂之猖獗與否，與海禁之寬嚴有莫大關係，故以倭亂爲「人民起義」云云，於事無據。

如據《明世宗實錄》、《明史》的記載，倭寇猖獗的嘉靖三十年代，及楊宜擔任浙江總督（三十四年六月至三十五年二月）之際，曾遣布衣鄭舜功赴日招諭倭寇，胡宗憲也在其擔任浙江巡撫的三十四年，遣生員蔣州、陳可願等東渡日本諭其國王禁戢倭寇，並招還通商番犯（商），許立功免罪，且許其互市。經一波三折後，渠魁王直來歸，日本西陲諸侯大內義長、義鎮等即遣人送還被掠人口。王直也表明其歸順心跡，協助官軍勦倭。（註三六）直雖於三十八年十一月下旬被斬於杭州官巷口，卻可由此窺知當時中國人民期望開放海禁之殷切。至於徐海之聽撫，並曾協助官軍勦倭，他所期望者與直並無二致，此可由《倭變事略》與《明世宗實錄》之相關記載獲得佐證。如果當時的明廷能夠成全他們的願望，准許他們通商貿易，則在此以後的閩、廣倭亂當不致發生，亦即王直餘黨不致南徙，以浯嶼、南澳等地爲據點肆虐。事實上，因右副都御史塗澤民請開海禁，於隆慶元年（一五六七）開放部分海禁，准許人民在海澄以餉稅制方式往販東西兩洋（註三七）後，倭亂便逐漸減少。這種政策雖不完整，但以泉州、漳州爲中心的明人商船卻因此發展。這可由前舉番商李福等之〈呈稱〉，及海防同知王應乾之〈呈稱〉，巡撫許孚遠〈海禁條約分行漳南道〉窺見其一斑。所以明廷倘能早些開放人民出洋，不一味從事征勦，則明代倭寇當不致如史書所紀錄那麼猖獗，也不致給國家社會帶來那麼大的傷害。

得在此附帶一提的是：嘉靖四十（永祿四年，一五六一）以後，倭亂雖因武備逐漸充實，戰略進步而得以日益平靜，然日本豐臣秀吉之於統一全國後，對其子民之出國所限制，也當起了若干作用。然就如前文所說，其使倭寇斂跡的根本原因，應該是隆慶元年開放部分海禁，人民得以從事對外貿易。不過這種只許往販東西兩洋仍禁前往日本的措施，並無法約束海商的行爲，所以往市日本的私販船隻依然不絕。之後，明廷也曾再三發布通番之禁。迄至萬曆四十年（慶長十七年，一六一二）因浙江巡撫上奏，遂增加通倭海禁條文，其主要者見於王在晉的《海防纂要》。該禁則詳細規定主、從人犯的罰則。通倭禁則愈是詳細、嚴密，便愈能反證往市日本之盛行。

明在崇禎五年（寬永八年，一六三一）前後廢除餉稅制，又進入全面海禁時代。其實此事對明舶下海通商的發展並無多大影響，而他們往市日本的情形亦復如此。（註三八）就因爲這樣，自明初以來實施二百餘年的海禁政策，除徒然衍生寇亂外，始終無法達到禁止人民下海的目的。

註釋：

註　一：《朝鮮世宗實錄》（韓國國史編纂委員會刊本），卷一〇四，二十六年（一四四四）夏四月庚辰朔己酉〈三十日〉條。

註　二：《高麗史節要》（首爾，亞細亞文化社，一九七二，百部限定版），卷三〇，〈辛禑〉，元年〈一三七五〉秋七月條云：「諭全羅道元帥金先致誘殺藤經光。先致大具酒食，欲因餉殺之謀緩而洩。經光率其衆浮海而去，僅捕三人，殺之。先致懼罪，詐報斬七十餘級。事覺，配戍卒。初，倭寇州郡，不殺人物，自是激怒，每入寇，婦女嬰孩，屠殺無遺。全羅、楊廣濱海州郡，蕭然一空」。

註　三：《高麗史》（首爾，亞細亞文化社，一九七二，百部限定版），卷四一，〈恭愍王世家〉，四，十五年（一三六六）十一月壬辰（十四日）條。該〈牒狀〉之全文見於《太平記》（續群書類從本）〈高麗人來朝の事〉。參看中村榮孝，《日鮮關係史の研究》，上冊（東京，吉川弘文館，昭和四十五年〔一九八〇〕），頁一四三～一四五。

註　四：《高麗史》，卷四一，〈恭愍王世家〉，四，十七年（一三六八）秋七月條云：「乙亥（七日），日本遣使來聘。……己卯（十一日），對馬島萬戶遣使來獻方物」。閏（九）月條則云：「遣講究使李夏生于對馬島」。冬十一月丙午（九日）條更云：「對馬島萬戶崇宗慶（宗經茂）遣使來朝，賜宗慶米一千石」。參看中村榮孝前舉書上冊，頁一四五。

註　五：李迺陽，《韓國史》（臺北，學生出版社，民國三十九年〔一九五〇〕），頁四七。

註　六：前註所舉書頁四八。

註　七：《高麗史》（首爾，亞細亞文化社，一九七二），卷一一四，〈河乙沚傳〉；卷一三三，〈辛禑傳〉，三年（一三七七）九月，四年十月，五年五月各條。

註　八：《明太祖實錄》，卷二二四，洪武二十五年（一三九二）十二月丁未朔乙丑（十九日）條云：「高麗權知國事李成桂，欲更其國號，遣使來請命。上曰：『東夷之號，惟朝鮮之稱最美，且其來遠矣，宜更其國號曰朝鮮』」。

註　九：《高麗史》，卷三一，〈百官志〉，二云：「諸司都監各色・火㷁都監」。《朝鮮太祖實錄》（韓國國史編纂委員會刊本〉，卷七，四年（一三九六）四月甲子朔壬午（十九日）條。

註一〇：中村榮孝，《日鮮關係史の研究》，上冊（東京，吉川弘文館，昭和四十五年〔一九七〇〕），頁一四九～一五〇。

註一一：田中健夫，《倭寇と勘合貿易》（東京，至文堂，昭和四十一年〔一九六六〕），頁三二～三三。

註一二：鄭樑生，《明代中日關係研究》（臺北，文史哲出版社，民國七十四年〔一九八五年〕），頁一六二～一六三。

註一三：明萬曆重修《大明會典》（文淵閣四庫全書本），卷一〇五，〈日本國〉條。釋瑞溪周鳳，《善鄰國寶記》〈續群書類從本〉，應永十三年（一四〇六）〈大明書〉。

註一四：瑞溪周鳳，《善鄰國寶記》，應永十五年（一四〇八）〈大明書〉。

註一五：鄭樑生，《明代中日關係研究》，頁一八八。

註一六：有關足利義持與明斷交的原因，請參看拙著《明代中日關係研究》，頁一九〇～一九四。

註一七：同前註書頁一九〇～一九四。

註一八：瑞溪周鳳，《善鄰國寶記》，〈文明二年〔一四七〇〕龍集庚寅臘月二十三日臥雲八十翁瑞溪周鳳書於《善鄰國寶記》後〉。

註一九：津田昇，《日本貿易の史的考察——古代から現代まで》（外國爲替貿易研究會，昭和四十五年）。

森克己，〈大陸貿易の消長〉，《日本史概說》（東京，吉川弘文館，一九六二，改定版）。

註二〇：佐々木銀彌，〈東アジア貿易の形成と國際認識〉，《岩波講座日本歷史》，七，中世，三（東京，岩波書店，一九七六）。

註二一：徐學聚，《嘉靖東南平倭通錄》，卷首語。嘉靖元年無罷市舶之實。

註二二：朱紈，《甓餘雜集》（明萬曆間刊本），首卷，〈自序〉。《明世宗實錄》，卷三二四，嘉靖二十六年（一五四七）六月庚辰朔癸卯（二十四日）條。《明史》，卷二〇五，〈朱紈傳〉；卷三二二，〈日本傳〉。

註二三：參看朱紈，《甓餘雜集》，及鄭樑生，〈明嘉靖間浙江巡撫朱紈執行海禁始末〉，鄭著，《中日關係史研究論集》，第五集（台北，文史哲出版社，民國八十四年〔一九九五〕），頁一～三四。

註二四：徐學聚，《嘉靖東南平倭通錄》（精鈔本影印本），嘉靖三十四年（一五五五）四月條。

註二五：《明世宗實錄》，卷三八四，嘉靖三十一年（一五五二）四月癸丑朔丙子（二十四日）條。

註二六：參看《明世宗實錄》，卷三八七，嘉靖三十一年七月辛巳朔己亥（十九日）條。

註二七：同前註。

註二八：《明史》，卷二〇五，〈王忬傳〉，卷三二二，〈日本傳〉。

註二九：《明史》〈日本傳〉。

註三〇：《明史》，卷二〇五〈胡宗憲傳〉，嘉靖三十五年（一五五六）條。參看鄭樑生，〈明嘉靖間靖倭督撫之更迭與趙文華之督察軍情〉，鄭著《中日關係史研究論集》，第七集（臺北，文史哲出版社，民國八十六年〔一九九七〕），頁七九～一二六。

註三一：《明世宗實錄》，卷四一九，嘉靖三十四年（一五五五）二月丙寅朔庚辰（十五日）條。

註三二：前註所舉書同卷，同年同月丙戌（二十一日）條。

註三三：前註所舉書卷四二五，嘉靖三十四年八月癸丑朔壬辰（三十日）；卷四二六，同年九月癸巳朔乙未（三日），卷四二七，同年十月壬戌朔丙子（十五日）條。

註三四：《明英宗實錄》，卷二八七，天順二年（一四五八）二月庚寅朔丁酉（八日）條云：「司禮太監福安奏……『永樂、宣德間，屢下西洋，收買黃金、珍珠、寶石，今停止三十餘年，府藏虛竭。請遣內官於雲南等處，出官庫銀收買上納。』從之」。

註三五：主張厲行海禁的，如歸有光，《歸太僕文集》（明崇禎刊明經世文編本）〈論禦倭書〉云：「議者又謂宜開互市，弛通番之禁，此尤悖謬之甚者。百年之寇，無端而至，誰實召之?元人有言：『古之聖王，務修其德，不貴異物。』今往往遣使奉朝旨，飛泊浮海，以喚外夷互市，是利于遠物也，遠人何能格哉!此在永樂之時，嘗遣太監鄭和一至海外，然或者已擬其非祖訓禁絕之旨矣。況亡命無籍之徒，違上所禁，不顧私出外禁下海之律，買港求通，勾引外夷，釀成百年之禍。紛紜之論，乃不察其本，何異揚湯而止沸，其不知其何說也。唯嚴爲守備，爲海龍堆，截然夷夏之防，賊無所生其心矣。」即是好例。參看張維華，《明代海外貿易簡論》，頁四〇～四一。

註三六：有關王直協助官軍剿倭事，請參看采九德，《倭變事略》（明嘉靖間刊本，鹽邑志林之一），卷四〈附錄〉，王直〈自明疏〉，及《明世宗實錄》，卷四三四，嘉靖三十五年（一五五六）四月己巳朔甲午（六日）；卷四三五，同年五月戊午朔乙亥（十八日）；卷四三七，同年七月丁巳朔戊午（二日）各條。

註三七：小葉田淳，〈明代漳泉人の海外發展〉——特に海澄の餉稅制と明貿易について〉，《東亞論叢》，四。

註三八：請參看《明神宗實錄》，卷四九六，萬曆四十年（一六一二）六月甲子朔戊辰（五日）條，及木宮泰彥，《日華文化交流史》（東京，富山房，昭和四十年（一九六五）），五，明清篇，第四章，〈明末に於ける日華の通交〉。

第三章　明代倭亂之實態

第一節　正德以前之倭亂

一、洪武初年之倭寇

元軍東征後不久，日本進入其南北朝動亂的十四世紀中葉，倭人寇掠朝鮮半島，使高麗陷於「千里蕭然，……兵食匱竭，人民困瘁。」（註一）且在不久以後，竟將其寇掠範圍擴大到中國沿岸地方，此當與朝鮮太祖李成桂對他們採取懷柔政策應有密切關聯。（註二）

倭寇之寇掠中國始於元至正二十三年（正平十三年、貞治元年，一三六三）八月寇山東蓬州，爲守將劉暹所破，而「自十八年以來，倭人連寇瀕海郡縣，至是海隅遂安。」（註三）「海隅遂安」固爲誇大之辭，但維持小康局面則是事實。然在此之後，被朱元璋所滅張士誠、方國珍等之餘黨因失所據，竟勾結日本奸商、亡命、浪人出沒中國沿海。焚民居，掠貨財。北自遼海、山東，南抵閩、浙、東粵，濱海之區，無歲不被其害。（註四）亦即朱元璋在其即位之初便受倭寇侵擾，《明史》〈日本傳〉所謂：「諸豪亡命，往往糾島人入寇山東濱海州縣」，即指此而言。

洪武二年（正平二十四年，應安二年，一三六九）二月，寇山東濱海郡縣。四月，掠男女而去。（註五）明廷以太倉衛指揮僉事翁德爲指揮副使，使之防倭，並遣使祭祀海神。（註六）明年六月，倭寇轉移目標，開始襲擊浙江之溫州、台州、明州，更有寇掠福建沿海郡縣者。（註七）如據《籌海圖編》、《明太祖實錄》的記載，倭寇於四年四月犯山東膠州，劫掠沿海民，旋掠溫州，襲廣東海晏。五年五月寇浙江海鹽之澉浦，殺掠人民。次月寇福州之福寧縣，前後殺掠居民三百五十餘人，焚燒廬舍千餘家，劫取官糧二百五十石。六年七月，寇山東即墨諸城，萊陽等縣沿海居民多被殺掠。七年七月，寇膠州、海州，及大任河口。因其強烈寇掠，致「倭寇所至，人民一空」。因倭寇從明初開始肆意侵擾，明廷乃從洪武四年起除加強所謂「片板不許入海」之海禁，藉此以徹底肅清海上外，又自掌海外貿易權，嚴厲統制與諸國之間的貿易。

山東地方雖是「負海潟鹵，其地瘠薄，蠶穀少，人民寡」而物資貧乏，卻一再受到侵略，其故在於山東南端的登州與遼東半島的旅順一衣帶水，彼此對峙，扼住渤海灣。其間有沙門列島，而沙門、鼉磯、牽牛、大竹、小竹五島相連，乃隋、唐時代日本貢使迂回遼東沿岸，登陸登州的正路，也是當時韓人朝貢中國之路，他們是由此至北京的。（註八）他們既經由此地朝貢中國，則將其寇掠目標朝向中國之際，雖有以南方沿岸爲根據地的張士誠、方國珍之餘黨爲其穿針引線，仍不輕易放棄其初到之地而予以寇掠的情形，實不難想像。而太祖朱元璋之所以說：「予受命上穹爲中國主，惟圖人民罔敢怠逸。蠢彼寇夷，膟肆寇劫，濱海郡縣，多被其殃。今命將統率舟師，揚帆諸島，乘機征勦，以靖編氓。特備牲醴，用告神知。」（註九）而遣使祭山東海神，並改登州爲府，置蓬萊縣，以固防禦，（註一〇），其故在此。

洪武八年至二十五年，山東未受倭寇之害，此應歸功於明廷之嚴防與立沿海備倭之法。而「明朝海防最整飭之日，乃高麗綱紀最弛之時。故由朝鮮半島向中國大陸之倭寇，避難就易，再返半島。明初倭寇式微之洪武八年，相當於高麗辛禑王之元年。」（註一一）明朝此一時期的沿海地方雖較平靜，然當李氏朝鮮取代王氏高麗後，因李成桂採懷柔政策，故朝鮮半島的倭寇歛跡，山東半島又成爲倭寇肆虐的舞臺。在朝鮮立國的洪武二十五年（元中九年、明德三年，一三九二），因山東指揮使周防建議：「所屬寧海、萊州二衛，東臨巨海，途岸紆遠，難於防禦。近者需擇萊州要害之處，常置八總寨，以轄四十八小寨。其寧海，近者至五總寨，以被倭夷。」（註一二）而欲加強該地方之防備，其意見爲太祖所採納。二十九年正月則定擒獲倭賊陞賞格（註一三），以激勵士氣。此後至太祖崩（一三九八）爲止，倭寇侵擾山東的次數雖不多，但明廷爲對付來其寇，乃增設安東、靈山、鰲山、大嵩、成海、寧海七衛所。

表一：洪武年間倭寇入寇情形

年	月	日	入寇情形	典據
一			出沒海島中，乘間輒傅伯岸剽掠。	明史張赫傳
二	正	是月	寇山東海濱郡縣，掠男女而去。	明太祖實錄卷三八 明史太祖本紀二
二	八	癸亥朔乙亥	寇淮安，鎭撫吳祐等，擊敗其眾於天麻山，擒五十七人。	明太祖實錄卷四四
三	六	是月	寇山東，轉掠溫、台、明州傍海之民，遂寇福建，福州衛出兵捕獲倭船一十三艘，擒三百餘人。	明太祖實錄卷五三 明史太祖本紀二、日本傳
四	六	壬午朔戊甲	寇膠州，劫掠沿海居民。	明太祖實錄卷六八
五	六	丙子朔丙戌	寇海鹽之澉浦，殺掠人民。	明太祖實錄卷七四
五	六	己卯	羽林衛指揮使毛驤、於顯，指揮同知袁義等，領兵捕逐蘇松、台瀕海諸郡倭寇。	明太祖實錄卷七四
五	六	癸卯	指揮使毛驤，敗倭寇於溫州下湖山，追至石塘大洋，獲倭船十二艘，生擒一百三十餘人，及倭弓等器。	明太祖實錄卷七四
五	八	己亥朔丙申	寇福州之福寧縣，殺掠居民三百五十餘人，焚燒廬舍千餘家，劫官糧二百五十石。	明太祖實錄卷七五
六	七	庚子朔辛亥	寇即墨諸城，萊陽等縣，沿海居民多被殺掠。詔近海諸衛分兵討之。	明太祖實錄卷八三

六	七	丙寅	台州衛兵出海捕倭獲倭夷七十四人，船二艘，追還被掠男女四人	明太祖實錄卷八三
七	七	甲子朔壬申	寇膠州，官軍擊敗之。	明太祖實錄卷九一
七	七	壬申	寇登萊。	明史太祖本紀二
七	七	甲戌	寇海州。百戶何達率兵擊斬二十四人。	明太祖實錄卷九一
七	七	壬午	寇大任河口，百戶許彰戰死。	明太祖實錄卷九一
七			吳禎同都督僉事於顯總江陰四衛舟師，至琉球大洋，獲其兵船，獻俘京師	明史吳禎傳
一三	七	己丑朔壬寅	寇劫廣州府東莞等縣。	明太祖實錄卷一三三
一三	八		寇廣東害海豐縣，殺掠吏民。	明太祖實錄卷一三三
一六	是	年	寇金鄉、平洋。	明史日本傳
一八	是	年	寇上海。	明史湯和傳
二二	一二	乙未朔甲寅	近者倭船十二艘，由城山洋艾子口登岸劫掠。寧海衛指揮僉事王鎮等殺賊三人，獲其器械。赤山寨巡檢劉興捕殺四人	明太祖實錄卷一九八
二三	正	乙丑朔己巳	倭夷由穿山浦登岸，殺虜軍士男女七十餘人，掠其財物。	明太祖實錄卷一九九

二四	八	乙卯朔癸酉	海盜張阿馬，引倭自水桶澳登岸。阿馬見斬。	明太祖實錄卷二一一
二四	九	是月	寇雷州遂縣，百戶李玉，鎮撫陶鼎等皆戰死。	明太祖實錄卷二一二
二七	一〇	丁卯朔己巳	寇金州，入新市，燒屯營糧，殺掠軍民。	明太祖實錄卷二三五
三一	二	戊寅朔乙酉	寇山東寧海州，由白沙海口登岸，劫掠居人，殺鎮撫盧智。指揮陶鐸及其弟擊斬三十餘級。	明太祖實錄卷二五六 明史太祖本紀三
三一	二	丁酉	近者倭賊二千餘人，船三十艘，寇海澳寨楚門。百戶王斌，鎮撫袁潤等皆戰死。	明太祖實錄卷二五六

由表一可知，洪武年間的寇掠並不頻繁，尚能保持小康局面。故《武備志》所謂：「防禦甚固，倭不得間，小小與我軍相勝敗」，頗爲中肯。

二、永樂年間之倭寇

日本於惠帝建文三年（應永八年，一四〇一）開始朝貢中國，永樂（一四〇三～一四二四）初年，足利義滿被成祖冊封爲日本國王，而應明廷要求不時擒獻渠魁，所以永樂初年相當平靜，《明太宗實錄》沒有倭寇寇掠之相關記載，只有《明史》〈成祖本紀〉和〈陳瑄傳〉紀錄於永樂元年在金州白山島破倭，及《實錄》永樂二年六月庚午朔乙未（二十六日）條紀錄：

敕捕倭總兵官清遠伯王友，副總兵都指揮僉事郭義：「前以海寇為患，命爾等統兵巡捕，務在廓清；近大謝、桃渚、赤坎寨、胡家港諸處，海寇登岸，殺掠軍民。爾等坐視不管，養寇害民，論法當誅。今姑記爾罪，即整飭將士，晝夜運謀，奮力勦除此寇，以贖前罪」！

六年十二月甲戌朔甲申（十一日）條紀錄：「都指揮李龍，指揮王雄，總率官軍六千，往沙門島等處巡捕倭寇」：辛丑（十八日）條言：「命安遠伯柳升充總兵官，平江伯陳瑄充副總兵，率舟師緣海巡捕倭寇」戊戌（二十五日）條言：「命豐城侯李彬充總兵官，都督費　統帥官軍，自淮安沙門島緣海地方勦捕倭寇」：庚子（二十七日）條言：「命都指揮姜清、張真充總兵官，指揮李珪、楊衍充副總兵，往廣東，福建，各統海舟五十艘壯士五千人，緣海隄備倭寇」而已。

如前文所說，明廷對足利義滿緝捕倭寇的評價是：「王修德樂善，忠良恭謹，朕勝爾嘉。又能遵奉朝命，禁止壹岐、對馬諸嶋之人，不爲海濱之害」：「王之尊敬朕命，雖身在海外，而心實在朝廷，海東之國，從古賢達，未如王者」：「殄寇盜於海嶋，安黎庶於邊隅。並海之地，雞犬得寧，烽警不作，皆王之功也」。可見永樂初年倭寇的屏息，義滿之功不可沒，故他於永樂六年去世時，成祖方纔賜謚「恭獻王」。

義滿逝世後，倭寇又開始蠢動，次年正月十日侵犯東海千戶所。（註一四）八月十一日，寇大金、定海二千戶所及福州羅源縣。（註一五）九月二日，陷廣東昌化千戶所。（註一六）十一年正月，以三千餘人寇浙江昌衛爵溪千戶所。（註一七）十三年十二月，入侵旅順口。（註一八）義滿死後倭寇又猖獗的原因，如前文所說，應與室町幕府第四任將軍足利義持係由各守護所擁立，各守護未必聽從其命令，及室町幕府經義滿之全盛期後，逐漸走下坡有關。

迄至永樂十六年（應永二十五年，一四一八）八月，遼東總兵官都督劉榮以金州衛金線島西北望堝為濱海襟喉之地，不僅地勢特高，且可望老鸛嘴、金線、馬雄諸島，而且凡有寇至，必先過此，故〈疏〉請在此用石疊石築城，置煙墩瞭望而獲裁可。（註一九）明年四月，朝鮮哨報：「倭寇饑困已極，欲寇邊。」（註二〇）此賊共有船九十餘艘遊弋金山衛海面，（註二一）然後逼近望海堝。《明史》〈日本傳〉所謂：「十七年，倭船入王家山島。都督劉榮率精兵疾馳入望海堝。賊數千人分乘二十舟，直抵馬雄島，進圍望海堝。」即指此而言。

《明太宗實錄》卷二一三、《明史》〈成祖本紀〉二、卷九一〈兵〉「海防」、卷一五五〈劉榮傳〉《明史稿》、《明史紀事本末》卷五五〈沿海倭亂〉、《明書》、《殊域周咨錄》、《皇明四夷考》、《東西洋考》、《籌海圖編》、《國朝典彙》等書，俱紀錄望海堝之役，茲綜合各書紀錄，其經緯如次：

倭寇進圍望海堝後不久，即至堝下，登岸入王家島魚貫而行。一倭容貌醜惡，揮兵率眾，勢甚銳。劉榮使人、馬飽食，略不為意。使都指揮徐剛伏兵於山麓，百戶江隆率兵將士潛燒賊船，斷其歸路。並與部下相約：旗舉，伏起；鳴礮，奮擊；不用命者，以軍法從事。

當賊至堝下之際，劉榮即披髮，舉旗，鳴礮，軍士一齊躍出。繼則兩翼同時突擊，賊大敗，橫屍遍野。餘黨奔櫻桃園空堡，將士雖欲入堡殲敵，榮慮賊作困獸鬥而予以阻止，特開西壁，待其逃出，方纔從兩翼夾擊。此役共斬首七百四十二，間有逃亡者，又為江陵等所擒，其數八百五十七，無一人得逃。《明史》〈劉榮傳〉言：「自是倭大創，不敢復入」。遼東鄭曉《吾學篇》則謂：「自是倭不敢窺遼東」。倭寇之不復入侵遼東，除其防禦固若金湯，驚於此役受重創外，也可能與此一地區之寇掠目標的糧食鮮少，無利可圖有關。

以上乃對成祖治世倭寇入侵情形的考察，由此可發現倭寇之猖獗與日本國內情勢有密切關聯。在足利義滿主政時期，因能控制日本「海賊」與「惡黨」，故倭寇被鎮壓而明朝倭患少，義持時代則因無法任意指揮守護們而難於禁戢「海賊」、「惡黨」，致無法應明廷禁戢倭寇之要求。但無論如何，永樂年間的倭寇因義滿之死而逐漸增加，可由次表看出來。

表二一：永樂年間倭寇入寇情形

年	月	日	入寇情形	典據
元	是年		倭寇沙門島，陳瑄追擊至今州白山島，焚其舟殆盡。	明史陳瑄傳
二	是年		王友帥舟師沿海捕倭而大破倭。	明史王友傳
六	十二	是月	柳昇、陳瑄、李杉等，率舟師分道沿海捕倭。	明史成祖本紀二

七	正	甲辰朔壬子	上聞倭寇犯東海千戶所，退依鷹遊山。	明太宗實錄卷八七
八	一〇	是月	倭寇福州。	明史成祖本紀二
八	一一	癸亥朔癸酉	攻破大金、定海二千戶所，福州羅源等縣，殺傷軍民，劫掠人口及軍器糧儲。攻衛平海衛城池，百戶謬真等戰死。	明太宗實錄卷一一〇 明史成祖本紀二
九	二	壬辰朔丁巳	陷昌化千戶所，千戶王偉等被殺，軍士死亡甚眾。城中人口，、食糧、軍器皆被劫掠。	明太宗實錄卷一一三 明史成祖本紀二
九	是年		倭寇盤石。	明史日本傳
一一	五	辛丑朔	倭賊三千餘人，寇昌國千戶所。賊死傷者眾。至礎門千戶所，被指揮僉事周榮追殺及溺死者無算。	明太宗實錄卷一三六
一二	七	戊寅朔己卯	攻劫楚門千戶所。	明太宗實錄卷一四一
一三	一二	甲子朔己丑	入旅順口。	明太宗實錄卷一七一
一四	五	壬辰朔丁巳	倭船三十餘艘，倭寇三千餘，在海上往來。	明太宗實錄卷一七六
一四	六	辛酉朔甲申	賊船三十三艘，泊靖海衛楊村島。	明太宗實錄卷一七七
一五	六	乙酉朔巳亥	倭寇松門、金鄉、平陽。	明史成祖本紀三、日本傳
一六	正	乙巳朔甲戌	陷松門衛	明史成祖本紀三

一六	五	庚戌朔癸丑	金山衛奏：有倭船百艘，賊七千餘人，攻城劫掠。	明太宗實錄卷二〇〇
一七	六	甲戌朔丁丑	金山衛奏：有倭船九十餘艘在海上往來。	明太宗實錄卷二一三
一七	六	戊子	劉江殲滅倭寇於望海堝。	明太宗實錄卷二一三 明史成祖本紀三、兵三海防、劉榮傳、日本傳
一八	正	庚子朔乙巳	倭寇三百餘人，船十餘艘，於金鄉、福寧及井門、程溪等處登岸劫掠，復東南行。	明太宗實錄卷二二〇
一八	三	己巳朔甲申	賊首賓鴻等攻安丘。山東指揮僉事衛清等殺賊二千餘人，生擒四千餘人，皆斬之。是日，鰲山衛指揮僉事王真亦率兵百五十人，擊敗賊眾於諸城，盡殲之。各械首惡送京師。	明太宗實錄卷二二三
二〇	是年		倭寇象山。	明史日本傳

三、宣德至正德年間倭寇

成祖崩後由仁宗繼位，未及一年。仁宗崩，由其子宣宗登極。如據《明宣宗實錄》及《明史》的記載，自宣宗（一四二六～一四三五在位）經英宗、代宗、英宗、憲宗、孝宗，至武宗（一五〇六～一五二一在位）的一百零五年間，倭寇之騷擾中國，前後僅有十五次，受害較深者爲正統四年（永享十一年，一四三九）五月，及七年（嘉吉二年，一四四二）五月。或許因寇掠次數不多，受害又不嚴重，至武備逐漸廢弛，使嘉靖二十六年擔任浙江巡撫，負責執行海禁的朱紈慨歎不已（註二二），而嘉靖倭寇之所以難制，亦當由於承平日久，海防鬆懈使然。茲將洪熙至正德年間倭寇入寇情形表列如次：

表三：洪熙至正德年間倭寇入寇情形

年	月	日	入寇情形	典據
洪熙元	五	庚午朔丁丑	倭自蚶嶴、亭嶼二港入，攻陷桃渚千戶所城。千戶徐中、李海率兵力戰，擒賊三人，斬首十出洋，海道及之，又生擒三人，斬首七級，碎賊一舟，舟中盡溺死。	明宣宗實錄卷二
宣德五	八	己巳朔辛巳	廣東海陽縣碧洲村，倭賊登岸，劫掠居民。潮州衛巡捕同知鄭複等與黃岡巡檢不能禦賊，都司、布政司請治複等罪。	明宣宗實錄卷六九
五	八	癸巳	巡按福建監察御史方端奏：漳州府龍溪縣，海寇登岸，殺人掠財。巡海指揮楊全，領軍不救。全又受縣人賄賂，縱往琉球販鬻，請治其罪，令御史治之如律。	明宣宗實錄卷六九
正統三	九	壬午朔癸卯	福建都司都指揮僉事鄧安提督備倭，所部與賊戰，安不赴援，致軍被殺死。巡按御史請治其罪。從之。	明英宗實錄卷四六

四	五	戊申朔庚午	巡按浙江監察御史房盛奏：五月初一日倭賊登岸，犯桃渚千戶所，殺虜人民。千戶穆晟虛張賊數，掩匿失機。而都指揮同知張翦，都指揮僉事朱興，巡海御史李奎，不能相機追捕，反擁兵自衛，請皆寘于法，爲將來警。	明英宗實錄卷五五 明史日本傳
七	五	庚申朔丁亥	巡按浙江監察御史李璽等奏：倭寇二千餘徒犯大嵩城，殺官軍百人，虜三百人，糧四千四百餘石，軍器無算。守禦指揮蔣鏞等兵備不嚴，以致失機。總督備倭署都指揮僉事陳暹，委官都指揮僉事李貴，統船四十餘艘圍賊於中，乃按兵不動，縱之逸法。按察司僉事陳耘，分巡到海道，朋比不劾，請俱正其罪。	明英宗實錄卷九二
八	七	甲寅朔己未	先是，浙江昌國衛軍餘戴弗名等六人被倭賊擄去。至是自海外歷朝鮮至京師，備言倭賊將入寇。	明英宗實錄卷一〇六
一四	三	辛巳朔癸巳	巡按廣東監察御史沈衡奏：海賊架船十餘艘，泊福建鎮海衛玄鍾千戶所，攻圍城池，官軍射卻之。	明英宗實錄卷一七六
一四	四	辛巳朔癸巳	總督浙江備倭都指揮李信奏：溫州府平陽縣，地鄰福州府福寧縣，爲彼賊流劫縣境，攻圍蒲門千戶所。守備指揮呂真等，率官軍禦卻之。	明英宗實錄卷一七七
一四	九	戊寅朔丙午	廣東奏：賊首黃蕭養等船三百餘艘，來寇廣州府城，僞稱順天王名號。本處官軍調征在外，無軍禦敵。	明英宗實錄卷一八三
一四	一〇	戊申朔癸酉	山東等處總督備倭永康侯等奏：比見倭寇往來海中，慮其登岸搶掠即墨縣陰島社。請遷其民於陳馬莊居住，驗戶丁多寡，撥與空閒屯地耕種。從之。	明英宗實錄卷一八四

景泰四	二	戊子朔甲辰	鎮守福建右少監戴細保奏：清灣巡檢司倭賊登岸，殺傷巡檢葉旺，攻進城內劫掠人財。其備倭都指揮僉事傷海、王玉俱回家，失於提督官軍守備，以致把總指揮千百戶周鼎等，亦各不用心覘捕，宜治其罪。從之。	明英宗實錄卷二二六
四	九	甲寅朔甲子	都察院奏：福建備倭署都指揮僉事王雄，追賊至東海黑水洋中被賊拘執，求免而歸。當依律降爲事官立功。從之。	明英宗實錄卷二三三
成化七	一〇	巳己朔癸巳	巡按福建監察御史洪性等奏：海賊駕船入三江口，殺死千百戶官軍人等。	明憲宗實錄卷九七
一八	二	庚子朔辛丑	巡按廣東監察御史黃著奏：海賊登岸，劫掠人財，焚燬居民。潮州衛指揮同知張源等，罪應謫戍；并總督備倭都指揮同知陳景，及分守都指揮僉事李英皆當究治。	明憲宗實錄卷二二四
弘治一二	一二	丙戌朔庚寅	福建備倭官軍快哨船爲海賊所奪者二艘，軍士爲所掠者十八人，仍索金物爲贖。命罰帶管巡海副使韓紹宗，備倭都指揮郭英俸各三月，把總等官張宏等，下巡按監察御史問。	明孝宗實錄卷一五七

注　釋：

註　一：《高麗史》（首爾，亞細亞文化社，一九七二，百部限定版），卷七八，〈食貨〉，一，「版圖判書黃順常等上疏」。

註　二：參看鄭樑生，《明代中日關係研究》（臺北，文史哲出版社，民國七十四年〔一九八五〕），頁三三一一，或《明・日關係史の研究》（東京，雄山閣，昭和六十年（一九八五）），頁二七四。

註　三：《元史》（百衲本），卷四六，〈順帝本紀〉。

註　四：谷應泰，《明史紀事本末》（中華書局本），卷五五，〈沿海倭亂〉。

註　五：《明太祖實錄》，卷三八，洪武二年（一三六九）二月是月條。

註　六：《明太祖實錄》，卷四一，洪武二年四月乙丑朔戊子（二十四日）條。

註　七：《明太祖實錄》，卷五三，洪武四年（一三七一）六月壬午朔戊申（二十七日）條。

註　八：後藤秀穗（肅堂），〈膠州灣を中心とした山東の倭寇〉，《史學雜誌》，第二十五編第十二號。

註　九：同註六。

註一〇：《明太祖實錄》，卷一〇六，洪武九年（一三七六）五月甲寅朔壬午（二十九日）條云：「改登州爲府，置蓬萊縣。時，上以登、萊二州皆瀕海，爲高麗、日本往來要道，非建府治，增兵衛，不足以鎮之。遂割萊州府文登、招遠、萊陽三縣，益登州爲府，置所屬蓬萊縣。復以青州府之昌邑、即墨、高密三縣，補萊州府」。

註一一：同註八。

註一二：《明太祖實錄》，卷二二二，洪武二十五年（一三九二）十一月戊寅朔乙酉（八日）條。

註一三：《明史》，卷九二，〈兵〉，四，〈賞功〉只云：「（洪武）二十九年（一三九六），命沿海衛、所指揮、千、百戶，獲倭一船及賊者，陞一級，賞五十兩，鈔五十錠；軍士水陸擒殺賊，賞銀有差」，而無具體的賞功辦法。《明太祖實錄》，卷二四四，洪武二十九年正月庚申朔丁丑（十八日）條則詳記其辦法云：「定擒倭賊陞賞格。凡各衛指揮獲倭船一艘及賊者，僉事陞同知，同知陞指揮使，仍賞白金五十兩，鈔五十錠。千戶擒獲者，陞指揮僉事；百戶擒獲者，陞千戶；其賞俱與指揮同。在船軍士能生擒，及殺獲倭賊一人者，賞白金五十兩。將校軍士與倭賊陸地交戰，能生擒或殺獲一人者，賞白金二十兩，鈔二十錠」。

註一四：《明太宗實錄》，卷八七，永樂七年（一四〇九）正月甲申，朔壬子（十日）條。

註一五：《明太宗實錄》，卷一一〇，永樂八年（一四一〇）十一月壬辰朔癸酉（十一日）條。

註一六：《明太宗實錄》，卷一一三，永樂九年一四一一）二月壬辰朔丁巳（二十六日）條。

註一七：《明太宗實錄》，卷一三六，永樂十一年（一四一三）正月辛巳朔辛丑（二十一日）條。

註一八：《明太宗實錄》，卷一七一，永樂十三年（一四一五）十二月甲子朔己丑（二十六日）條。

註一九：《明太宗實錄》，卷二〇三，永樂十六年（一四一八）八月戊寅朔癸未（六日）條。

註二〇：《明太宗實錄》，卷二一一，永樂十七年（一四一九）四月乙亥朔丙戌（十二日）條。

註二一：《明太宗實錄》，卷二一三，永樂十七年六月甲戌朔丁丑（四日）條。

註二二：參看朱紈，《甓餘雜集》，卷二，嘉靖二十六年（一五四七）十二月二十六日〈閱視海防事〉。此〈疏〉並見於《明經世文編》，卷二〇五，〈朱中丞甓餘集〉，一。

第二節　嘉靖二十年代之倭亂

一、寧波事件

1. 事件的起因

在探討嘉靖二十年代之倭亂以前，須先敘述寧波事件始末。寧波事件雖係日本兩造貢使至中國後，因彼此互爭真僞，及浙江市舶提舉司太監賴恩對他們的處置失當所引發的暴亂，與一般寇掠有異，卻由於明廷在此一事件過後加強海禁，致亂益滋甚。此事就如《嘉靖東南平倭通錄》卷首所說：

> 自嘉靖元年罷市舶，凡番貨至，輒賒與奸商。久之，奸商欺冒，不肯償。番人泊近島，遣人坐索，不得。番人乏食，出沒海上為盜。久之，百餘艘，盤據海洋，日掠我海隅不肯去，小民好亂者，相率入海從倭。兇徒、逸囚、罷吏、黠僧，及衣冠失職、書生不得志群、不逞者，皆為倭奸細，為之嚮導。於是王五峰、徐必（碧）溪、毛海峰之徒，皆我華人，金冠、龍袍，稱王海島；攻城掠邑，莫敢誰何，浙東大壞。

文中所謂「嘉靖元年」，應是「二年」之誤。嘉靖二年即爆發寧波事件之年，惟寧波事件後，明廷並無裁撤市舶提舉司之實，只要求日本擒送元兇，及送還被擄中國職官做一個解決，並加強海防，嚴格要求日本恪守貢舶之赴華年次，人員之限制，及嚴禁私通奸謀之徒而已。

寧波事件發生的遠因，在於細川、大內兩氏因爭辦遣明貢舶形成對立，其經緯已在拙著〈寧波事件始末——一五二三〉（註一）詳細論述，在此僅簡介事件始末。引發此一事件的直接原因則如《明史》〈日本傳〉所述。

嘉靖二年（大永三年，一五二三）五月，日本大內氏所遣貢使宗設謙道抵寧波，未幾，細川氏所遣貢使宋素卿、鸞岡瑞佐亦至，而互爭使節之真僞。依明朝規定，舉行宴會時，先到者坐上位，貨物的盤驗亦先到先驗。然因素卿向掌管浙江市舶提舉司的太監賴恩行賄，故在舉行筵宴時，賴恩違反規定，將素卿等人的座位安排在宗設之上；盤驗貨物時，也先驗素卿一行者。此事激怒了宗設，其同夥遂與素卿一行鬥毆，殺死瑞佐。非僅如此，又焚素卿一行之貢舶，欲殺素卿而追至紹興城下。因素卿藏匿別處，得免一死。宗設與其黨徒在返回寧波之際，所過焚掠，擄指揮袁璡以去，都指揮劉錦追他們至海上而竟戰歿。

《明世宗實錄》卷二八同年六月庚子朔甲寅（十五日）條則說：日本夷人宗設謙道等齎方物來，不久，鸞岡瑞佐、宋素卿等人又到，他們俱泊於寧波，兩造人員互爭貢使之真僞，而瑞佐等人被宗設一夥殺死。素卿逃竄至慈谿，宗設一行縱火大掠，殺指揮劉錦，擄指揮袁璡而蹂躪於寧波、紹興之間，然後奪船出海。巡按御史歐珠報告事情顛末。世宗乃下令：「切責巡視、守巡等官，先是（事）不能預防，臨事不能擒勦，姑奪俸。令鎮巡官即督所屬調兵追撫，并核失事情罪以聞。其入貢當否事，宜下禮部議報」。

如據同書同年同月戊辰（二十九日）條的記載，禮部覆議的結果是：日本夷人宋素卿來朝所持勘合，係孝宗朝頒賜者，他們謂武宗朝所頒勘合爲宗設所奪，此言未可相信，故不宜容其入朝。但兩造夷人相互仇殺，係由宗設所引起，而素卿一行之被殺者眾多。素卿雖以華人投靠夷人，此事發生於其年幼之時，長大後尙知效順而武宗時已赦其罪，所以毋須再問。惟令鎮巡等官省諭素卿，回國後移咨國王，令其查明勘合問題自行懲處，待下次朝貢時奏請議處。然因給事中張翀，御史熊蘭等人〈疏〉請懲處犯順者，世宗遂命將素卿及宗設等人關進監獄，待報論決，仍令鎮巡官詳究各夷情僞，提出報告。

其作更詳細說明者爲《籌海圖編》卷二〈王官使倭史略〉「嘉靖二年入貢」條的記載：四月，夷船三隻，譯傳西海道大內誼興國（義興）遣使臣宗設謙道入貢。越數日，夷船一隻，使人百餘，復稱南海道細川高國遣使鸞岡瑞佐、宋素卿入貢，導至寧波江下。當時市舶太監賴恩，私受素卿重賄，舉辦筵宴時，將其座位設於宗設之上，且其貢船後至而又先與盤發。此事激怒宗設，遂致兩夷讎殺，毒流纏市。宗設黨人追逐素卿，直抵紹興城下。因追趕不及，乃還至寧波。然後挾持寧波衛指揮袁璡，奪舟越關而遁。備倭都指揮劉錦追賊而戰歿於海；定海衛掌印指揮李震與知縣鄭餘慶，同心濟變，一日數警，而城得以無患。

如據上舉資料，則此一事件的起因在於市舶太監賴恩處事不公，先盤發後至者宋素卿一行的貨物，及在舉辦筵宴時所安排座位未依先至者居上座的規定。然若只是貨物的盤驗與座位問題，當不致引起如此嚴重的事件，應該還有其他問題糾結其間，然上舉諸書均無記載。當時該地的巡按御史歐珠於宋素卿被捕後，對此一事件的報告也只說：將宋素卿等移入府城會審，據素卿之言，得知西海路多羅氏（大內）義興，原為日本國所轄，向來不朝貢中國。我等朝獻，必由西海經過，彼將正德年間勘合奪去。因此，本國只得攜帶弘治年間所頒勘合，從南海路起程至寧波，因我說出箇中情形，我等遂被恨而遭殺害。

禮部於接到歐珠〈奏疏〉後立刻舉行部議，以「素卿之言未可盡信，不宜聽入朝」（註二），而完全未採信宋素卿自白之詞。指揮馮進恩則以為歐珠審問的結果，係倉卒間所為者，所以認為宋素卿的自白隱礙尚多，乃〈疏〉請世宗特遣近臣素有風力才望者前往寧波府，查明失事緣由，以定功罪，以安人心。（註三）他所言宋素卿隱礙尚多，相當中肯。

那麼，引發此一事件的原因，除盤驗貨物及筵宴時的座位問題外，是否還有其他因素？關於此一問題，《殊域周咨錄》卷二〈日本〉說：宋素卿原為寧波人，背棄中國，潛從外夷，正是本朝叛賊，法所必誅。正德年間，勾引外夷，與之偕來朝貢，而其身分敗露，將寘重典。乃以黃金、珠寶賄賂宦官劉瑾，因得以特旨獲免其罪。此次又以同一手段入貢，遂激成宗設之變。《日本一鑑》〈窮河話海〉卷七「使館」條則說：按國制，日本來貢，初館使於寧波市舶司。國家強盛時招其來市，館於慶元（寧波）天寧寺。因統御無策，致寺焚燬。嘉靖二年，大內、細川兩起貢使俱至寧波，此事實屬違例。當時市舶司太監賴恩，以兩貢使之一館之於市舶司，一館之境清寺。館雖兩兩處，待遇有偏頗，致使兩造貢使發生爭執，寺被焚燬。可見寧波事件的導火線爲賴恩之私。然其致亂原因，盤貨與宴席座位，住宿與待遇的偏頗等一連串不公平措施，纔使宗設一行忍無可忍，終於使他們以暴力發洩其憤恨之情。

當時宗設一行何以能夠肆無忌憚的到處肆虐？關於這方面的問題，〈窮河話海〉卷七「貢物」條說：貢船初到時，無論貢刀或私人攜帶之刀劍，官司查驗時都必需貯藏於收納貢品之東庫。嘉靖癸未（二）年兩起貢使相互讎殺之際，其所持刀劍無不出自暗藏室內者。因爲他們走私刀劍，故事先將它們暗藏起來。當爆發讎殺事件時，那些武器便成爲行兇的工具。亦即宗設等人係利用其所暗藏原欲走私之刀劍來行兇。

2. 宋素卿的來歷

那麼，宋素卿到底何許人物？何以前往日本？何以搖身一變成爲貢使返回中國？各書皆語焉不詳。《殊域周咨錄》紀錄河南道御史熊蘭之言謂：宋素卿原本華人，叛入夷狄。先年被派至中國朝貢時事情已經敗露。當時劉瑾當權，私受素卿賄賂之黃金，故得免於族誅。（註四）《明武宗實錄》則說他：本名朱縞，浙江鄞縣人。孝宗弘治年間（一四八八～一五〇五），潛從日本使臣湯四五郎逃去。爲國王所寵愛而被納爲婿，官至綱司而易今名。至正德六年（永正八年，一五一一）四月充正使來貢。（註五）其身分爲其族人所識，每有交談，素卿輒以金銀餽贈他們。此事爲其鄉人所告發，守臣以聞。禮部會議後認爲：素卿以中國之民潛從外夷，法當究治。然他既爲使臣，如予拘留禁制，恐失外夷朝貢之心，致生他隙。故宜宣諭中國德威，遣他回國。若在當地反覆生事，則當予族誅。〈窮河話海〉卷七「奉貢」條謂：鄞縣民朱澄言其族姪朱縞，昔因其父與夷使交通買賣折本，將他抵作所收貨款。同書同卷「市舶」條則謂：弘治九年（明應四年，一四九五）日本貢使朝貢之際，鄞之行人與朱漆匠，賒得夷人湯四五郎之漆器貨款，錢用光而竟無貨交與買主。貢船回國時，得不到漆器，故擬向官司告發。行人恐被究責，乃與湯四五郎共同催逼。而朱漆匠計出無奈，遂以子朱縞抵償。縞至日本後更名宋素卿，於正德六年奉使入朝。

由上述觀之，宋素卿原姓朱，因其父與日本人交易，領取貨款而竟無貨可交，所以方纔被帶至日本。如據日本史乘的記載，細川氏曾於弘治九年，以堯夫壽蓂爲正使朝貢中國，故當時與朱漆匠交易之商賈應是搭細川氏船者，因此宋素卿到日本後方纔在細川氏方面做事。由於他聰明伶俐，纔被細川氏重用，於正德年間派遣貢船時充當貢使回國；這次復被命爲貢使，卻因重施故技行賄，獲不應得之待遇，終於引發偌大事件。

3. 明廷的處置

寧波事件的導火線固因市舶太監賴恩受宋素卿重賄而對事情的處置不公，然其所以把事情鬧得如此重大，乃由於各該地方官員之怠慢，未能臨機應變。此事就如兵科右給事中夏言所說：前項倭寇，敢於中華肆行叛逆，其故在於各該地方官員先事不能防禦，臨變不能勦捕，漫無籌策，坐失機宜，以致荼毒生靈，佔據城池，劫奪庫藏，燔燒官府，戮害將臣。辱國損威，莫此爲大。就各官前後所上章奏而言，無不隱瞞事實，不敢直言，而多逃避責任之辭。並且寧波、紹興兩地的府、衛、所、寨的掌印、巡捕等大小官員，竟坐視夷寇縱横往來於封城之內，如入無人之境，讓他們殺戮長達旬日之久，而毫無捍禦策略，故他們俱難逃失職之責。更何況宗設所率領倭夷不滿數十百人，而寧波、紹興兩府軍民何止百萬，卻任由彼等逞兇殘，肆意攻略，畢竟無與爲敵。致使蕞爾島夷，蔑視華夏，蹂躪城郭，破壞閭閻，殺死都司方面，質擄指揮，貽國大恥，事出非常。而中間情節，隱礙尙多。（註六）夏言所指控的這些事實，表示當時明朝官員之顢頇無能，其言可謂一針見血。又，他所言中間情節，隱礙尙多，應是指各官員之相互推諉責任，不肯據實報告，及上述宗設謙道一行之暗藏刀劍，與市舶太監賴恩之暗助他們。

明朝當局面臨此一事件時，究竟對宗設謙道及寧波地方官員採取甚麼措施？爲彈劾宋素卿之姦僞與浙江各職官之怠慢、不公，河南道御史熊蘭，與禮科都給事中張翀首先提出對此一事件的強硬措施。熊蘭認爲：海道副使張芹，市舶司太監賴恩與寧波府衛掌印巡海等官員非僅不申禁令，不爲守備，又無法善加處置以息兩造貢使之爭端，更未防其發生變亂；分守參政朱鳴陽，分巡副使許完等人雖負有維護地方之責，卻都持觀望態度，以致蠻夷公然從事劫殺；把關管海指揮、千百戶等官員則未能攔截、防禦而任由夷人出入往來；指揮袁璡本身負責地方安危而竟身陷賊中；

推官高遷未能應敵而越牆迴避賊鋒。因上舉各官員之顢頇作爲，遂導致倭夷侵掠時，如入無人之境，所以應按法原情，通行查究。除陣亡之備倭同知劉錦外，其他各官都應正典刑，俾使防禦不嚴之失職官員有所警惕。（註七）

張翀則上〈疏〉曰：副使張芹，市舶太監賴恩，參政朱鳴陽，指揮張浩等雖身負朝廷重任，卻苟且因循，議處未定，而令宋素卿之盤船慢藏，啓窺瞰之奸，其叛逆之狀已形，而聽宗設之謝罪，當面甘愚弄之術，避地觀望，使賊恣意縱橫來往。致防禦策略尙未施展，而倭人所貽之禍，幾乎蔓延於兩浙。因此，應據法查究相關職官之責，以創艾後來。（註八）亦即熊蘭、夏言俱主張必需依法追究相關官員之責，俾使日後知所警惕。

熊蘭又說：洪武年間准許日本來貢，後因胡惟庸交通奸臣，太祖既正其罪，遂絕其往來，並載於〈祖訓〉，著爲令典。今皇上登基之初，復有入貢之請。其行爲似若忠誠，心實懷欺詐，故朝廷未受其貢，而浙江之民先罹其殃。因此請朝廷特降明詔，數其不恭之罪，示以薄伐之威，絕其朝貢之請，並申命海道帥臣，益嚴備禦，俟其復來，則草薙而擒獮之。保國裕民之方，居中制外之道，沒有勝於此者。（註九）

張翀則認爲：日本國蕞爾海夷，利覲中夏。先年使者，肆爲不道，承蒙我天子仁聖，曲賜優容。而今兩造貢使相互讎殺，蹂躪我內地，言宜檄諸夷之甲，興問罪之師。然此一事件爲使人所引起，故其國王無罪。且其國與琉球、朝鮮諸夷俱爲不征之列。所以希望普遍通知淮、浙、閩、廣鎮巡等官，凡沿海要害去處，如遇前項夷船到各該地方，就便督發官軍，併力截殺。仍行浙江鎮巡等官，將見獲夷黨宋素卿譯審明白，取問罪犯。由於宋素卿係先年潛通外夷者，數次賄賂劉瑾而得以擺脫法網生還；宗設謙道等則俱係從逆賊徒，罪在不赦。故應寘之典刑，以昭天朝之法，以嚴夷夏之防。（註一〇）而主張應拒絕與日本繼續往來。於是世宗乃命繫宋素卿、宗設於獄，待報論決。仍令鎮巡官，詳鞫各夷情僞以聞。（註一一）

4. 朝鮮送還中林、望古多羅

宗設等人逃竄後不久，朝鮮遞解所俘寧波事件餘類中林、望古多羅二人，首級三十三顆，及被擄中國人八名。（註一二）如據《朝鮮中宗實錄》的記載，嘉靖二年（中宗十八年，一五二三）五月二十七日，黃海道觀察使蘇世讓馳啓豐川府使李繼長驅逐在當地停泊之倭船一艘。次日，繼長率船五艘入黃海道松禾郡豐川海面之椒島，與倭船一艘六十餘人作戰。故諭忠清、慶尙等道準備捕獲。六月二十四日，將所擒中林囚於義禁府。次日，委官南兗審問。中林口供他是朝貢中國貢船之漂流者，因未發現其供辭有違端，乃議定付送生擒海上倭人之來使，並命黃海、近畿諸道，以此意招諭倭人，同時也將中林曉諭其同類送往黃海道。嗣因發現中林供詞不實，前此其徒又殺朝鮮人，故決定於次日追擊彼輩。同月十四日，慶尙左兵使尹熙平言：對馬島主特送之盛重及島倭小有隻等，馳啓日本國使之赴中國者，曾奪唐船，並擄官人二人逃亡，在海中遇惡風，致不知其下落。朝鮮當局疑其對馬島主窺覘本國虛實之船隻，乃再鞫問中林。當時在仁川出現類似中林同類之船隻，但未搜到。迄至七月五日，全羅道兵使吳堡等，得捕獲該船之報告，並鞫問所俘之望古多羅。八月三日，搭乘中林等之船的唐人被捕至京。他們說：聽說於本年五月賊入寧波府，殺千戶、指揮，並奪鹽船一艘，乘夜逃去。他們十人則是爲砍煎鹽所需木柴，前往海中桃花山下，因遇惡風漂流海中。遇倭船，兩名被殺，八人被捕放置海島，終逢貴國人而出來。因唐人與中林等之供詞大致相同，朝鮮當局乃決定於送還唐人時，將中林等一併解送中國。中宗令提學李荇草擬〈奏疏〉，將賀正使成世昌移差奏聞史。同月二十九日，世昌帶領唐人王樣等八名，中林、望古多羅及倭馘三十三級出發，十月抵中國京城。

5. 袁璡的下落

前文所說慶尙左兵衛使尹熙平所報告對馬島主特送之盛重等人，捎來日本朝貢明國的使節搶奪唐船，及擄官人二名，在海中遇惡風而不知去向者，必是盛重等人在對馬附近所見之其他船隻。《歷代鎭西要略》卷一〇謂：大內氏貢船於嘉靖三年（大永四年，一五二四）四月二日還自明國，在筑前志賀島破損，則宗設、月渚永乘及指揮袁璡等人必在船上。（註一三）四年四月，室町幕府使臣景林曾與大內氏使者同時前往朝鮮，當時所持國書的大意是：嘉靖二年進貢大明國。敝邦有奸細之徒竊府庫燒火，偷弘治勘合竄居遠島。渡茫洋到寧波府，訴於太監、三司大人。我使臣逢之，欲殺，則奸徒盜走。使臣逐北至餘姚縣，武官璡爲之嚮導。於是使臣擒拿袁璡，同船至漏邦。來歲蟻船時將送回袁璡等三員，伏冀陛下預達大明上皇之清聽而示諭，則不啻不朽之恩霑。（註一四）大內氏的使者，也攜帶記載有關袁璡的函件去。（註一五）由日本使臣送還之朝鮮漂流民金必（弼）說，在大內氏那裏的寧波府人希望經由朝鮮回國。此寧波人雖稱裴大人，但朝鮮亦知他是袁璡。中宗有意於六月同時接見景林與大內氏使者，乃詢問各大臣應否申奏送還袁璡事？衆陪臣皆曰不可。漂流民金必等言：前後抵朝鮮之日本使臣及大內氏使者，都是對馬人所僞稱，而景林之出使朝鮮，亦爲大內氏所主謀。如從當時所發生事情經過來衡量，金必之言足以採信。因他們以持弘治勘合之鸞岡瑞佐、宋素卿爲奸，擬於明年遣貢船及送還袁璡，而請朝鮮轉達。之後，大內使僧於嘉靖七年請轉送明人袁希玉等三人，並致奉呈於明之書信。此袁希玉或許與袁璡爲同一人。（註一六）

6. 廷臣的補救之策

寧波事件爆發後對加強邊防已形成共識，如據《殊域周咨錄》卷二〈日本〉的記載，其主要者有如下數端：

(1)備倭衙門地方久處承平，武備盡已廢弛，相應依擬差官閱視。但恐前項地方廣闊，周迴萬里，一人顧理不周。兵部欲便移咨都察院揀選歷練老成御史二員，各請敕一道，分定地方：一員自山東直抵淮陽、蘇州、松江；一員自福建直抵廣東各沿海地方；其浙江就令差去給事中敕內該載整理，各分投親詣沿海一帶閱視。

(2)浙江寧波、紹興、台州、溫州、杭州、嘉興六府，境接倭夷，實東西之巨屏，北都之外帑。

去年倭夷入貢，恣睢仇虐，橫屠生靈，戕及都司，中國大被虔劉，拱手莫捄，實由武備廢殘。應查照舊例，添設諳悉事故，加意民隱都御史一員督理封墩、戰艦、軍器之數，一一增修，令不失舊。

⑶召募補伍軍士，塡補逃亡正軍，以便差撥出海。

⑷選調有才識優良，性氣剛果，武藝閑熟之人，量加調遣，分布沿海邊衛。每處二三員，或令把總守禦，或令管印掌操，加以鼓舞振作，扶植誘掖。

⑴爲兵部尙書金獻民所提，世宗覽〈疏〉後，命着差去給事中上緊前去，會同淸軍御史用心訪察，將各官失事等情查勘明白，分別等第，並究各夷致亂原因，進貢眞僞。對沿海一帶的邊備問題，則認爲不必差官，只着各該撫按都督併海道備倭守巡等官，嚴加隄備，閱視整頓，不許怠玩。

⑵爲刑科給事中張翀，⑶、⑷爲戶科給事中劉穆奉命前往浙江訪察倭情後所作建議，但未獲世宗同意。

明、日兩國因寧波事件而關係惡化。明朝當局擬以日本之擒送宗設謙道等人，及送還袁璡來做一個解決。日本則請歸還宋素卿，及賜金印與嘉靖新勘合，而在嘉靖十八年（天文八年，一五三九）大內氏經辦之貢舶至中國時再作上述要求，並請歸還宗設舊貨。因日方始終推諉責任，所以明廷在初時威嚇，如不接受此方所提條件，就要閉關絕貢，但如爲正式貢舶，卻未予深究。此可由《明史》〈日本傳〉所謂：「果誠心效順，如制遣送」瞭解其中情形。寧波事件後，明朝並未採積極實施閉關絕貢政策，對嘉靖十八年朝貢的使者，其態度也未以可否爲問題，只求證其是否有姦謀異志。故秋山謙藏所謂：嘉靖二年發生寧波事件後，明朝當局便閉關絕貢，裁撤市舶提舉司（註一六）的說法自屬不確。

明廷懲於此一事件的發生，乃更加嚴格地執行日本來貢問題，並加強執行海禁。尤其到嘉靖二十年代，廷臣大都主張厲行海禁。結果，海禁較往日更爲嚴厲。雖然如此，明廷並未積極採取閉關絕貢措施，僅令備倭衙門等嚴飭海防，使日本嚴守貢期、船數、人數等限制，更嚴禁使臣一行與奸謀之徒私通，以爲此一事件之善後。（註一七）且分別於嘉靖三年四月，四年八月，八年十二月申飭海禁。迄至二十六年，則命朱紈爲浙江巡撫，負責取締倭寇。（註一八）

二、朱紈之執行海禁

1. 私販之猖獗

如前文所說，自從日本貢使引起寧波事件，及佛郎機人騷擾東南沿海以後海禁趨嚴，至嘉靖二十年前後，中國人之下海通番者漸多而日益嚴重。前此嘉靖十三年，吏科給事中陳侃出使琉球，其從役人員聞僧言日本可市，至彼販賣獲大利而歸，致閩人往往干犯海禁至日本貿易，於是私商眾多而福亂始漸。廣東之走私商人始自郭朝卿；浙海走私商人始於福建人鄧獠，被捕後於嘉靖五年越獄，逋下海，即引誘番夷私市浙海雙嶼港，投託合澳之人盧黃四等私通罔利。繼則許松、許楠、許棟、許梓兄弟潛從大宜、滿剌加等國誘引佛郎機國夷人絡繹於浙海，亦在雙嶼、大茅等港交易，以謀大利，東南釁門遂開。二十一年，寧波知府曹誥以通番船招致海寇，故每廣捕接濟通番之人，但鄞縣士大夫竟爲之拯救。

明年，鄧獠等寇掠閩南地方，浙海寇盜亦發，蓋以許松、許楠兄弟等爲首。惟當時海道副使張一厚統兵討伐敗績，許松、許楠等遂以番船竟泊雙嶼。二十四年，許松夥伴王直等赴日貿易，始誘博多倭助才門等至雙嶼貿易而直浙倭患始生，而海上寇盜遂紛然矣。

初時，常闌出中國財貨與番客市易之事，皆主於浙江餘姚人謝遷（弘治正德間大學士）謝氏積欠許多貨款未付。諸奸索之甚急，謝氏自忖負債多而無法償還，乃出言恐嚇，謂：「吾將向衙門舉發你們！」諸奸人聞之，既恨且懼，乃乘夜搶劫謝氏，並縱火焚其宅第，殺男女數人，大掠而去。（註一九）

當時海寇，動計數萬，皆託言倭奴，其實出於日本者不過數千，其餘則皆中國之赤子無賴者入而附之，大略爲夷人十一，流人十二，寧波紹興十五，漳州泉州福州之人十九，雖概稱倭夷，實多爲編戶之齊民。因此，倭雖有時可使之無遺種，但如雜以當地人，則官軍之攻殺者有限，而民之附益者無窮，所以難有安寧之日（註二〇）更有進者，中國奸民之引倭、誘倭、勾倭者歷來不絕，如：台州黃巖縣民張阿馬常潛入倭國，引導其群黨至東南海邊剽掠；（註二一）當夷船駛近泉州之際，土著之民公然放船出海，名爲接濟，內外合爲一家（註二二）。

通番既有勢豪之家包庇掩護，復可牟獲重利，故小民之無法謀生者好亂者相率入海從倭。（註二三）結果，導致三尺童子亦視海賊如衣食父母，視海防官兵如世代寇讎（註二四）於是內地奸人之交通接濟寇盜，便習以爲常，因而四散流劫，日趨嚴重，致東南沿海各府州縣備遭寇掠之害。只因東南沿海居民勾結外夷以謀利，勢豪之家復染指其間而常引起禍害，而守臣又無法遏阻，故巡按浙江監察御史楊九澤方纔請設巡視大臣，使之嚴格執行海禁。結果，由巡撫南贛副都御史朱紈擔負此一大責重任。

2. 乞假事權

朱紈，字子純，江蘇長洲人。正德十六年（一五二一）進士。任命爲（河北）景州知州，然後遷調（四川）開州。嘉靖初，遷南京刑部員外郎。歷四川兵備副使，與副總兵何卿共平深溝諸砦番。遷至廣東左布政使。二十五年（天文十五年，一五四六），擢爲右副都御史，巡撫南贛。（註二五）二十六年六月，以平深溝諸寇，及掃除東粵賊獲賞識，改提浙閩海防軍務，巡撫浙江。（註二六）

紈蒞任之初，戰船、哨船，十存一二，漳、泉巡檢司弓兵，舊額二千五百餘，僅存千人。總督備倭官，問軍數不知，問船數不知。（註二七）紈目睹海防已隳，而奸民、外夷之跋扈情形又如上述之肆志而目中不知有官府；漳、泉地方原本爲盜賊之淵藪，而鄉官、渡船又成爲盜賊之羽翼，乃反覆思維，以為必需禁絕鄉官之渡船及嚴保甲之令，方能肅清海道。（註二八）紈又為防自己工作受巡按御史從中掣肘，除於赴任之際世宗賦予之軍事、人事權外，於二十六年十二月二十六日上〈疏〉，要求世宗給予甲兵、錢穀、操練、調度、人事及各種防禦設施之增損權，且不受御史干預。（註二九）亦即他擬排除外來的一切干預，使自己能夠一心一意的去整治不肖官吏，從而掃蕩山海淵藪，以杜絕亂源，而上舉各項要求俱得世宗裁可。

朱紈於上前舉〈奏疏〉之前三個月，自江西移撫浙江，兼治閩海。於是閩、浙海防憲臣之因有過失而被撤職者接連不斷，各地撫臣之因罪被捕者十有三人。（註三〇）紈於二十六年十月入漳州甫三日，聞泉州同安之賊亂起，乃會兵討平。惟因此感到不方便者便肆意詆毀他，致他被論罪而得以功贖。（註三一）由於紈歷閱海防，陳亂由，明綱紀，嚴忠邪、順逆之辨，故一時大譁巧者竟揑造種種事由以擾亂視聽。結果，所在不合，轉成多事。（註三二）

3. 革渡船、嚴保甲

嘉靖二十年代，通番接濟之姦豪，溫州尚少，漳、泉為多。每當番船、賊船到來，土著之民公然放船出海，名為接濟，內外合為一家，交通媒利。（註三三）而地方奸民復肆志狼藉，目中沒有官府。結果，漳、泉地方遂成盜賊淵藪，而鄉官又成盜賊羽翼。（註三四）由於奸民、罷官閒住而不惜名檢，招亡納叛，廣布爪牙，武斷鄉曲，把持官府；下海通番之人借其貲本，藉其人、船從事走私。（註三五）復因福建漳州、泉州等府奸民通番入海，劫掠沿海軍民，肆行殘害，甚則潛從外夷，公然作叛，而寧波、紹興等處亦然。（註三六）因倭寇、番夷、佛郎機人等倚海爲竄，出沒不時，故頗難底詰。只因他們俱藉漳州、泉州之民而至，如能杜其誘引，則海防必可整飭。因此，紈乃聽從福建按察司僉事項喬及士民之建議，〈疏〉請重保甲之令。

保甲既行，奸豪失恃，此必使有勢力之家素獲下海通番之利者，乘機倡禍，煽動愚民，希圖阻撓法令。因此，朱紈乃給告示，遍行曉諭。那些通番的勢豪之家自知奸計不可行，卻又倡說在漳州海濱駕船逃竄，或冒風濤而死者，皆因嚴保甲所致，惟此一謠言並未造成傷害。當副使柯喬接管海防時，雖亦有倡訛言者，但不爲所動而陸續擒獲賊黨三百六十餘名。（註三七）由此觀之，革鄉官之渡船，及嚴海濱之保甲，實有利於海防，而不便於所謂豪民、奸豪、強梁之輩。朱紈除革渡船、嚴保甲外，復乞賜令旗、令牌，以加強其隨宜調度官軍，即時勦捕，防禦地方盜賊與海寇之出現，或日本入貢爲亂之效。此一請求亦爲世宗所同意。（註三八）

4. 掃蕩倭寇淵藪

嘉靖二十七年二月二十八日，朱紈據浙江按察司巡視海道副使沈瀚所轉呈定海指揮潘鼎的報告，外洋朱家尖於本月十五日午時，瞭見蓮花洋有可疑大小船各一隻望北行，乃使哨探消息另報。三月七日，又據浙江總督備倭都指揮僉事朱恩至呈報同前事內開船遁散。沈瀚稱海中地名大賣坑，與雙嶼兩山對峙，番賊盤據二十餘年，率難輕動。近據原差網船戶三十七等哨探雙嶼賊船現已移泊大麥坑山躲避風雨，更有沿海奸民私通日本，教與銃砲。朱紈乃調度福建都司掌印署都指揮盧鏜，於本月二十六日督發福清兵船，駛往雙嶼賊巢，相機勦捕。紈復令海道副使魏一恭星馳前去，會同各道，與盧鏜同心協力，互相策應。（註三九）

因當時雙嶼等島賊船負固蟠結，各路官兵乃默定約束，聽從軍門命令進取，且探賊船下落。即督兵船或圍困，或邀擊，或出其不意爲擣穴焚巢等計，務期萬全。四月二日，攻擊大賊船一艘，除斬獲首級外，又生擒倭夷稽天、新四郎二名，賊犯林爛四等五十三名，及鹵獲船隻、器械無數。五日，把總指揮潘鼎、張四維復擒獲雙嶼賊首李光頭船內濟賊米、酒。次日，紈所督之兵俱至雙嶼賊巢。經各路兵馬之衝鋒陷陣，終於攻破巢穴，除沉敵船及鹵獲佛郎機銃、火藥、番衣帽、藤牌、各式船隻、武器外，又捕獲許多通番者及眉須、法哩須滿剌、沙里馬喇咖咉里等國之夷人。（註四〇）然後前往至定海之達觀，以扼雙嶼之隘，賊徒因而失其巢穴，往來外洋者一千二百九十餘艘，官軍連戰皆捷。（註四一）六月二十日，賊酋許棟亦爲金鄉指揮吳川等所拿獲。（註四二）其黨王直等遂收餘衆遁逃。（註四三）朱紈在同年十月十日所上〈三報捷音事〉裏，對此役所獲中國奸民及夷人的年籍，干犯禁令的情形，均作詳細報告，而獲世宗獎賞。之後，朱紈以椿木滿港密釘，採山石填亂椿內，以塞雙嶼，使賊徒無法利用該港。（註四四）

雙嶼一傾，怨讟四起。有勢者竟宣言被紈所擣者皆良民，非賊黨，用以搖惑民心。又挾制有司，要他們將脅從賊徒從輕發落，情節重大者，則要他們引用強盜拒捕之刑律來處置。紈遂上〈疏〉反對，將在雙嶼捕獲之寇賊以便宜行戮。（註四五）且言：「去外國盜易，去中國盜難；去中國瀕海之盜猶易，去中國衣冠之盜尤難。」（註四六）而直接攻擊閩、浙勢豪之家。於是諸勢豪家大譁，益發詆毀朱紈。乃使出身閩地之御史周亮，給事中葉鏜，言浙江巡撫兼攝福建海防，往來奔命，恐貽誤事機，且不先例，請改紈爲巡視。而吏部竟用周亮、葉鏜之言，奏改紈爲巡視，以削其權。（註四七）

前此，朱紈討溫州、盤石、南麂諸賊，連戰三月，大破之，還平處州礦盜。二十八年三月，佛郎機人行劫至詔安，紈擊擒其渠魁李光頭等九十六人，復以便宜戮之。（註四八）且上〈疏〉報告其征勦情狀，而其言復犯諸勢豪之家。因此，御史陳九德劾紈擅殺。結果，紈落職，命兵科給事中杜汝禎按問。（註四九）紈聞之，憤慨不已，乃作〈俟命辭〉、〈壙志〉，仰藥而死。（註五〇）

二十九年（天文十九年，一五五〇），給事中杜汝禎，巡按御史陳宗夔還京，稱奸民私販雖拒捕，並無僭號流劫事，而坐紈擅殺之罪，於勢家違禁勾結私販事隻字未提，但以縱容部下受賄，坐視冒功之詞報告世宗，而務陷紈於罪。於是世宗下〈詔〉逮紈，然紈已前死。其與紈同執海禁令之柯喬、盧鏜等，亦受牽連而同被論重罪。（註五一）結果，嚴厲海禁因紈死遂寢而不行。

由上述可知，嘉靖二十年代的寇亂，大都爲私販所引起，因朱紈嚴格執行海禁，故其禍害並不嚴重。然當朱紈被誣陷失位，不復設巡撫後，禍亂遂逐漸加劇，至三十一年時不得不復設巡撫因應。惟當時寇亂猖獗，故擔任巡撫的王忬已無法控制賊情，遂進入所謂「大倭寇」時代。

註釋：

註一：收錄於鄭樑生，《中日關係史研究論集》，第十二集（臺北，文史哲出版社，民國九十二年〔二〇〇三〕），頁一～六九。

註二：《明世宗實錄》，卷二八，嘉靖二年（一五二三）六月庚子朔戊辰（二十九日）條。《明史》〈日本傳〉。

註三：明．夏言，《桂州奏議》（明嘉靖間刊本），卷二，〈請勘處倭寇事情疏〉。鄭樑生，〈鄭舜功《日本一鑑》之倭寇史料〉，鄭著《中日關係史研究論集》，第十一集（臺北，文史哲出版社，民國九十年〔二〇〇一〕），頁五七～一一五。

註四：嚴從簡，《殊域周咨錄》（明萬曆間刊本），卷二，〈日本〉。

註五：正德六年（明應二年，一四九三）之日本貢使爲了庵桂悟，率貢舶三艘至中國。宋素卿爲細川氏使節，率貢舶一艘赴華。

註六：同註三。

註七：同註四。

註八：同註三。

註九：同註四。

註一〇：同註四。

註一一：同前註。

註一二：《明世宗實錄》，卷三一，嘉靖二年（一五二三）十月丁酉朔丙寅（三十日）條。

註一三：小葉田淳，《中世日支通交貿易史の研究》（東京，刀江書店，昭和四十四年（一九六九），再版），頁一四八。

註一四：《朝鮮中宗實錄》，卷五四，二十年（一五二六）乙酉四月庚寅朔乙巳（十六日）條。

註一五：前註所舉書，同卷同年六月己丑朔甲寅（二十六日）條。

註一六：秋山謙藏，《日支交涉史研究》（東京，岩波書店，昭和十四年，一九三九）。

註一七：《明世宗實錄》，卷二八，嘉靖二年（一五二三）六月庚子朔甲寅（十五日）、戊辰（二十九日）；卷三三，同年十一月丁卯朔癸巳（二十七日）；卷五〇，四年（一五二五）四月庚寅朔癸卯（十四日）；卷五二，同年六月己丑朔己亥（十一日）；卷二三四，十九年（一五四〇）二月甲子朔丙戌（二十三日）條。

註一八：《明世宗實錄》，卷三二五，嘉靖二十六年（一五四七）七月庚戌朔丁巳（八日）條。《明史》〈日本傳〉。

註一九：同前註。《明世宗實錄》，卷三五〇，嘉靖二十八年（一五四九）七月戊辰朔壬申（五日）條。

註二〇：同前註。

註二一：《明太祖實錄》，卷二一一，洪武二十四年（一三九一）八月乙卯朔癸酉（十九日）條云：「海盜張阿馬，引倭夷人口，官軍擊斬之。阿馬者，台州黃巖縣無賴民，常潛入倭國，導其群黨至海邊漂掠，邊海之人甚患之。至是，復引其眾自水桶澳登岸，欲劫掠居人。遇杭州餉運百戶孔希賢，與戰，不勝而死，兵船皆爲所掠。百戶金鑑，別率所部奮擊，斬其首賊一人。賊退走。軍校費麗保、吳慶，乘勢追之。至海岸，並獲阿馬，斬之」。

註二二：朱紈，《甓餘雜集》，卷二，嘉靖二十六年（一五四七）十二月二十六日〈閱視海防事疏〉。

註二三：朱紈，前舉書卷二，嘉靖二十六年十二月二十六日〈請明職掌以便遵行事疏〉。

註二四：朱紈，前舉書卷三，嘉靖二十七年（一五四八）六月二十七日〈海洋賊船出沒事疏〉。

註二五：朱紈，前舉書，首卷，〈自序〉，卷一，嘉靖二十五年（一五四六）十月十八日明世宗〈敕諭〉。《明史》〈朱紈傳〉、〈日本傳〉。

註二六：朱紈，前舉書首卷，〈自序〉；卷一，嘉靖二十六年（一五四七）九月初一日明世宗〈敕諭〉。《明世宗實錄》，卷三二四，（一五四七）六月庚辰朔癸卯（二十四日）條。《明史》〈朱紈傳〉。

註二七：同註二五。

註二八：同前註。《明史》〈朱紈傳〉。

註二九：朱紈，《甓餘雜集》，卷二，嘉靖二十六年十二月二十六日〈請明職掌以便遵行事疏〉。

註三〇：前註所舉書卷一，〈自序〉。

註三一：前註所舉書卷二，嘉靖二十六年十二月二十六日〈勦除流賊事疏〉；卷三，嘉靖二十七年六月二十七日〈謝恩事疏〉。

註三二：同註三二。

註三三：同註二五。

註三四：同前註。

註三五：同前註。

註三六：同前註。

註三七：同前註。

註三八：朱紈，前舉書卷三，嘉靖二十七年（一五四八）六月二十七日〈謝恩事疏〉云：「伏蒙皇上軫念浙江、福建地方連年不靖，俯從兵部議題，特准給臣旗牌八面。副如遇賊入境劫掠，調兵勦殺。若違期逗遛退縮，及生擒盜賊，鞫問明白，聽以軍法從事。」朱紈於同日上兩〈謝恩事疏〉，此〈疏〉與註三四之〈疏〉內容不同。又，同書卷四，嘉靖二十七年十月初六日之〈謝恩事疏〉，則言他已接到令旗、令牌。

註三九：朱紈，前舉書卷二，嘉靖二十七年四月初六日〈瞭報海洋船隻事疏〉。

註四〇：朱紈，前舉書卷二，嘉靖二十七年五月二十五日〈報捷擒斬元兇蕩平巢穴以靖海道事疏〉。

註四一：朱紈，前舉書首卷，〈自序〉。

註四二：前註所舉書卷四，嘉靖二十七年十月初十日〈三報海洋捷音事疏〉。

註四三：《明史》〈朱紈傳〉。
註四四：朱紈，前舉書卷四，嘉靖二十七年十二月十六日〈雙嶼塡港工完事疏〉。
註四五：前註所舉書同卷，嘉靖二十七年十二月十三日〈四報壔平浙海賊巢事疏〉。
註四六：《明史》〈朱紈傳〉。
註四七：同前註。
註四八：《明世宗實錄》，卷三四七，嘉靖二十八年（一五四九）四月庚子朔庚戌（十一日）條。
註四九：同前註。
註五〇：朱紈，《甓餘雜集》，卷一〇，〈俟命辭〉。《明史》〈朱紈傳〉。
註五一：盧鏜雖同被論重辟，但未被處死。王忬擔任浙江巡視時，奏釋他，並提拔爲副將，從事勦倭工作。嘉靖三十六年（一五五七）升爲副總兵，受總督胡宗憲指揮，在討倭之役立下不少功勳。至於柯喬之是否被處死，則不可得而知之。

第三節　嘉靖三十年代之倭寇

一、復設巡撫

浙江巡撫朱紈失位後，撤備弛禁，不置巡撫者四年，因此海禁復弛，倭亂日益滋甚。《明史》〈日本傳〉言當時倭亂滋蔓的原委云：

初，市猶商主之，及嚴通番之禁，遂移之貴官家，負其直者愈甚。索之急，則以危言嚇之，或又以好言紿之，謂我終不負若直。倭喪其貲不得返，已大恨。而大奸若汪（王）直、徐海、陳東、麻葉輩素窟其中，以內地不得逞，悉逸海島為主謀。倭聽指揮，誘之入寇。海中巨盜，遂襲倭服飾、旂號，並分艘掠內地，無不大利，故倭患日劇。（註一）

此言嘉靖之三十年代倭寇的起因，亦即因奸商、貴官家長久積欠倭人貨款，至他們無法返國而怨懟，並且又有逃逸日本之中國走私商人引誘日本人至中國寇掠。

徐學聚《嘉靖東南平倭通錄》亦云：

初，朱紈既卒罷巡撫不復設，又以御史宿應參之請，復寬海禁。而舶主、土豪，益連結倭賈，為奸日甚。官司以目視，莫敢誰何。（註二）

此言朱紈死後倭寇猖獗的原因。此固與當事者之採取與朱紈完全相反的政策，「罷巡視大臣不復設，中外搖手，不敢言海禁事」（註三）有關，但貴官家、富室與倭寇狼狽爲奸，才是使沿海郡縣的治安工作益發困難，（註四）引發此一大動亂之最重要因素。谷應泰《明史紀事本末》卷五五〈沿海倭亂〉嘉靖二十五年（天文十五年，一五四六）條亦云：

自罷市舶後，凡番貨至，輒主商家。商率為奸，利負其責（直），多者萬金，少不下數千。

索急，則避去。已而主貴官家，而貴官家之負甚於商。番人近島坐索其負，久之不得。乏食，乃出沒海上為盜。輒構難，有所殺傷。貴官家患之，欲其急去。乃出危言憾當事者，謂番人泊近島，殺掠人，而不出一兵驅之，備倭當固如是耶？當事者果出師，而陰洩之，以為得利。他日貨至，且復然。如是者久之，倭大恨，言挾國王資而來，不得直，曷歸報？必償取爾金寶以歸。因盤據島中不肯去。並海民生計困迫者糾引之，失職衣冠士，及不得志生儒，亦皆與通，為之嚮導，時時寇掠沿海諸郡縣。（註五）

此言發生大動亂的由來。此一時期動亂的起因固如上述，然武備廢弛，政治腐敗，軍紀紊亂，雙方戰術的差異，亦使寇盜易於肇亂。這些問題容於本書第四章論述，在此則舉嘉靖初年至三十一年倭寇寇掠的情形。

表四：嘉靖初年至嘉靖三十一年倭寇入寇情形

年	月	日	入寇情形	典據
一二	一〇	庚午朔壬申	浙江溫、台、寧波等府並海諸縣，俱有海賊登岸劫掠。官軍禦之，惟海門衛指揮楊淮差有斬功，餘多不利，賊勢益熾。	明世宗實錄卷一五五
二六	六	是月	浙江寧、紹、台、溫皆濱海，界連福建福、興、漳、泉諸郡，有倭患。	明史日本傳

二六	一二	戊申朔乙亥	海寇突犯浙江寧波、台州，大肆殺掠，官軍莫有禦者。	明世宗實錄卷三三二 明史日本傳
二七	九	癸酉朔己亥	先是，六月二十七日，海賊嘯聚福寧州流江等澳，拒傷官軍。七月二十八日，仍流劫黃崎等澳。署印副使張謙率兵擊敗之。	明世宗實錄卷三四〇
三一	三	癸未朔甲辰	廣東海寇犯瓊州，殺指揮陳忠言、胡松，百戶郁瑛。	明世宗實錄卷三八三
三二	四	癸丑朔丙子	漳、泉海賊勾引倭奴萬餘人，駕船千餘艘，自浙江舟山、象山等處登岸，流劫台、溫、寧、紹間，攻陷城寨，殺虜居民無數。	明世宗實錄卷三八四 明史世宗本紀二
三二	五	丁未朔戊申	倭陷黃巖。	明史世宗本紀二
三二	八	辛亥朔	倭攻破黃巖縣治。	明世宗實錄卷三八八

由表四可知，倭患在嘉靖二十年代以前尚不嚴重，三十一年（天文二十一年，一五五二）以後寇掠次數驟然增加，在此情形下，明廷遂議復設巡撫。七月，命僉都御史王忬提督軍務，巡視浙江及福、興、漳、泉四府。

王忬上任後，先後上方略十二事，任用參將俞大猷，湯克寬，又奏釋參將尹鳳、盧鏜等，使他們參與討倭行列。倭賊犯溫州，克寬破之。其據昌國衛者，爲大猷擊退。惟賊首蕭顯、王直等糾島倭及漳、泉群盜，連巨艦百餘蔽海而至，致濱海數千里同時告警。

二、倭寇之蠢動

前此嘉靖二十六年前後，在各地蠢動的倭寇又開始寇掠中國大陸沿岸，於本年首至舟山群島之普陀山結砦，有時出擊官軍，犯溫州。二月，參將湯克寬等率舟師破之。此寇乘風浪伺隙衝浙江，至嘉靖三十二年（天文二十二年，一五五三）三月，呈現如《明史》〈日本傳〉所謂：汪（王）直勾諸倭大舉入寇，連艦數百，蔽海而至。因此造成浙東、浙西，長江南北兩岸，濱海數千里，同時告警，破昌國衛的緊張局勢。

1. 蕭顯一夥之肆虐

如據鄭舜功《日本一鑑》〈窮河話海〉卷六「海市」、「流逋」等條的記載，渠魁陳思盼於嘉靖二十九年（天文十九年，一五五〇）誘倭泊於浙江大衢山，「名雖稱商，入劫洋子江船矣」！然思盼只劫揚子江——長江而已。三十年，王直謀殺思盼，捕龔十八。「流逋」條紀錄：「於是龔十八亦誘倭夷寇直（隸）、浙（江）海邊」。「海市」條則紀：「惟龔十八，王直縱之，使同海市」。故他們所寇掠者爲海邊，而以舟山群島之瀝港爲根據地。《明世宗實錄》與《明史》〈日本傳〉紀錄王直於嘉靖三十二年閏三月二十八日糾漳、泉群盜，並勾集日本各島夷人大舉入寇，連艦數百艘，蔽海而至。致南自台州、嘉興、湖州，以及蘇州、松江，至於淮北，濱海數千里，同時告警，（註六）然《同治上海縣志》卷一一〈兵防〉「附歷代兵事」則認爲此係賊首蕭顯、鄧文俊等所爲。

四月，蕭顯一夥犯太倉州，攻城不克，乃分眾到處劫掠，燒燬公私廬舍。當時有失舟倭四十人，突至浙江乍浦，往來於平湖、海鹽、海寧之境，縱橫肆掠，焚戮慘虐。官兵前後相遇而與之戰，皆敗北。凡殺把總一人，指揮四人，千戶一人，百戶六人，縣丞一人，所傷官兵無慮數百人。劫掠屠殺十六日後，竟徜徉奪舟離去。（註七）鄭若曾《江南經略》有相關記事謂：太倉州雖濱海，因久無兵燹，疎於防備。四月初九日，有賊船十五艘突至劉家河。兵備副使吳相，遣兵追逐。操江都御史蔡克廉當時駐紮蘇州城，聞警報，急速至州戒備。十三日，蕭顯等二百餘人又突至蘇州城下焚劫。克廉親自登城，命軍士以火器飛砲殺賊。賊之被殺者三十餘，乃離去。

五月四日，倭圍參將湯克寬，參政潘恩，僉事姜廷頤於海鹽。環四門攻之，不克，遂縱火焚城樓及民屋數百間而去。（註八）《康熙上海縣志》、《嘉慶松江府志》卷三五〈兵燹〉「兵事」條言倭寇高昌，於五月四日自牐港出，焚燬停泊浦上之糧船，滿載所劫貨物出海。浦中官兵雖與賊戰，卻見敗。

十七日，倭賊攻陷乍浦所。知縣羅拱辰督兵來援，賊引去，流到奉化、寧化等處。參將湯克寬追圍於獨山，民家以火燒之，賊半數死亡，餘眾爭相走遯於海。（註九）然在一週後復來襲，其舟至上海北宮前，劫糧舟九艘。指揮黎鵬舉殺敵受傷，鎮撫胡賢戰死。都司韓璽率僧兵戰於四墩，國子生梁國棟斬賊八十餘，乃解。（註一〇）據《籌海圖編》的記載，彼輩與蕭顯同夥。〈直隸倭變紀〉言：蕭顯自浙西流突直隸之境，過金山，至天妃宮，於殺黎鵬舉、胡賢後遂衝縣市，焚治所。

結果，自是而後，浦東沿海二百里間，新舊之賊往來絡繹無虛日。（註一一）六月，賊復入上海縣，百戶卜相、陶成戰死。（註一二）〈窮河話海〉「流逋」嘉靖三十二年條所謂：「時有賊首蕭顯等，誘倭入寇上海縣」，即指上述之事者。

因倭寇肆虐，故巡撫應天都御史彭黯，巡視浙江都御史王忬等，他們雖各巡視海上，但倭自閏三月登岸，至六月中始旋留內地凡三月，若太倉、海鹽、嘉定諸州縣；金山、青山、錢倉諸衛所，皆被焚掠。上海縣、昌國衛、南匯、吳淞江、乍浦、蠦嶼諸所，皆爲所攻陷。崇明、華亭、青浦、象山、嘉興、平湖、海寧、臨海、黃巖、慈谿、山陰、會稽、餘姚等縣鄉鎮，焚蕩略盡。向來所稱江南繁盛安樂之區，騷然多故矣。（註一三）

迄今九月二十六日，倭賊百餘，華亭縣漴缺登岸，流劫戚水涇、金山衛等處。（註一四）十月十九日，倭三百餘人突犯上海縣、太倉州等處，復入常熟縣福山港。知縣王鐵率民兵防禦，乃引去。（註一五）《萬曆嘉定縣志》謂蕭顯寇南沙，參將湯克寬圍之，敗績。倭遁。南沙在常熟縣西北五十里，自七月以來犯無錫、常熟之間者，或許亦爲蕭顯。（註一六）十一月三日，因《明世宗實錄》謂：前犯常熟倭，復由上海七登岸，流劫三林莊、南匯所、吳淞江及嘉定縣地方，至十九日始去。（註一七）可知蕭顯一夥在各處寇掠。（註一八）

三十三年（天文二十三年，一五五四）正月，倭寇自太倉、南沙潰圍出海，轉掠蘇州、松江各州縣。時賊據南沙五月餘，官軍列艦於海口，包圍數重而不能破賊。因軍中多疾疫，乃佯棄敝舟遺之，並開西南陬，賊遂得出。（註一九）據《康熙上海縣志》、《籌海圖編》的記載，此乃蕭顯之一夥，即如《籌海圖編》〈直隸倭變紀〉嘉靖「三十三年正月蕭顯攻嘉定縣」條所謂：顯自上年入寇上海而去，爲官兵追迫，遂據崇明之南沙。於歲末遁出南沙，掠嘉定、南翔之後，蕭顯駕七巨舟，率眾兩百餘入吳淞江，崇明兵船四十餘破之於浦中。（註二〇）二月，倭寇由上海黃浦逸出，攻松江府。官軍追戰，敗績，縣丞劉東陽陣亡。（註二一）三月，倭患日劇，不斷攻城，掠村鎮。（註二二）四月，陷嘉善，破崇明，復薄蘇州，入崇德縣，（註二三）而《明世宗實錄》、《嘉靖以來注略》俱有與此對應的文字，言他們爲參將等所禦卻。次日，復戰於孟宗堰，官軍敗績亡卒千人，都司周應禎，指揮李元律，千戶薛綱、宋應瀾等俱戰歿。（註二四）《倭變事略》則謂當時戰溺死者一千四百七十五人，可謂傷亡慘重。又如據《籌海圖編》卷八〈寇踪分合始末圖譜〉的記載，蕭顯於三十三年攻上海，三月敗走海鹽後，於五月就滅於慈谿。

表五：蕭顯寇掠始末

典據：《籌海圖編》，卷八

- 蕭顯
  - 寇太倉（三十二年四月）
  - 陷上海
    - 巢柘林
    - 分屯川沙
  - 破南滙
    - 據南沙（八月）
    - 崇明
    - 此別踪之
    - 出洋者
    - 遁出洋沒于普陀（正月為劉恩至所滅）
  - 出洋者 →
  - 攻嘉定（三十三年）
  - 攻上海
  - 敗走海鹽（三月為參將盧鏜兵備任環所破）
  - 就滅于慈谿（五月）

直隸之禍，顯實首之，善戰多謀，王直亦憚而讓焉者也。

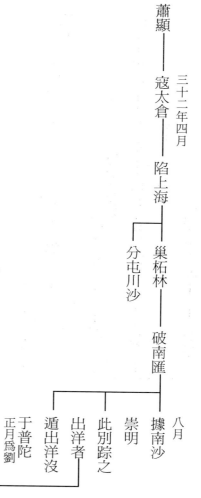

表六：鄭宗興、何亞八、徐銓、方武寇掠始末

典據：《籌海圖編》，卷八

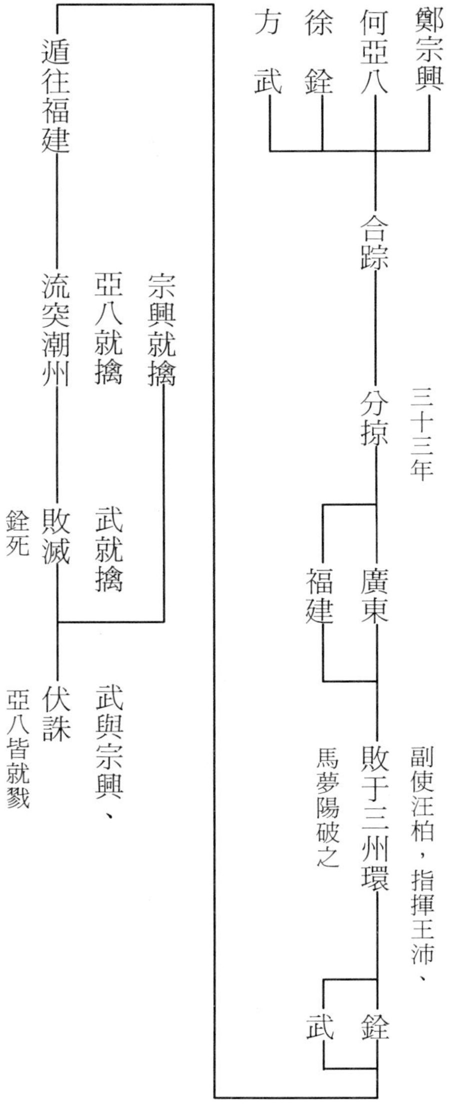

此三十三年為廣、福之大患者也，其勢雖張，旋就殄滅。都御史鮑象賢，定西侯蔣傳之功。

2. 徐海一夥之肆虐

徐海與浙江總督胡宗憲、渠魁王直同為徽州歙縣人。年少出家，為杭州大慈山虎跑寺僧，法號明山，還俗時間不詳。如據〈窮河話海〉卷七「流逋」條的記載，則其投身海寇的時期，似為

嘉靖三十年（天文二十年，一五五一）其叔銓至瀝港交易而與之偕往日本之際。徐銓即徐惟學，又名碧溪，原爲鹽商，因生意失敗而加入走私行列。〈窮河話海〉卷六〈海市〉庚戌二十九年條言：銓於本年勾引倭夷，俱市長途，則他在此時已從事走私。銓原爲王直之黨羽，（註二五）不出數年，其姪海被明朝當局視爲僅次直之渠魁。前引「流逋」言其理由云：日本之夷初見徐海，謂中華僧而尊敬猶如活佛，故布施多。海以所得隨繕大船。於次年（三十一年）誘倭稱市於瀝港。當時銓與直奉海道〈檄〉，出港捕賊送官。而海船之倭人往往潛出港，劫掠接濟貨船，遭劫掠者至列港，又遇劫掠賊。倭人假裝未覺察，實際上暗中尾隨，得知劫掠者爲海船之倭人，乃告訴王直。直隨即教訓海，海怒，欲殺直；而銓亦復戒海，乃止。（註二六）銓似因此與直交惡，故此後無王、徐一起行動之紀錄。

如據《日本一鑑》或《籌海圖編》等書，則以徐海一夥之名義攻掠沿海府州縣之紀錄出現，係在嘉靖三十三年正月以後，而徐海在本年八月以後，已有其獨立組織，亦即蕭顯等五月敗於松江南奔而就戮於慈谿之後。〈直隸倭變紀〉以爲徐海勢力之強大到能夠分踪出掠的時期爲三十四年四月，距其成爲賊首，僅年餘而已。如據〈寇踪分合始末圖譜〉的記載，徐海寇掠東南沿海府州縣時之手下爲和泉、薩摩、肥前、肥後、津州、對馬人。至其何以率領倭人搶劫自己國家？《嘉靖浙江通志》卷六〇〈經武志〉紀錄他係爲報乃叔銓之仇，及代償其債務。

先是，鉅賊徐惟學（即徐碧溪）以其姪海（即名山和尚）質於大瑪阿隅州夷，貸銀數十兩使用。……而惟學竟為守備黑孟陽所殺。其後，夷所故貸金於海。（海）令取償掠。至是，海乃與夷酋新五郎聚舟結黨而來。眾數萬，寇南畿、浙西諸路。（註二七）

《明世宗實錄》實錄以為徐銓之受指揮黑孟陽追擊而沉於海，係在他前往廣走後的歸途——潮州海上。銓死後，大隅倭人乃向海索討其所貸款項。海為償債，乃率夷酋新五郎出掠，並為銓報仇。海以大小船千餘來寇，中途遇惡風，返其本國者不少，但以海為首之賊二萬餘，於三月下旬抵大陸。（註二八）

〈寇踪分合始末圖譜〉記載，由徐海所率領的和泉、薩摩、肥前、肥後、津州、對馬之倭寇，於三十四年正月朔日，與柘林賊數千，乘新年地方無備，出沙口焚掠而行，且於犯乍浦、海寧後，向西犯崇德。崇德因初築城尚未完工，於初九日被攻陷，執一儒學官，一縣尉，咸予殺害。縣尹驚慌害怕，急忙逃出城，但折臂傷足，扶避村落民家。賊所寶貴者為絲綿，此輩闖入葉序班家後，見絲綿庫廣，踊跳而喜。賊獲鄉官太守姚汝舟及其家眾，姚家用千金方纔把他們贖還。姚脫離虎口後，憤怨官兵逗遛不討賊，乃赴軍門控訴，軍門始督兵進剿。二十三日，先鋒丁總戎（僅）駐兵正準備炊事，適逢大風起，賊穿華人衣物，假冒中國民眾，至軍前謊言：「寇至矣」！因官兵剛卸下武裝，置餐具待食，故一時錯愕，不知所措。當官兵正在慌亂之際，倭賊伏兵忽起掩擊，官兵大潰，死者千餘人，自此以後，賊勢益熾。於是賊眾掠入雙林，出南潯。湖兵熟於水戰，邀擊之而頗有斬獲。在此情形下，賊棄輜重二十餘舟，然後抵杉青。次日，嘉興兵與賊戰，只獲四賊而喪師三千，沒官十二員。賊獲勝後，復還柘林。

柘林倭，即徐海一夥，又轉掠塘棲、新市、横塘、雙林等處，復攻德清縣，殺把總梁鶚，指揮周奎、孫魯，百戶陸陵、周應辰、副理問、陶一貫等。（註二九）巡撫李天寵束手無策，只有募人縋城，自燒附郭民居而已。當時總督張經雖駐嘉興，但所募援兵未至，惟有副使阮鶚，僉事王詢，竭力防禦，故城僅免失陷。（註三〇）徐海之徒黨於得勝後復還柘林。二月一日犯平湖，置長梯攻城。城上落大石，殺數賊。賊奔逃，轉掠嘉興府。《籌海圖編》〈浙江倭變紀〉所謂：「二月，攻嘉興府——賊掠湖州而回，復攻府城」，即與此對應之文字。

三月，總督張經所調集瓦氏等客軍先後到達，而新場、下沙及閘港、川沙之賊攻上海；柘林之賊亦一再攻金山，但張經爲等候所調之兵到齊，故不輕易出師。四月二十一日，賊分一枝，約二三千，南來金山。白都司率兵迎擊，但被包圍數重，瓦氏奮身獨援，縱馬衝擊破重圍，白乃得脫。（註三一）二十三日，賊自金山戰後，歷乍浦，次海鹽，至澉頭門，聞澉浦火砲連聲不絕，復由海鹽城西官塘，抵璵城。（註三二）

五月一日，柘林倭合新至之倭四千餘人突犯嘉興。總督張經分遣參將盧鏜等，督所調集之狼、土兵水陸擊之。保靖宣慰使彭藎臣，與賊遇於石塘灣，大戰，敗之。賊遂北走平望。副總兵俞大猷，以永順宣慰司官舍彭翼南兵邀擊，賊遂奔回王江涇。此時保靖兵復急擊其後，賊遂大潰。諸軍共擒斬一千九百八十餘名，溺水及走死者甚眾。餘賊不及數百，奔歸柘林。（註三三）此次戰役，乃中國罹倭患後官軍所獲最大勝利。

此後不久，徐海徒黨之寇蘇州方面者，爲兵備副使任環平定於平望、陸涇壩，官軍大捷。（註三四）

在此一時期寇掠大陸沿岸者雖未必俱爲徐海之徒黨，然如批閱《明世宗實錄》，自可知海爲其主力。海既無法將其聯袂而來之諸夷酋加以統制如脅從者，又完全爲倭夷而使其劫掠祖國，故似有自責之念。此可由《倭變事略》所謂：

（三十五年二月）二十六日，水陸賊合約萬餘，分寇各地。時賊首徐海、葉麻（一作麻葉），覘知嘉、杭兵調松江搗巢，各地無兵可恃故也。海率眾先圍乍浦，壞民屋為臺，高於城。置薪臺上，覆以青麥，縱火焚之，煙噴入城，守卒不能立，城幾陷。兵憲劉公，躬督男婦運石擲下，賊稍不敢近。旬日外援不至，用健卒善水者，伏水從間道馳赴軍門請援兵。軍門擇四月四日出兵往援，竟愆期，幸賊自退。

得知徐海當時之心情。亦即海沒有繼續攻城，而自行撤退。《倭變事略》紀錄海於解乍浦之圍後，轉掠海鹽、皂林、烏鎮等地。且說：四月二十日，河朔兵將軍宗禮，裨將霍貫道被調守嘉興，遇賊而戰於柘林，各有斬獲，賊敗去。次日，賊登樹望見宗等孤軍陷於三里橋水濱，且無其他援軍，即縱兵掩擊，河朔兵敗，二將陣亡。此一戰役，論者謂：「兵興以來，用寡敵眾，血戰第一功。」禮雖陷敗，然徐海等亦病創奪氣。（註三五）即徐海在此役負傷，因病創奪氣，故旋就浙直總督胡宗憲之撫。

初時浙西倭寇陳東所部最強，久擾新場。既而徐海後至，於四月二十三日，與之合圍桐鄉。因在三里橋負傷，故只有陳東前進，然久攻不克。及胡宗憲間使至，海聽命，麾其兵遽退歸還被俘者二百餘人；東不從，復留攻一日始退，屯乍浦，於是陳東遂與徐海有隙。（註三六）宗憲微知其情，乃乘間急說下海，使為內應。海許諾，即擒東及其黨徒麻葉等百餘人以獻，而自率其所部五百餘人離乍浦，而以梁莊為居處。官軍遂圍乍浦賊巢，用火攻之，連戰斬首三百餘級，焚溺死者與此相等，奪回被擄男婦七百餘人。餘賊有遁入海者，指揮鄧城引兵追及，沉其舟，無一人得還。（註三七）

海既縛獻陳東等，遂退屯梁莊聽撫。不時索船索賞，進退未決。其部下無所得食，遂稍出營鹵掠。至八月二十四日，官軍四面俱集，保靖、容美兵自金山至，永順兵自乍浦至，當時至江南督察軍情之工部右侍郎趙文華，遂欲乘勢勦海，執海眾而以刼掠為詞，使人責問。海知情況發生變化，乃據深塹自守，準備迎戰。連和之路既斷，官軍遂薄賊營。適逢大風起，乃縱火攻擊，諸軍鼓噪從之。（註三八）次日，海為讎黨所偪殺。二十六日，官軍殲滅所有之賊。（註三九）《明世宗實錄》雖說徐海被平定後「浙、直倭悉平」其言雖不失誇張，但此後入寇之漸收斂，卻是事實。

表七：徐海寇掠始末

典據：《籌海圖編》，卷八

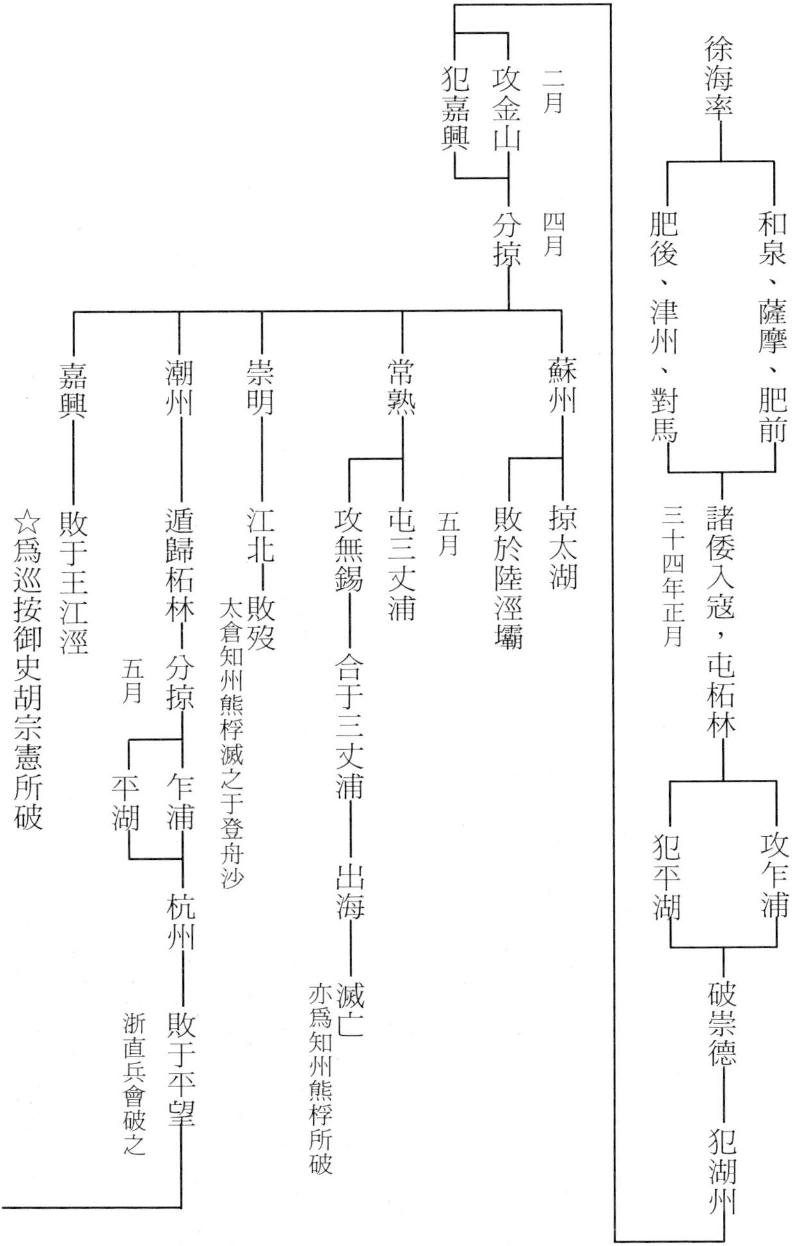
徐海率
和泉、薩摩、肥前
肥後、津州、對馬
諸倭入寇，屯柘林
三十四年正月
攻乍浦
犯平湖
破崇德
犯湖州
二月
攻金山
犯嘉興
四月
分掠
蘇州
掠太湖
敗於陸涇壩
五月
常熟
屯三丈浦
攻無錫
合于三丈浦
出海
滅亡
亦爲知州熊桴所破
崇明
江北
敗歿
太倉知州熊桴滅之于登舟沙
潮州
遁歸柘林
分掠
五月
乍浦
平湖
杭州
敗于平望
浙直兵會破之
嘉興
敗于王江涇
☆爲巡按御史胡宗憲所破

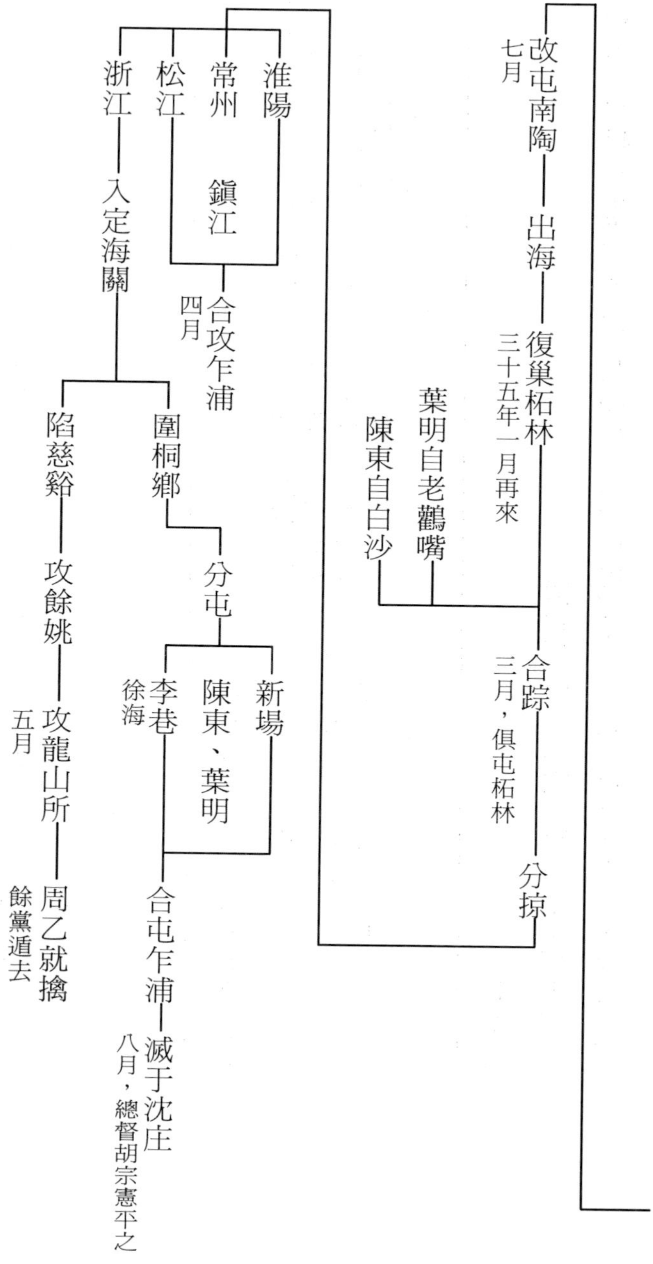

乙卯（三十四）、丙辰（三十五）之亂海為之首陳東、葉明為之輔眾至數萬總督胡公（宗憲）計殄之。自此海氛漸息矣。餘黨遁去，皆歿于海，蓋胡公佯與之舟，雖縱之走，舟遇巨浪，輒裂故也。

☆前文已說，王江涇之倭爲總督張經所破，非胡宗憲。

表八：陳東寇掠始末

陳東率

肥前、筑前、豐後

和泉、博多、紀伊

諸倭入寇屯（三十四年正月）

攻南匯

攻金山

入崇明

攻青村（二月）

圍上海（三月）

遁歸日本

復屯川沙（三十五年正月再來）

併入柘林（與徐海合）

攻乍浦

圍桐鄉

分屯新場（與徐海分與葉明合）

合屯乍浦（復與徐海爲援）

滅于乍浦城南

此薩摩州君之弟，掌書記酋也，其部下多薩摩人。

表九：葉明（麻葉？）寇掠始末

葉明率——筑前、和泉、肥前／紀伊、博多、豐後——諸倭入寇（三十五年正月）——屯老鸛嘴——併入柘林（四月）——合攻乍浦——分屯新場——合屯乍浦——就擒（徐海奉總督胡公之命生擒來獻）

驍勇善戰，爲諸寇冠。明既就擒，海黨與遂皆攜貳，以至于亡。

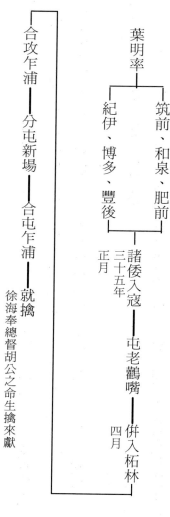

3. 王直一夥之肆虐

當翻閱《明史》〈日本傳〉嘉靖三十六年（弘治三年，一五五七）之記事時，可發現其大部分爲關於招撫王直者。因此一時期寇掠浙直者大都爲直之徒黨，故擬在此言其肆虐及被消滅之經過。

王直，安徽歙縣人。初爲鹽商，有任俠氣。青年時代爲落魄遊民。嘉靖十九年（天文九年，一五四〇）前後，東南沿海所在通番，直爲所惑，遂與奸民結合下海。當時海禁尚弛，直與葉宗滿等前往廣東，造巨艦，將帶硝黃、絲綿等違禁物至日本、暹羅、西洋等國家，往來交易五六年

後，致富不貲。夷人頗為信服，稱他為五峰船主。（註四〇）

王直渡日的年代，諸書記載雖不一，但在嘉靖二十年代東渡之事殆無疑義。〈寇踪分合始末圖譜〉以為直於嘉靖十九年前後加入許棟踪，正式加入該踪之時期為二十三年，為棟領哨馬船至日本貿易，而當時勢力不大。二十七年，許棟在雙嶼為浙江巡撫朱紈所破後逃遁，直遂收其黨。

廣東有賊首陳思盼者不入直黨，直掩殺之，併其徒眾，以擴充勢力，時在三十一年。（註四一）自此以後，海上之寇，非受直節制不能存，威名籍甚。直尋招集亡命，據薩摩九州松浦，潛稱徽王，置官屬三十六，號令島人。時時遣部下剽攻中國沿海郡邑，東南地區因此危動。（註四二）

王直既為寇首而又一再寇掠沿海郡縣，明廷自非謀其對策不可，其治本辦法為招撫，撫直之議始於嘉靖三十三年五月。當時兵部所議招撫王直之賞格為：能擒斬王直等者，授世襲指揮僉事，如直等悔罪，能率眾來降，獎賞與此同。其部下量授世襲千百戶等官，俱填註備倭職事。（註四三）惟因兵部都給事中王世禎極力反對，認為即使降直，未必不出現別個直來，故未付實行。（註四四）

兵部提撫直之議一個月後，禮運侍郎鄭曉亦提此建議，（註四五）但對撫直工作仍未採取任何具體行動。然因官軍常敗北，兩浙地方的倭寇日益猖獗，危害地方日甚。於是趙文華、胡宗憲方知倭寇不易消滅，恐禍臨己身，乃徵求其對應策略，悉心鑽研撫寇策略。他們不得要領，故問通番之人。通番者告以必要獲得王直，並通海市，則倭患可息，因此決定遣使招撫，（註四六）乃遣鄞縣人蔣洲往日招諭。於是請於朝廷，授蔣洲為提舉，陳可願為副，復赦海上亡命十餘人，使之

嚮導。（註四七）

蔣洲一行於嘉靖三十四年八月赴日。蔣洲與陳可願兩人在九州五島，以大義曉諭王直，並告以胡宗憲與他同鄉，釋放其在祖國獄中之母、妻，予以優遇事，以喚起其思鄉之念。且言因一己之不正當行動累及母、妻爲莫大錯誤，如能應宗憲呼籲回國，當弛海禁，准許貿易，不問其罪。洲等又分析中外形勢，以說其歸降之利害，直心遂爲其所動。然直就如他在其〈自明疏〉所說：

直覓利商海，賣貨浙、福，與人同利，為國捍邊，絕無勾引黨賊侵擾事情，此天地神人共知者。夫何屢立微功，矇蔽不能上達，反罹籍沒家產，舉家竟坐無辜，臣心實有不甘。前此嘉靖二十九年，海賊盧七，擒擄戰船，直犯杭州江頭西興壩堰，劫掠婦女財貨，復出馬蹟山港停泊。臣即擒拿賊船一十三隻，殺賊千餘，生擒賊黨七名。被搶婦女二口，解送定海衛掌印指揮李壽，送巡撫衙門。三十年，大夥賊首陳四在海，官兵不能拒敵。海道衙門委寧波府唐通判，張把總托臣勦獲，得陳四等一百六十四名，被擄婦女一十二口；燒燬大船七隻，小船二十隻，解丁海道。三十一年，倭賊攻圍舟山所城，軍民告急。李海道差把總指揮張四維，會臣救解，殺追倭船二隻。此皆赤心補報，諸司俱許互功申奏，何反誣引罪逆，及於一家？不惟湮沒臣功，亦昧微志多矣！（註四八）

此言固有以自我辯護來誇張其協助官府事，來掩飾己罪之嫌，然徵諸其他史料，其言有可信處。（註四九）也就是說，王直鑒於過去協助官軍討伐倭寇雖有戰功，非僅未獲應有之獎賞，反而被視爲叛逆，致財產被沒收，母、妻陷於縲絏之中。並且有意投誠，不但無法達到允許公開通商之期望，反而得罪其同類，更爲瀕海奸民所騙而失望、憤慨。故他未完全相信蔣、陳二人之所言。故以須宣諭他國爲藉口，使洲留在日本，令毛海峰、葉宗滿、王汝賢等人隨可願返寧波，以探明朝當局之真意。

陳可願等返國後，胡宗憲雖厚待毛海峰等，卻諭其立功以明自己立場。因此，海峰等前後助官軍，參與舟山、瀝表討倭之役，獲輝煌成果，此可由《明世宗實錄》所謂：

倭寇自慈谿入海，泊漁山洋。聽撫賊毛海峰等助官軍追擊之，擒斬百八十人。（註五〇）

總督胡宗憲奏：「賊首毛海峰，自陳可願歸後，嘗一敗倭寇於舟山，再敗之於瀝表。又遣其黨說諭各島，相率效順中國。方賴力，乞加重賞」。（註五一）可證。

明朝當局爲捕王直，曾於嘉靖三十三年（天文二十三年，一五五四）五用懸賞世襲指揮僉事，次年八月則懸賞伯爵、黃金一萬兩。同月，胡宗憲遣蔣洲、陳可願赴日撫直。三十五年四月，直使毛海峰先隨可願返國，以證實明朝當局之意後，與洲一起回華。因船被颶風吹至朝鮮，故於十月方纔抵中國。

王直、毛海峰、葉宗滿，同夷商千餘人泊岑港，海峰自詣軍門乞降求市。宗憲令還俟命。（註五二）亦即王直返國後，遣其養子毛海峰至宗憲處乞降及請互市。然當時兩浙地方人士因爲倭寇所苦，聞直等乘倭船來而大懼，俱言許互市爲不可。尤其巡按御史王本固認爲接受其請求，恐有招侮之虞，致朝議混亂，竟有人言宗憲將招東南大禍，而浙中文武官吏亦陰持不可。宗憲雖有意接受直等之請求，卻眾意難逆，只得請廟堂處置。因此，直被繫獄兩年後，於三十八年十二月二十五日，經兵部與三法司合議，將直斬於杭州官巷口。葉宗滿、王汝賢等雖罪在不赦，然往復歸順，曾立戰功，姑貸一死，發邊衛永遠充軍，以開來者自新之路。各人犯之妻子七名，則沒入成國公家為奴，財產亦由官府沒入。（註五三）

王直被捕後，其在舟山的餘黨在不久以後，南移至福建之浯嶼，肆虐閩、廣地方，使此一地區的沿海居民飽受倭寇之害。當時明朝當局如接受王直請求，閩廣地區的大部分倭患當可避免。閩廣地區的倭患雖因俞大猷、戚繼光等名將之南征北討而得以敉平，但已是在隆慶（一五六七～一五七二）初年。

由上述可知，嘉靖三十年代的倭患為私販所引起，係一種民亂，與所謂人民起義扯不上關係。

表十：王直寇掠始末

典據：《籌海圖編》，卷八

王直—入雙嶼港—往日本—改屯列表—併陳思盼—分踪入寇—走泊馬蹟潭

- 入雙嶼港：二十三年入許棟踪為司出納
- 往日本：為許棟領哨馬船，隨貢使至司本交易
- 改屯列表：二十七年許棟為都御史失紈所破，直收許棟餘黨自作船主
- 併陳思盼：三十一年
- 分踪入寇：因求開市不得，掠浙東沿海
- 走泊馬蹟潭：三十二年閏三月，列表為俞大猷所破

分掠—陷昌國、攻海鹽、犯杭州、犯嘉定；犯定海、破乍浦、入南滙、據吳淞—敗走白馬廟—往日本，屯松浦—就擒

- 敗走白馬廟：馬蹟潭復為湯克寬所破
- 往日本，屯松浦：自此以後，惟坐遣徒黨入寇而不自來
- 就擒：三十七年八月款定海關，要互市，總督胡公遣人誘入見而執之

伏誅：三十八年十二月奉詔斬于浙江省市曹

先是，日本非入貢不來互市。私市自二十三年始許棟時亦止載貨往日本，未嘗引其人來也。

許棟敗歿，直始用倭人爲羽翼，破昌國。而倭之貪心大熾，入寇者遂絡繹矣。東南之亂，皆直致也。自胡公誘致直，而海氛頓息，縱有來者，勦之亦易矣。

註釋：

註一：《明史》，卷二〇四，〈王忬傳〉；卷三二二，〈日本傳〉。

註二：徐學聚，《嘉靖東南平倭通錄》（臺北，成文書局，民國五十七年〔一九六八〕據舊鈔本景印線裝本），嘉靖三十一年（一五五二）四月條。

註三：《明史》，卷二〇五，〈朱紈傳〉。

註四：鄭若曾，《籌海圖編》（四庫全書本），卷四，〈福建倭變紀〉「福建事宜」所見閩縣知縣仇俊卿之言。參看本書前引《嘉靖東南平倭通錄》卷首語。

註五：谷應泰，《明史紀事本末》（中華書局本），卷五五，〈沿海倭亂〉。

註六：《明世宗實錄》，卷三九六，嘉靖三十二年（一五五三）閏三月丁未朔甲戌（二十八日）條。

註七：《明世宗實錄》，卷三九七，嘉靖三十二年四月丙子朔戊子（十三日）條。

註八：《明世宗實錄》，卷三九八，嘉靖三十二年五月丙午朔己酉（四日）條。

註九：前註所舉書同卷同年同月壬戌（十七日）條。

註一〇：徐學聚，《嘉靖東南平倭通錄》，嘉靖三十二年五月條。

註一一：鄭若曾，《籌海圖編》，卷六，〈直隸倭變紀〉。

註一二：《乾隆寶山縣志》，卷二，〈武備〉。

註一三：《明世宗實錄》，卷四〇〇，嘉靖三十二年七月乙巳朔戊申（四日）條。

註一四：《明世宗實錄》，卷四〇二，嘉靖三十二年九月甲辰朔己巳（二十六日）條。

註一五：《明世宗實錄》，卷四〇三，嘉靖三十二年十月甲戌朔壬辰（十九日）條。

註一六：行宜，〈嘉靖大倭寇（在日海賊）(1)——明代漢奸の資料的素描——〉，《華僑生活》，第二卷第八號。

註一七：《明世宗實錄》，卷四〇四，嘉靖三十二年十一月癸卯朔乙巳（三日）條。

註一八：同註一六。

註一九：《明世宗實錄》，四〇六，嘉靖三十三年（一五五四）正月壬寅朔戊辰（二十七日）條。《明史》〈世宗本紀〉，二；〈日本傳〉。許重熙，《嘉靖以來注略》（明崇禎六年序刊本），卷四，同年四月條。

註二〇：《同治上海縣志》，卷一一，〈兵防〉「歷代兵事」。《籌海圖編》，卷六，〈直隸倭變紀〉，嘉靖三十三年條。

註二一：《明世宗實錄》，卷四〇七，嘉靖三十三年二月壬申朔庚辰（九日）條。《明史》〈世宗本紀〉，二。

註二二：《明世宗實錄》，卷四〇八，嘉靖三十三年三月辛丑朔乙丑（二十五日）條。

註二三：《明史》〈世宗本紀〉，二；〈日本傳〉。

註二四：《明世宗實錄》，卷四〇九，嘉靖三十三年四月辛未朔乙亥（五日）條。許重熙，《嘉靖以來注略》，卷四，同年四月條。

註二五：鄭舜功，《日本一鑑》〈窮河話海〉，卷六，「海市」云：「徐銓即徐惟學，一名碧溪」。《嘉靖寧波府志》〈海防署〉則云：「徽州姦民徐惟學（即徐碧溪），先以鹽商折閱，投入賊夥」。

註二六：《明世宗實錄》，卷四二〇，嘉靖三十四年（一五五五）三月丙申朔丁未（十二日）條。《明史》〈世宗本紀〉，二。

註二七：王婆楞，《歷代征倭文獻考》（臺北，正中書局，民國五十五年〔一九六六〕，臺一版）。

註二八：萬表，《海寇議》云：「五峰以所部船多，乃令毛海峰、徐碧溪、徐元亮等分領之」。

註二九：鄭舜功，《日本一鑑》〈窮河話海〉，卷六，「流逋」。

註三〇：采九德，《倭變事略》（明嘉靖間刊本），卷四附錄〈王直自明疏〉。鄭舜功，《日本一鑑》〈窮河話海〉，卷六，「流逋」雙行註。

註三一：采九德，《倭變事略》，卷三，嘉靖三十四年四月二十一日條。

註三二：前註所舉書同卷同年同月二十三日條。

註三三：《明世宗實錄》，卷四二二，嘉靖三十四年五月朔條。《明史》〈世宗本紀〉，二；卷二〇五，〈張經傳〉、〈盧鏜傳〉亦有相關記載。

註三四：陸涇霸之捷詳於《籌海圖編》，卷九，〈大捷考〉「陸涇霸之捷」條。

註三五：《明世宗實錄》，卷四三四，嘉靖三十五年（一五五六）四月乙丑朔辛亥（二十三日）條。《明史》〈世宗本紀〉，二；卷二〇五，〈宗禮傳〉、〈阮鶚傳〉；卷三二二，〈日本傳〉。

註三六：《明世宗實錄》，卷四三五，嘉靖三十五年五月戊午朔丁丑（二十日）條；卷四三七，同年七月丁巳朔辛巳（二十五日）條。

註三七：《明世宗實錄》，卷四三七，嘉靖三十五年七月丁巳朔辛巳條。

註三八：同前註。

註三九：徐學聚，《嘉靖東南平倭通錄》，嘉靖三十五年八月條。許重熙，《嘉靖以來注略》，卷四，同年七月條紀錄自徐海與陳東等人反目，至被殲之經過云：「賊徐海與陳東貳，遂誘東執之，并其黨葉麻（一作麻葉）等百人以獻。帥所部五百人，別營梁莊。官軍圍乍浦巢；連戰，斬首三百，奪所掠男女七百餘，焚溺盡死。初，〔胡〕宗憲遣華老人檄海降。海怒，縛而將斬之。其所幸婦王翹兒力勸，親解縛縱歸。宗憲乃更羅文龍說海，而陰以金珠賂翹兒。翹兒日夜泣言：『海中作賊無修計，不如降而得官』。海心動，遂約降，因殺〔陳〕東自效。及乍浦巢平，官軍萃而薄之。海勢孤，因自沉死。翹兒來歸，宗憲以賜永順酋長，亦自沉」。

註四〇：《玄覽堂叢書》續集。

註四一：萬表，《海寇議》。

註四二：黃宗羲，《南雷文約》，卷三，〈蔣洲傳〉。

註四三：《明世宗實錄》，卷四一〇，嘉靖三十三年五月庚子朔丁巳（十八日）條。

註四四：沈朝陽，《皇明嘉隆兩朝聞見記》，卷六，嘉靖三十三年條紀錄王國禎反對招撫王直之事云：「五月，……時兵科給事中王國禎上禦倭方略，言懸賞招降賊首王直非計。兵部尚書聶豹覆言：『海賊與山賊異，山賊有巢穴，可以力攻；海賊乘風飄忽，瞬息萬里，難以力取。臣聞王直本徽人，以通番入海得罪後，嘗爲官軍捕斬海寇陳嶼主等，及餘黨三百餘人，欲以自贖。是時有司不急收之，遂貽今日大患。故仿岳飛官楊么、黃佐故事，懸賞購募，以賊攻賊，非輕王爵以示弱也。上以國禎言爲是，令一意勦賊，脅從者待以不死，賊首不赦』。劉燾亦在其《劉帶川稿》，卷五，〈答總督胡梅林（宗憲）勦倭夷書〉中言不可撫。

註四五：《明世宗實錄》，卷四一一，嘉靖三十三年六月庚午朔庚辰（十一日）條。鄭曉，《鄭端簡公奏議》，卷二，〈乞收武勇亟議招撫以消賊黨疏〉。前此王忬在其擔任浙江巡撫時，也主張招撫王直。其《王司馬奏議》，卷一，〈條處海壤宜仰祈速賜施行疏〉「布寬令以收反側」條云：「近聞積年渠魁如寧波之王直，福清之李大用，飄泊波浪，俱有首丘之思。但自知罪犯重大，狐疑莫決。若奉有明命，密遣親信招之，許其束身歸投，或擒獲別賊解官，待以不死。來則可收爲用，不來，可坐消狂謀，未必非制勝之一策也」。

註四六：鄭舜功，《日本一鑑》〈窮河話海〉，卷六，「海市」。

註四七：同註四二。

註四八：釆九德，《倭變事略》，卷四，〈附錄〉。
註四九：前註所舉書卷三，嘉靖三十四年條。
註五〇：《明世宗實錄》，卷四三五，嘉靖三十五年（一五五六）五月戊午朔乙亥（十八日）條。
註五一：《明世宗實錄》，卷四三七，嘉靖三十五年七月丁巳朔戊午（二日）條。
註五二：談遷，《國榷》（中華書局本），卷六二，嘉靖三十六年九月辛亥朔丁丑（二十七日）條。

第四章　倭亂難靖之緣由

第一節　政治腐敗、海防廢弛

一、讒賄公行

明代倭亂之所以猖獗，肇因於政治腐敗，未照顧民生，民眾謀生困難。他們爲求生存，故不得不干犯海禁，鋌而走險。當時政壇，讒言、賄賂公行，上下欺蔽，行政系統，幾至癱瘓。嘉靖三十四年九月當時的戶科左給事中楊允繩在其所上〈疏〉裏慨歎時弊說：海寇爲患已及三年，攻破城邑，殺死官員，猖獗日甚。如今又侵犯南都（南京），直逼城下。臣觀時勢，殊有未定之期。因其患在於將習不振，而弊源不革。尤其近來督撫之臣，蒞任謝恩，必有常例，將銀兩饋送在京權要，大者數百，小者數十，名曰謝禮。至於任內，有所題請，開送揭帖，則又伴以儀物，名曰候禮。又其歷任額深，營求美擢，或遇地方有事，希求脫任，或以罪而求彌縫，或以失事而求覆蔽，如此饋送，數遂不貲。那些官員用以饋送的銀兩，在省者取之於各布政司，直隸則取之於府州縣司。府州縣既爲之巧取，承迎不無德色，督撫諸臣自知非法接受，亦有靦顏。既入牢籠，寔難展布。如果平時猶不能振揚風紀，建立事功，在作戰時又怎能執法？則其玩愒陵夷，蔑法敗事，又怎能心滿意足？（註一）因官司爲向督撫獻媚，賄賂他們的銀兩，又皆取之於人民，而近來督撫之交替頻繁，則官司之需索也從而更爲苛刻，其不肖者又因之影射乾沒。其間指一科十，椎膚剝髓。及今江南四野爲墟，赤地千里。區區孑遺待盡之民，尚猶日苦掊尅侵剝之患。因此，一旦民窮盜起，則社會動亂，將無終止之日，此乃將來國家之隱憂，不止於倭寇而已。（註二）國家之設官置吏，原以禦寇安民爲目的，如今卻反而殃民治寇，實難免使心繫國家、社會安危者痛心疾首。

官員之收受賄賂雖如上述，在此擬再舉二三例子來說明當時官場之腐敗情形。嘉靖三十年代，奸臣嚴嵩當國，與其子世蕃弄權納賄，顛倒功罪。三十四年，工部右侍郎趙文華以諂事嚴嵩父子，因得至江南祭海神，督察軍情。文華至江南後，恃嚴嵩爲內援，大肆索賄黷貨，牽制兵機，陷害在王江涇勦倭獲空前大勝之總督張經及巡撫李天寵，置他們於死地，並攘奪其功。然世宗卻以文華爲賢，命鑄督察軍務關防，即軍中賜之。文華自此出總督之上，益恣行無忌。他欲分蘇松巡撫曹邦輔滸墅關破賊功，未能達到目的，因此以陶宅之敗仗，重劾邦輔。陶宅之戰，其實是文華兵先潰。結果，邦輔坐戍朔州。文華既殺張經、李天寵，又先後論罷總督周琉、楊宜，更誣陷曹邦輔，故江南人畏文華如虎豹，所至望風媚奉，贓賂塡溢。江南金價，致頓增數倍。因此，軍中紀律大乖，將吏人人解體，賊勢益熾。（註三）胡宗憲雖有才略而為時人所重，但他也結交嚴氏父子，每年向其行賄金銀、玉帛、子女、珍奇淫巧無數，終於當浙江總督。至於其他官員，如：給事中羅龍賓，御史龐尚鵬，核浙直軍費，其文牘灼然可考，督察尚書趙文華侵盜十萬四千金，總督周琉二萬七千金，胡宗憲三萬三千金。前巡撫阮鶚五萬八千金，操江都御史史褒善一萬一千金，應天巡撫趙忻四千七百金。結果，因亂生亂，民益不聊生。（註四）

二、永樂以後的海防

明太祖時代的海防前已論及，在此擬探討永樂以後的海防。

發起靖難之師，於建文四年（應永九年，一四〇二）篡位的成祖朱棣，他雖沿用太祖的海禁政策，但對海外貿易的態度，實有在太祖時代無法看到的積極性，其最顯著例子，就是鄭和的經略海外。

成祖對諸外國的積極性，在他即位之初便可看到，亦即他於其即位之年（一四〇二）的九月七日，派遣使節前往安南、暹羅、琉球、日本、西洋、蘇門答臘、占城諸國詔諭其即位；並諭禮部官員：「今四海一家，正當廣示無外，諸國有輸誠來貢者聽，爾其諭之，使明知朕意。」（註五）

在成祖經略海外的積極政策下，日本便成為中華世界的一分子，再以東亞世界為一環的朝貢體制中，與明朝從事朝貢形式的貿易。日本所為這種貿易，就如室町幕府第三任將軍足利義滿（源道義）呈獻之〈表文〉所示，係奉明爲宗主國而自己屈居屬國地位。這種情形，在東亞世界的其他國家如：朝鮮、琉球、暹羅等亦復如此。當這些國家被納入這種體制後，便衍生許多問題而以日本爲最。

迄至成宣時代，故因對外貿易發展而國內手工業極其發達，（註六）但與之同時，卻發生土地高度集中現象。即貴族所佔土地普遍。結果，他們所經營的手工業非僅已能滿足其個人需要，而且成爲個人經濟發展的手段。於是商業資本活動日益活潑，商業資本在當時社會經濟所佔比重也越來越大。商業資本越是發達，原本倚靠農業生產的地主階級，也與商業資本結合而擺脫其原有生產方式，擬從事對外貿易。從事對外貿易而佔有地利的，就是瀕海州縣，即江蘇、浙江、福建、廣東的居民，（註七）他們對海外貿易有長年經驗。（註八）因此他們隨商業資本發達而想下海通商的欲望，便以經濟繁榮爲背景而更加昂揚，此乃自然趨勢。同時，因土地兼併問題而失去謀生處所的部分農民，他們爲維持生活而擬移殖海外，以找尋求生之路，這未嘗不可認爲是這種趨勢的結果。（註九）走私發達，乃意味著海禁鬆弛，人民下海不絕，爲此明廷三令五申海禁。此事可於宣德八年（一四三三）的嚴禁人民私通海外，及正統十四年（一四四九）、景泰三年（一四五三）重頒海禁令事獲得佐證。此事如與《大明律》〈舶商匿貨〉條，成化七年版《大明律疏義》卷一五〈戶律〉「關津」條相對照，便可知此一時期的下海通番罪已較往日爲重。刑罰加重，既表示下海通番難於根絕，也意味此一禁令長年陷於鬆懈狀態。所以明朝當局除加強其禁令外，對諸外國來貢的限制也嚴格執行。亦即要他們依明朝所定貢期、船數、人數的規定到中國，如有違礙，則捕獲送問。（註一〇）這種措施當然也適用於日本，否則細川、大內兩氏當不會爲獲勘合而勾心鬥角，以細川氏爲後盾的堺之商人，與以大內氏爲靠山的博多商賈，也當不會爲派遣貢舶事一再爭奪。在遴選使節方面，也如《蔭涼軒日錄》所記，各方爲選擇有利於己的人員，往往要經一波三折後方能決定。就中國而言，英宗天順二年（長祿二年，一四五八）當時的司禮太監福安說：永樂、宣德年間屢派員下西洋收買黃金、珍珠、寶石諸物，現在因停辦三十年，至府藏匱竭。因此他建議遣內官至雲南等處，以官銀收買上納。（註一一）在此情形下，明朝內部便出現主張緩和海禁的。如：右布政使吳廷舉建議：向從事對外貿易者課徵若干稅捐——亦即在一定範圍內謀求緩和海禁，也就是說，在武宗之治世有緩和海禁的跡象。惟至世宗嘉靖二年爆發寧波事件以後，不僅未舒緩海禁，反而對下海通番問題採取更嚴厲的措施。

三、嘉靖年間的海防

因洪武年間的海防相當嚴密，永樂年間以後又與日本之間實施貢船貿易，所以即使有倭寇寇邊之事實，也未造成重大災害。惟在嘉靖二年爆發寧波事件，明廷對日本來貢的要求趨嚴，更因浙江巡撫朱紈負責執行嚴厲海禁，並採福建按察司僉事項高及市民之言，革渡船，嚴保甲，搜捕奸民以後，民人之資衣食於海者驟失重利，因此，雖士大夫亦感不便。亦即因朱紈嚴急禁海，致走私者不得靠岸，資給乏絕，又無以自歸，所以已有轉變爲盜者。職此之故，朱紈認爲「去外國之盜易，去中國之盜難；去中國之盜猶易，去中國衣冠之盜尤難」，而毫不容情的將違反海禁令者繩之以法。朱紈遂因此引起干犯海禁者之不安忌恨而失位，終於仰藥而死。

紈去職後不僅罷巡視大臣不復設，中外搖手不敢言海禁事，而且海道副使丁湛又撤備弛禁。更由於董威、宿應參等鑒以私販日熾，徒令勢家擅權而利歸私門，乃於嘉靖三十年先後上〈疏〉請寬海禁，盡許廣東、福建、浙江三省通市，榷貨征稅。事下三省地方官詳議以聞。地方官員認爲：一旦開稅，華夷無限，山海路通，此往彼來，略無禁阻。番人狡獪，兇悍難測，萬一乘機生事，擾亂地方，則與祖宗建置軍衛，頒示律條，杜患防微之意，甚不相同。且大海汪洋無際，四散島嶼，盡可泊船，與荆州、蕪湖、江上關鎭去處不同。既稱通番之人，必是積年在海，強徒惡少，捨命輕生，藐視官法。貨船到岸，倘不赴官，四散灣泊，躲名匿稅，官府不免拘拿，因而拒捕傷人，又須調兵徵勦，故恐其利未得而害先至。又如商販所帶來者，不過胡椒、蘇木等件，民間用之不多，食之有限。販來既盛，價値必輕。二三年後，商人無利，勢將自息。徒有開稅之名，而未見開稅之利，此乃可預料者。更由於奸猾商人攜帶中國絲棉、緞匹、磁鐵貴貨前往番國後不換貨物，止賣金銀，回國後在外島燬船潛歸，根本無從課稅。何況番人原無燄硝火藥，亦無銃砲，後因中國之人接濟往來，私相教習後，違犯嚴禁，偷帶出境給他們，如佛郎機大銃、小銃、手銃，爲害最大。如明開納稅之門，則與市易法略同，而形成公然交易違禁物品，這等於收購番人無用之物，而濟番人有用之器。更何況漳、泉有惡俗，以童男幼女抵當番貨，或販賣子女，或甘心入贅爲婿，或與之聯姻而富家室。因此，如大開納稅之門，直啓交通之路，則生人混淆，夷夏無別，其害將不可收拾。更何況泉、漳風俗，嗜利通番，今雖重以充軍處死之律條，他們也依然結黨成風，造船出海。在此情形下如果開放海禁，寬立科條，名許通稅，則必玩民藉口，勢豪擅權而出海者愈多，亦無禁忌。如此則恐法壞乎上而利歸於下，對國家毫無裨益，（註一二）而極力反對。然因兵部尚書張錦力主放寬海禁，又獲世宗同意，故給通市榷稅帶來一大轉機，惜因不久以後寇亂大作，明廷便一心一意地從事征勦。

1. 海防官員之怠忽職守

如據朱紈於嘉靖二十六年（天文十六年，一五四七）十二月二十六日所上〈閱視海防事疏〉，他剛任浙江巡撫時，福建地方海防官員的服務態度是：

> 率以因循遷就，為自全計。雖有巡案御史除姦革敝，然巡歷不過一年，交代則成故紙。蓋威福之柄，移於鄉評，是非之公，亂於野史久矣。如：軍國之需，重務也；徵收違限，重法也。惟福建則今年始徵去年額派，逋負相繼，侵欺莫稽。即此一事，有司之職守可知也。（註十三）

此言海防官員爲自全而因循苟且，巡案御史雖負除姦革敝之責，卻因巡歷時間僅有一年，所以雖有交代，卻等於無，根本起不了作用，是非之公也長久亂於野史。這就如朱紈在此〈疏〉裏所說，福建同安的閒住僉事林希元，他「負才放誕，見事風生。每遇上官行部，則將平素所撰詆毀前官傳記等文一二冊寄覽，自謂獨持清論，實則明示挾制。致守土之官，畏而惡之」。「或擅受民詞，私行栲訊，或擅出告示，侵奪有司」。因此，海防令之無法執行，自屬必然。

又就林希元而言，他不僅侵犯公權，侵奪有司，還專造違式大船，假以渡船爲名，專運賊贓並違禁貨物。其被查獲之這種船隻在月港八都有二艘，九都一艘，高浦吳灌村一艘，劉五店一艘，而地方畏其威勢未報者又不知有多少。（註一四）林希元非但建造違式大船裝運賊贓，一但被查獲，又耍種種手段，取回其贓物。例如：嘉靖二十六年五月初九日，林希元令以問發蔡陽輝等，運回未獲海賊姚新老等人的贓仗一船，船上糞渣遮蓋贓物。此船被指揮顧喬岳統兵緝獲後，解送僉事韓柱處。經審問明白，由巡按衙門核定，將一干人犯發九谿衛充軍。然林希元竟恃其平素刁潑，移書相關衙門挾制，官府只得發回原船並糞渣，其餘賊贓則皆沒入官庫。林希元因此痛恨原拿官兵，伺機報復。

同年八月初六日，林希元故意令官府已訊問完了之林守仁、蔡英魁等人駕船進入港內，假裝倉皇模樣。當官軍兵員陳潤等向前盤問時，則哄騙邀請他們上船查驗贓物。因查不到贓物，林守仁、蔡英魁等便當場行兇，毆打查驗兵員，致他們各受輕重傷。並且又將黃偉、蔡忠、陳守等三名兵員捆縛離去。指揮顧喬岳聞知後，即與濠門巡檢私官兵追至謝蒼，將三名兵員奪回，並將事情經過呈報僉事韓柱。然林希元仍狡辯以卸其責，故韓柱只得量問林守仁、蔡英魁等，各處杖刑，以懲其罪。（註一五）可見當時的中國奸民不僅干犯海禁令，私造違式大船下海通番，而且公然向公權力挑戰。其所以敢一而再，再而三的幹如此勾當，此應是海防官員平日怠忽職守所致，故冰凍三尺，非一日之寒。如果平日勤於查覈，防範於未然，則林希元輩何致囂張至此？

朱紈認爲林希元等鄉官，乃一方之蠹，多賢之玷，進思盡忠者之所憂，退思補過者之所恥。因爲罷官閒住而不惜名檢，居然昭亡納叛，廣布爪牙，武斷鄉曲，把持官府。下海通番之人借其貲本，藉其人船，動稱某府，出入無忌。（註一六）當船、貨返回時，便先扣除原先所借本錢與利息，然後依投資數目分配贓物。其從事此一勾當者，不只一年，也不只一家，而以林希元最爲囂張。（註一七）

漳州、泉州等府豪民之所以通番入海，劫掠沿海軍民，肆行殘害，甚則潛從外夷，敢行作叛而佛郎機等賊以海爲窟，出沒不時，難於底語，朱紈認爲其故在於藉漳州、泉州民勾引，如非他們勾引，即使不查禁他們，他們也不會來。朱紈又認爲漳州、泉州之人不可能以海爲家，他們也有父母、兄弟、妻子，所以一定有出門之期，還家之日。而他們之建造通番大船，也不可能運之於鬼，成之於旦夕，必須依山而立，傍海而住。然則鄰里鄉黨竟無人報告此事，其故在於他們害怕惹禍，甘爲隱瞞。官員則貴安靜，而不貴伺察，方致於此。由於官員之虛應故事，不肯以迂緩之令，而犯切近之災。結果，海禁令雖行之有年，而漳州、泉州之盜不絕。（註一八）

2. 武備廢弛

明代海防，從英宗正統年間（一四三六～一四四九）開始逐漸破壞，至武宗正德年間（一五〇六～一五二一）已廢弛不堪。此事就如南京兵部尚書張經等人所說，國初洪武年間，因倭夷不靖，乃遣信國公湯和經略海防，凡福建，浙江濱海之區，陸有戍守，水有戰船，所以百餘年來，寇不爲害。其後法弛弊生，軍事有納料放班之弊。於是強富者散遣，老弱者戍守，戰船損壞，亦棄不修，以致寇盜得乘之而入。（註一九）唐荊川也說：明初海防，規劃至爲精密，惟百年以來，海烽久熄，人情怠玩，因而隳廢。明初海島近處皆設水寨，已據險佚敵。後來將士憚於過海，故水寨之名雖依然存在，卻皆自海島移置海岸。聞老將言，雙嶼、烈港、浯嶼諸島，近時海賊據以爲巢者，俱爲明初水寨。（註二〇）

那麼，實際情形如何？就海防官員對自己轄區防禦情形的瞭解情形而言，朱紈在前舉〈閱視海防事疏〉裏說：總督備倭官黎秀，奉有專敕，以指揮體統行事海防爲其職守。然紈與他相見之初，問軍數不知，問船數不知。即令他開報，則五個水寨的把總官五員，尙不足兩名，其餘則謄鈔舊有簿冊。因此，只要稍加核對，便完全與事實不符。總督如此，其他可知。（註二一）也就是說，當時海防的最高負責人，連自己部下有多少？有哪些設施？都不知。一旦要查核，竟根據舊有帳冊來敷衍。在上者如此，其他官員的情形便不問可知了。

鄭若曾《籌海圖編》詳列著沿海各地衛、所，及巡檢司的名稱，設置地點，與其所配備之兵種、員額。此雖可能爲嘉靖三十年代的情形，但與二十年代後期較之，應不會有太大出入。然朱紈於嘉靖二十六年所看到的情形是：銅山寨官軍一千八百五十九員名，現在止有二百五十八員名，不足一千六百零一員名，行糧缺支八個月；玄鍾澳官軍九百一十九員名，現在止有二百三十八員名，不足六百八十一員名，行糧缺支二十個月；浯嶼寨官軍三千四百四十一員名，現在止有六百五十五員名，不足二千七百八十六員名，行糧缺支兩個月。（註二二）兵員的懸缺如此多，而行糧缺支的情形又如此嚴重，一但倭寇大舉來寇掠，將如何應付？

當時不僅兵員、行糧短缺，戰船、哨船等軍備也有嚴重疎失。朱紈巡視的結果是：戰、哨等船，銅山寨二十艘，現在止有一艘，短缺十九艘；玄鍾澳二十艘，現在止有四艘，短缺十六艘；浯嶼寨四十艘，現在止有十三艘，短缺二十七艘；現有的俱稱損壞未修，其餘則稱未造。（註二三）壞了沒修，短缺的沒造，這等於完全沒有備倭所需之戰船與哨船。其所以有這種現象，與海防官員之貪瀆有莫大關聯。事實上，「見犯指揮袁如珪，侵欺船料官銀至九百兩，今已三年。」（註二四）亦即海防所需船隻短缺情形之所以如此嚴重，乃因造船費都被官員中飽私囊了。

當時衛、所的缺失情形如此，其下的巡檢司之情況又如何？朱紈說：巡檢司在漳州沿海者，九龍鎮等處共一十三司，弓兵九百五十名，現在只有三百七十六名短缺五百七十四名；在泉州沿海者，苧溪等處一十七司，弓兵一千五百六十名，現在只有六百七十三名，短缺八百八十七名。（註二五）即巡檢司兵員短缺情形，也和衛、所一樣，都只剩原有編制的四成。至於「居止衙門并瞭望墩臺，俱稱倒塌未修，無一衛、一所，一巡檢司開稱完整者，即漳、泉兩府如此，其餘可知矣。」

（註二六）因此，朱紈方纔嘆息說：海防所恃者爲兵員、糧食、船隻，及居止瞭望，如今皆無所恃。賊船、番船則兵利甲堅，乘虛馭風，如擁鐵船而來。土著之民則公然放船出海，名爲接濟，內外合爲一家。在此情形下，賊寇之不攻劫水寨、衛、所、巡檢司者幸矣！（註二七）可見在洪武年間所佈署的嚴密海防，至嘉靖二十年代已完全破壞，等於沒有海防。因此，朱紈於擔任浙江巡撫，負責東南沿海地區的海防，執行海禁令後，便加以整頓，欲爲國家杜絕亂源。奈因朱紈嚴厲執行海禁，致被勢家搆陷，仰藥而死。紈死後，明廷即「罷巡視大臣不復設，中外搖手不敢言海禁事。浙中衛、所四十一，戰船四百三十九，尺籍盡耗。紈招福清捕盜船四十餘，分布海道，在台州海門衛者十有四，爲黃巖外障。副使丁湛盡散遣之，撤備弛禁。」（註二八）未幾，海寇大作，蕭顯、陳思盼、許氏兄弟、徐海、陳東、痲葉、王直等渠魁勾引倭人、指揮、統率其徒黨劫掠東南沿海府州縣無虛日，殘害各該地區的居民長達十餘年之久。

茲錄列石原道博根據《籌海圖編》卷三至卷五的記載，所製作此一時期沿海諸衛軍隊員額實況表如下：

表一〇：嘉靖三十年代沿海諸衛官軍員額實況

	衛	軍額	平均	%
遼東	金州	一七二六	一六一二	三二
	復州	六四七		
	蓋州	二四六四		

東山	安東	二六九四	二八七八	五七
	靈山	一八〇七		
	鰲山	二三一三		
	大嵩	二五五三		
	靖海	二二六七		
	成山	一八九一		
	寧海	三四二〇		
	威海	一九五二		
	登州	三二〇一		
	萊州	二八九〇		
	青州	四七七五		
江浙	金鄉	六八四	一一〇四	二二
	溫州	二七一七		
	松門	一九七		
	海門	六八三		
	海寧	一二四〇		
福建	鎮海	一五〇〇	二二二六	四四
	福寧	七一七		
	永寧	☆五七八四		
	鎮東	一四三二		
	福州左	一六九七		
廣東	廣州	九五二	一一六八	二三
	雷州	一二八〇		
	神電	一〇五六		
	廣海	一一六五		
	南海	一一一四		
	碣石	一二八四		
	潮州	一三二八		
計	三一	五〇〇〇〇	一七九八	三六

典據：石原道博，《倭寇》（東京，吉川弘文館，一九六四），頁一四九。

由表一〇可知，遼東三衛的平均人數為一千六百一十二人，占百分之三十二；山東十一衛的平均人數為二千八百七十八人，占百分之五十七；浙江五衛的平均人數為一千一百零四人，占百分之二十二；福建五衛的平均人數為二千二百二十六人，占百分之四十四；廣東七衛的平均人數為一千一百六十八人，占百分之二十三；其中超過編制員額者僅有福建永寧衛（有☆記號者）而已。其他各衛則最多只有原編制百分之五十七，少者竟僅剩原有編制百分之二十二，故其短缺情形極為嚴重。又如據卜大同《備倭記》，製作水寨原有編制員額與其逃亡情形表一一，則其在營人數最多者僅有原編制額的百分之五十七，最少者百分之二十六。也就是說，其他兵員都逃亡了。《明世宗實錄》所謂：「時值太平，食糧聽遣，因其職分，年久士伍消耗不堪，煩役奔南走北。加以民差甚苦，嘉靖壬子（三十一年）

表一一：衛所兵員逃亡情形

水寨	原額	逃亡	%
烽火	四〇六八	三〇〇〇	二六
小埵	四四〇二	二三八三	四六
南日	四七〇〇	二五五七	四六
浯嶼	三四二九	一四六八	五七
銅山	一八二三	一一九二	三五
元鍾	一一三三	四七六	五一

典據：同表一〇

以來，海波屢揚，邊備廢弛，登埤之士，十無一二。蓋逃亡者既過半，而飛脫者復收盈焉。……今除上運出海巡鹽，局匠吹鼓手等項外，實在守城，止餘數人而已。虛空如此，可爲寒心。」（註二九）即言當時海防兵員嚴重不足情形者。

由於兵員不足，這也成爲那些部隊打敗仗推卸責任的藉口，以爲自己所以敗北的原因再於行伍空虛，徒存尺藉。對此，海道副使譚綸說：「衛、所官軍既不能殺賊，又不足以自守，往往歸罪於行伍空虛，徒存尺藉，似矣。然浙中如寧、紹、溫、台諸沿海衛所，環城之內，並無一民相雜，廬舍鱗集，豈非衛、所之人乎？顧家道殷實者，往往納充吏丞，其次賂官出外爲商，其次業藝，其次投兵，其次役占，其次搬演雜劇，其次識字，通同放回附近原籍，歲收常例。其次舍人，皆不操守。即此八項，居十之半，且皆精銳，至於補伍食糧，則反爲疲癃、殘疾、老弱不堪之輩，軍伍不振，戰守無資，敝皆坐此。」（註三〇）

在這種情形下，要與「來如奔狼，去如突豕」，武器配備精良，戰術優越的倭寇作戰，不敗也難。即使倭寇的配備不如官軍，但他們往往以數千或數萬大眾，以數百艘船蔽海而至，如此殘缺不整的官軍又怎能抵禦他們的寇掠？

注釋：

註一：《明世宗實錄》，卷四二六，嘉靖三十四年（一五五五）九月癸巳朔庚子（八日）條。

註二：同前註。

註三：《明世宗實錄》，卷四一九，嘉靖三十四年二月丙寅朔庚辰（十五日）條。《明史》，卷二〇五，〈胡宗憲傳〉，卷三〇八，〈嚴嵩傳〉、〈趙文華傳〉。

註四：《明世宗實錄》，卷四七四，嘉靖三十八年七月庚午朔戊子（十九日）條。

註五：《明太宗實錄》，卷一二，上，洪武三十五（一四〇二）九月辛巳朔丁亥（七日）條。

註六：佐伯富，〈產業の發達と專賣制度・銀〉，《中國文化の成熟》（東京，世界文化社，昭和四十七年〔一九七二〕世界歷史シリーズ，十三）；鄭樑生譯，〈經濟繁榮與國營制度〉，《絢爛的中國文化》（臺北，地球出版社，民國六十七年（一九七八），世界文明史，九）。

註七：張維華，《明代海外貿易簡論》（三聯書店，一九五五），頁七九。山根幸夫，〈元末の叛亂と明朝支配の成立〉，《岩波講座世界歷史》，十二，中世，六（東京，岩波書店，一九七一）。佐藤文俊，〈明末王府の大土地所有をめぐる二三の問題——潞王府の場合〉，《明代史研究》，第三號。

註八：明初以後，明廷曾三申五令其海禁，由此可反證私自下海者不絕，他們積有對外貿易的長年經驗。

註九：張維華，前舉書頁七八～八〇。

註十：《明孝宗實錄》，卷六八，弘治五年（一四九二）十月戊戌朔丙辰（十九日），卷七三，弘治六年三月丙寅朔丁丑（十二日）各條。

註一一：《明英宗實錄》，卷二八七，天順二年（一四五八）二月庚寅朔戊申（十九日），條。

註一二：馮璋，《馮養虛集》（《明經世文編》，卷二八〇），卷一〈通番舶議〉。參看陳文石，《明洪武嘉靖間的海防政策》（臺北，臺灣大學文學院，民國五十五年（一九六六）），頁一五一～一五二。

註一三：朱紈，《甓餘雜集》（明萬曆間刊本），卷二。此（疏）並見於《明經世文編》，卷二〇五，《朱中丞甓餘集》。

註一四：同前註。

註一五：同前註。

註一六：同前註。

註一七：同前註。

註一八：同前註。

註一九：《明世宗實錄》，卷四一〇，嘉靖三十三年（一五五四）五月庚子朔條。

註二〇：唐順之，《唐荊州外集》，卷二，〈條陳海防世略疏〉。

註二一：同註七。

註二二：同註七。

註二三：同前註。

註二四：同前註。
註二五：同前註。
註二六：同前註。
註二七：同前註。
註二八：《明史》，卷二〇五，〈朱紈傳〉。
註二九：《明世宗實錄》，卷四二六，嘉靖三十四年（一五五五）九月癸巳朔庚子（八日）條。
註三〇：鄭若曾，《籌海圖編》，卷一一，（經略），一，「實軍伍」。

第二節 軍紀敗壞、技不如倭

一、統馭無術

嘉靖三十四年五月當時的南京湖廣道御史屠仲律，條上禦倭五事，他在第四點〈議調發〉指陳當時徵調各處兵民，遠近四集，徐、邳、山東、永保、川、廣及軍門，遍調各府義勇無慮數萬，然師老財殫，竟不見膚功之奏者，其弊有如下十端，即：

⑴古者用兵，潛機密計，電馳霆擊，進退倏忽，妻子莫聞，所以能有成功。今則先發後行，剋期

始動，前軍未啓而先聲已聞。

⑵古者名將，算不百勝，不能輕動，今也謀不預成，計不先定，冥行突進，動陷伏中。

⑶守不據險，屯不列要，奔急救難，賊逸我勞。

⑷法曰：「夜戰聲相聞，足以相救；晝戰目相見，足以相識；權愛之心，足以相死。」言兵之貴熟悉也。今也兵不專一，主、客雜聚，卒遇狡賊，易衣變飾，突然來前，不能別識。

⑸兵無素統，將不預設，一遇有警，卒然命官，本以烏合之人，率以未經識面之將。

⑹三軍之衆所以冒白刃，蒙矢石，至死而無敢卻顧，威行之素也。今法令姑息，紀律不肅，進有必死之恐，退無伏鑕之慮，是以畏敵而不畏將。

⑺地形不習，險易不識，趨利不及，避難不早。

⑻糧糗不儲，料理不周，遠兵勞役，撫卹未至。楞腹待爨，窮愁思歸。

⑼士不精選，勇怯無辯，前擊後解，讙然而散，雖悍夫勇士，或以無援而力屈，或先奔而膽喪。

⑽地狹人衆，不能旋轉，互相排擠，雖有勇敢，無以效其所長。

屠仲律認爲十弊不去，雖頗牧操刃，賁育執戈，也無濟於事。他舉例說，近日福建汀州，如賴百戶兵，敢死先登，足當一面，以不善用之，遂致頭領陣亡，軍士逃遯。如此則徵兵雖多，也沒有甚麼助益。（註一）

嘉靖三十四年（弘治元年，一五五五）閏十一月當時的光祿寺卿章煥說：古時兵、將相習，教戒素明，乃可赴敵。如今則軍門督府，分閫列旌，下至文武庶僚，紛然眾建，然皆空名，有將無兵。並且將佐雜居，諸軍有如烏合之眾，沒有紀律。眾兵視諸將如棄置不用的東西，諸將則視郡縣如驛站所設供行人休息的房舍，至於兵、將，則彼此將對方視如陌生的路人。在此情形下赴戰場，便與兒戲沒有兩樣。（註二）又說：將無號令，與無將相同；兵無約束，與無兵無異。因此，平時之節制，即臨陣之紀律。當今諸軍目不見軍容，耳不聞將令。因此一旦有緊急之事發生，召集之而無法全到，早晨調遣而中午不到，中午調遣而黃昏不到，臨陣則逃亡而轉相劫掠，或殺平民以報功，甚者爲賊內應。（註三）兵部於嘉靖三十三年四月，覆巡按直隸御史孫愼時也說：浙江、江北諸郡倭患方殷，蘇州、松江在二三月間，所在告急，其故在於經略失人，軍令不嚴。（註四）

二、軍紀廢弛

戶科給事中楊允繩說：倭患之所以難靖，其患在於將習不振，而弊源不革。爲將之道有三：曰制，曰法，曰謀，三者缺一不可以戰。江南諸將，全不知此。故其用兵之際絕無紀律，不鳴金鼓，不別旗幟。聚如兒戲，渙若摶沙。前有伏而不見後，有賊而不知。率丁民浪與賊戰，自相蹂躪，全軍覆沒。去年（嘉靖三十三年）李逢時、許國等山東兵之敗，近日趙文華、胡宗憲等兵之傷亡慘重即是。其咎全在無謀、無制、無法；而其不設哨探，不知地形，又爲其取敗之尤者耳。蓋哨探爲軍中耳目，行兵而無哨探，又不知地形，譬如人之終夜囚於幽室之中，不照以燭，盲人馳逐於崎嶇險阻之地，莫爲之相，則其不顚連而駢仆者甚稀。今日江南之兵，何以異此？乃當事者不此之察，動以增兵益餉爲請，其意不過張賊勢，緩己罪愆，又欲遷延歲月，冀賊自去，以圖僥倖。殊不知以此所爲，雖括天下之財以供江南之役，藉天下之民以爲江南之兵，亦如以蛾赴水，以雪實井而已。（註五）戚繼光亦論當時軍中情形云：「名將所先，旗鼓而已。近見東南人不知兵，旗無法規制度，率如兒戲，或過於輕便，使遠處難於見到，或過於沉重，使難於拿著疾行。方色（註六）混雜，不可辨認，而臨陣分合，更與旗無干，聽兵用手逼唇爲哨聲，卻以旌旗爲擺隊之具，金鼓爲飲宴之曲調。至有大將名門後代，而亦烏合之眾，其陣中或縱或橫，雜亂失次。完全聽任兵士分散而又重沓。一隊數色，一陣數令，以勝負付之自然，以進退付之無可奈何。」（註七）《明史》〈日本傳〉則云：「迨承平久，船敝伍虛。及遇警，乃募漁船以資哨守。兵非素練，船非專業，見寇船至，輒望風逃匿，而上又無統帥御之。故賊帆所指，無不殘破」。由於軍令不嚴，士氣渙散，故一旦有事要調動他們，也無法使他們立刻集合，上戰場後，他們也不肯衝鋒陷陣，反而作出傷害同袍之事。例如：

有雙桅大船一隻，泊教場東。時盧（鏜）、丁（僅）在南沙，賊止一船，（海）鹽人易之。須臾登岸，自焚其舟，魚貫而上。……自被倭焚掠，吾鹽為甚。鄭公壺陽，使人促盧、丁二帥，一日而四五徵之，且言：「二公本浙帥，守浙門戶，何貪功外境，而不顧門庭之寇若此也？」二公日夜兼行至鹽，不惶暇食，遶城外，即抵嶼城，而日暮矣。盧宿徽商舍，一漳兵竊銀梧，盧令斬於橋以徇，士卒皆不悅。軍中有漳兵，遂怨盧，乃陰與賊通，令先設伏，臨陣佯潰，且助賊擊殺。兵至孟家堰，夾河而戰。賊誘我軍入伏內，四面攻殺。掌印指揮李元律，處州薛千戶及千總劉大仲，皆力戰死之。……議者謂：「孟家堰之役，非戰之罪，由漳兵責己」。緣倭黨中多有漳人故也。是役官兵戰溺死者，共計一千四百七十五人。……（註八）

又如：

復報三十六賊匿小營盤巡檢司。司有石城，賊先積石上。丁總戎命作木梯可並登十人者凡五具。次日攻城，飛石如雨。又命射火藥筒，百矢齊發，賊不能支，城遂下，圍之數重，刀戟森列如蝟。賊入巡司後堂，自忖必死。先日斬傷者十餘人，首用門窗煨之。張參戎部下四漳兵入與打話，遂私與賊約，佯為潰走，縱之出。時獲一賊，道其詳。丁縛四漳兵，送當道驗，果得賊賄，斬之。賊故多漳人，用漳兵勦之，焉得不僨事乎？（註九）

以上均係因軍中有通敵分子，致友軍慘敗的例子，同時也有指揮官加入擄掠民婦者，如：

嘉靖四十二年（永祿六年，一五六三）正月，倭奴圍興化府城，至十一月，陷之，兵部請調南京都督劉顯率兵前往福建應援。當時新來之倭又自福清海口入寇，遂圍興化府城。劉顯抵距府城三十里處，隔一江，按兵不進。至十一月，欲掩飾逗遛不進軍之罪，方纔派遣五名士兵，帶著書札前往興化府，與城中相約擬遣兵越城禦。倭賊捕獲該五名士兵，予以殺害。然後用他們之職銜，僞做劉顯的書信，約定某日某夜的某一時間，率兵潛入城中應援，並請城中勿作聲，否則恐會引起倭賊驚覺。然後挑選奸細五人，詐爲劉顯部下，將書信帶入城中。當時參將畢高，參政翁時器在城，信之。至約定日期，賊假冒劉兵入城，城中人無懷疑者。賊既大入，忽然殺人，因此，城中驚亂。畢高、翁時器及衛掌印指揮徐將等，均在倉皇中縋城逃走，城遂陷。賊據城中三閱月，殺擄、劫掠，焚毀，慘毒備極。劉顯乘亂擄執城中逃出婦女。當時有閒住參政王鳳靈繼妻年少，竟被劉顯擄去。賊既保其欲，始前往平海衛，欲擄船泛海離去。（註一〇）

至於倭賊來襲時，也有因無法抵擋而與他們妥協，贈與官物，並給予船隻，使之裝載離去之不肖地方首長，例如阮鶚，他係桐城人。他擔任浙江提學時倭寇逼近杭州，鄉民爲避難入城，有司拒絕不許進入。阮鶚手執長劍，開城門容納難民，因而救助許多民眾。胡宗憲因依附趙文華，故得以超越應有的陞遷次序，被提拔爲右僉都御史，阮鶚則繼宗憲之後巡撫浙江。復由於文華之建議，特設福建巡撫，即由阮鶚擔任此一職務。初時，阮鶚在浙江不主撫，自桐鄉被倭賊包圍，懼甚。故倭寇犯福州時，賂以羅綺、金花及庫銀數萬，又給巨艦六艘，使他們裝載贓物。（註一一）

由上舉例子可知，嘉靖三十年代至四十年代初期的官軍，上自督撫，下至士兵，或因懦弱而戰敗，或因通敵而失利，或因乘亂擄掠婦女，軍紀敗壞至此，良可興歎。

三、功罪不明

在戰場上顛倒功罪，或攘奪別人功勞，也會嚴重影響士氣。如以前文所提嘉靖三十四年八月的王江涇之役言之，《明史》卷三〇八〈趙文華傳〉云：明世宗採用大學士嚴嵩的意見，派遣工部右侍郎趙文華前往江南祭祀海神，因察賊情。當時浙江總督張經方徵四方之兵及狼土兵至浙江，準備大舉勦倭。張經認爲自己地位在文華之上，心理輕視他，文華不悅。因狼兵稍有斬獲功，文華乃厚犒之，使他們進勦倭寇。然在漕涇遇倭戰敗，亡頭目十四人。文華感到慚愧，而一再促張經進兵。張經思慮文華輕淺，會洩漏軍情，故未告知預定出師的時間。文華益怒，遂劾張經養寇失機。當文華剛上毀謗張經〈疏〉之際，張經在王江涇獲空前大捷，共斬賊首一千九百八十餘級，溺水及走死者亦甚多，被譽爲「自有倭患以來，東南用兵未有得志者，此其第一功。」（註一二）而文華竟攘其功，言此係他自己與浙江巡按胡宗憲督師方纔獲此勝利，結果，張經竟被論死。

又如王江涇之役後不久的三十四年八月，倭寇柘林。其黨自紹興流竄，轉掠杭州、嚴州、徽州、寧波、太平，遂犯南京，破溧水，抵宜興，爲官軍所迫，奔往滸墅。副總兵俞大猷，副使任環再三邀擊之，而柘林賊已進據陶宅，應天巡撫曹邦輔，督副使王崇古包圍，僉事董邦政，把總婁宇協勦。賊走太湖，追擊之，盡殲其眾。副將何卿師潰，邦輔予以援助，以火器迫賊舟，前後俘斬六百餘人。總督浙直侍郎楊宜亦報捷如邦輔言，又言邦政有斬馘功。侍郎趙文華聞捷報後欲攘其功，不過當他到達陶宅時，邦輔奏捷之〈疏〉已上，文華因此大恨。數日後，文華見調兵四集，言陶宅之寇乃柘林餘孽，可擊敗他們。浙江巡撫胡宗憲，因此大言倭寇不足平，以取悅其意。遂悉選浙兵精銳，得四千人，由文華、宗憲親自統率，營於松江之磚橋。因約邦輔以直隸兵會勦，定期浙兵三道，直兵分四道，東西並進。因賊悉銳衝，故浙江諸營皆潰。官軍因擠沉於水及自相蹂踐，死者甚眾，損失兵士凡一千餘人。直隸兵亦因陷賊伏中，死者二百餘人。結果，文華竟奏報邦輔避難擊易，致師後期，而將戰敗責任完全推給邦輔。因此，邦輔不僅未獲應得之獎賞，反而坐奪俸。幸由給事中夏栻、孫濬等為其爭辯，因得無罪。（註一三）

當王直應胡宗憲招諭返回浙江被逮繫按察司獄後，其徒黨恨自己為官府所紿，且痛悔之途梗塞，乃與他倭糾結，肆虐沿海州縣以為報復。三十七年八月，在岑港之倭，徐移之於定海東方之柯梅。（註一四）十一月，當賊離開柯梅揚帆南去時，浙江總督胡宗憲利其去而未予追擊，致賊泊泉州之浯嶼，縱掠閩海州縣。因此，閩人大譟，言宗憲嫁禍。於是御史李瑚劾宗憲三大罪。因瑚與俞大猷俱為閩人，故宗憲疑大猷洩漏消息，遂將倭離去之過諉諸大猷，劾大猷未能盡其力擊賊，致大猷被逮。大猷至京後聽候都察院發落。士夫富人，爭相餽贈至數千金，錦衣衛都督陸炳，與大猷友善，密饋三千金於嚴世蕃，為大猷求情，廊廟諸公，也都營救，大猷方得無事。（註一五）

四、戰術不精

1. 組織配備

當時官軍之所以屢嚐敗績，其重要因素之一在於倭寇與海盜之戰術技倆，組織配備，官軍無法應付。嘉靖三十四年當時的應天都御史周琉，他說禦倭有十難，有三策。其十難爲去來飄忽難測，海涯曼衍難守，水陸勾錯難戰，鬼域變詐難知，盤據堅久難備，居民柔脆難使，土地瀉鹵難城，主客兵力難持，芻糧匱乏難措，將領驕懦難任。（註一六）嘉靖三十五年當時的巡按浙江御史王極也曾條陳備倭事宜，其大意是：倭夷之情有四：①登岸之初必盡焚其舟，誓不返顧，故其黨皆爲盡死。②攻城掠敵，必以被掠之民，使爲前驅以自蔽，而徐出其鋭兵乘我之乏。③遇客兵精勇，先示以弱，引之絕地，則伏起夾攻，我兵遂亂。④所掠貨寶，往往佯敗而走，遺之陣前，伺我兵逐利之際，因還擊之，此賊之所以常利也。官軍之弊亦有四，即：①哨探不明，攻守無措，故每戰墮賊術中。②入探奸細，宜許其頭首免罪，厚加優卹。③新募官兵原無定額，無事則冒工食，有事則渙然解散。④調來客兵多非舊練，止招集四散以足其數。而領兵者又非調來客兵故臨敵則圖利而輕進，遇急則索賞而留難。因此王極認爲宜將現在水路官兵汰其老弱，清其貫址，專其統領，定其行伍，如此則軍有節制而遇敵不亂。對於客兵，則宜嚴覈原練之數，即以舊將領之，使兵將相習，乃可得其死力。（註一七）

2. 戰術差異

茅元儀說，倭夷慣爲蝴蝶陣，臨陣以揮扇爲號。一人揮扇，眾皆舞刀而起，向空揮霍。我兵倉皇仰首，則從下砍來。又爲長蛇陣，前躍百腳旗，以次魚貫而行。最強爲鋒，最弱爲殿，中皆勇怯相參。賊每日雞鳴即起，蟠地會食。食畢，夷酋據高坐，眾皆聽令，挾冊展視，今日劫某處，某爲長，某爲隊，每隊不超過三十人。每隊相去一二里，吹法螺爲號，相聞即合救援。其行必長列而長，緩步而整，故占數十里莫能近，馳數十日不爲勞。布陣必四分五裂故能圍。對營必先遣一二人跳躍而蹲伏，故能空竭官軍矢石。火砲衝陣，則先伺人先動，動而後突入，故乘勝長驅。戰酣則必四面伏起，突遶陣後，故令官軍驚潰。將野逸則逼城，欲陸走則取棹。或設陷阱以詐坑，或結稻桿以絆奔跑者，或埋種竹簽以刺奔逸之人。並且常以玉帛、金銀、婦女爲餌，故能誘引官軍之進陷，而樂爲官軍之邀追。俘虜必開塘而結舌，使人無法辨別他非倭，故其歸路斷絕。因對附巢居民施以恩惠，故能動悉虛實；因對降虜工匠之獎賞豐厚，故其器械容易具備。細作用華人，故官方難於盤詰；嚮導用華人，故熟悉進退路線。（註一八）

與倭寇所慣用之戰術相對的，官軍則漫無紀律，這就如前引戚繼光所謂：旗無法制，率如兒戲，或輕難視遠，或重難執馳。方色混雜，不可辨認，而臨陣分合，更與旗無干。而大將名冑，亦烏合縱橫，一聽兵士紛沓。一對數色，一陣數令，以勝負付之自然，以進退付之無可奈何似的，沒有絲毫紀律，遂致往往慘敗。

茲舉數例如下：

◯海賊犯乍浦，陷崇德，復攻德清，殺把總指揮梁鶚〔等〕六人。時諸將號令不一，偏裨各自進止。採淘港、窯墩之戰，許國、劉恩〔至〕皆以鋯約銳進敗。（註一九）

◯倭犯南京。先是，高埠逃倭自杭州西掠至淳安，僅六十餘人，以浙兵逼急，突入歙縣，流劫至南陵，趨太平府。操江都御史史褒善駐太平，督兵禦之。賊引而東犯。江寧鎮守備遣指揮朱襄等率勇士數百人出。時賊以至板橋。襄等怠緩不知，袒裼縱酒，一遇賊，盡為所殲。（註二〇）

◯三十四年十二月，蘇松兵備任環，都司李經，守備楊縉等，率永順、保靖士兵追勦新場倭寇。時賊眾二千餘人，皆伏不出，而詐令人舉火於數里外若將引去者。保靖土舍彭翅，引軍先入，嘗之，不見一人。於是永順頭目田菑、田豐年等爭入。伏起，我軍四面為賊所圍，翅等偕所部俱死之。御史邵維中以聞，因言：「旬月之內，酉陽、永順兵再戰再北，皆由督撫經略失宜，將領觀望畏怯所致。乞敕總督楊宜與巡撫曹邦輔，俾無再誤，而究治環及經，褒卹菑、豐年等。」（註二一）

◯倭千餘攻惠安城，（知縣林咸）率丁壯率乘城禦之。倭攻五晝夜不克，丁壯死者數百，倭亦頗有損失，乃引去。咸復率兵攻倭於縣境之鴨山，乘勝追擊，陷賊伏中而死。（註二二）

由上舉例子可知，此一時期的官軍一而再，再而三的受敵人伏擊而竟未能提高警覺，致經常有許多兵士失去寶貴生命，此事應予疎於斥堠工作有密切關聯。

爲彌補官軍之種種缺失，戚繼光開始訓練其戚家軍，注重軍紀、戰術、戰技、斥堠，並培養兵士的戰鬥精神。結果，官軍的戰績便逐漸提高。

3. 兵器落伍

如據《倭變事略》、《籌海圖編》、《嘉靖東南平倭通錄》、四庫本《江南通志》諸書的記載，倭寇所用兵器，除劍、鎗、銅錘、鳥鎗、銅將軍炮、佛郎機炮外，尙擁有銳利難擋的刀箭。他們的刀長五尺餘，如用雙刀則丈餘，加上手舞六尺，開鋒刃一丈八尺。刃纔數寸，而人不虞其右。一旦接近則予以舒展，而削鐵如肉，故非常犀利。更由於他們動作嫺熟，舞動起來，通身如雪，無懈可擊。倭人作戰時，左手持刃，挺而向前，右手立而發矢。他們通常以海蘆爲幹，以鐵爲鏃。鏃寬兩寸，爲燕委，重約二三兩。因接近人身時纔發出，故無不命中。一旦被擊中，立刻倒下。（註二三）

倭寇除擁有犀利兵器外，頭戴銅兜鍪，身穿鎖子甲，胸束生牛皮，而防身裝備齊全。更由於他們來如奔狼，去如突豕，倏忽聚散，出沒無常。故每當軍門要調兵勦捕時，攻東則竄西，攻南則遁北。急則潛移外境，無法予以窮追；情勢緩則又合綜，而難於殄滅。（註二四）然官軍未戰先潰之情形亦時有所聞，直至胡宗憲用反間計消除徐海，遣人招諭王直，將其斬首，及戚繼光訓練部隊，加強戰鬥力量，方纔逐漸將倭寇消滅，解救了沿海州縣人民的塗炭之苦。

註釋：

註　一：《明世宗實錄》，卷四二二，嘉靖三十四年（一五五五）五月甲午朔壬寅（九日）條。

註　二：《明世宗實錄》，卷四二三，嘉靖三十四年閏十一月壬戌朔丁丑（十六日）條。

註　三：同前註。

註　四：徐學聚，《嘉靖東南平倭通錄》，嘉靖三十三年（一五五四）四月條。

註　五：《明世宗實錄》，卷四二六，嘉靖三十四年（一五五五）九月癸巳朔庚子（八日）條。

註　六：五行家將東、南、西、北、中與青、赤、白、黑、黃相匹，一方一色，簡稱五色。見曹文明、呂穎慧校釋，十八卷本《紀效新書》（北京，中華書局，二〇〇一），卷一六，註三。

註　七：戚繼光，《紀效新書》（十八卷本），卷十六，〈旌旗金鼓圖說篇第十六〉。

註　八：采九德，《倭變事略》，卷二，嘉靖三十三年四月五日條。

註　九：采九德，《倭變事略》，卷二，嘉靖三十三年五月二十七日條。

註一〇：卜世昌、屠衡，《皇明通紀述遺》（明萬曆三十三年〔一六〇五〕刊本），嘉靖四十二年（一五六三）正月條。明不著撰人，《皇明紀略》（朝鮮刊本），卷五，嘉靖四十一年（一六〇二）十一月條。明涂山編，《新刻明政統宗》（明嘉靖四十三年〔一五六四〕原刊本），嘉靖四十二年條並見此事。

註一一：《明史》，卷二〇五，〈阮鶚傳〉。

註一二：《明世宗實錄》，卷四二二，嘉靖三十四年五月甲午朔條。

註一三：《明世宗實錄》，卷四二五，嘉靖三十四年八月癸亥朔壬辰（三十日）條，卷四二六，同年九月癸巳朔乙未（三日）條。《明史》，卷二〇五，〈曹邦輔傳〉，卷三〇八，〈趙文華傳〉。

註十四：《明史》〈日本傳〉。

註十五：《明世宗實錄》，卷四七〇，嘉靖三十八年（一五五九）三月己酉朔甲子（十六日）條。何世銘，《俞大猷年譜》（泉州歷史研究會），第四冊，同年條。

註十六：《明世宗實錄》，卷四一九，嘉靖三十四年二月丙寅朔丙戌（二十一日）條。

註十七：《明世宗實錄》，卷四三七，嘉靖三十五年（一五五六）七月丁巳朔丙戌（三十日）條。

註十八：茅元儀，《武備志》（明天啓元年〔一六二一〕刊本），卷二三一，〈日本考〉。

註十九：明陳建撰，明陳龍可續補，《皇明通紀》（明末刊本），卷一七，嘉靖三十四年四月條。

註二〇：徐學聚，《嘉靖東南平倭通錄》，嘉靖三十四年六月條。

註二一：徐學聚，《嘉靖東南平倭通錄》，嘉靖三十五年正月條。

註二二：明涂山編，《新刻明政統宗》，嘉靖三十七年（一五五八）五月條。

註二三：參看陳文石，《明洪武嘉靖間的海禁政策》（臺北，臺灣大學文學院，民國五十五年〔一九六六〕），頁一六八。

註二四：同前註。

第三節　奸民勾倭、靖倭督撫之更迭頻繁

一、奸民勾倭

嘉靖年間海寇熾虐，殘害地方，財費靡極，公私俱困，其在箅無全策，賊未盡滅。而私相商販，又自來不絕，守臣不敢問，戍哨不能阻，蓋因浩蕩之區，勢難力抑。一向蒙蔽公法，相延百數十年。然人情安於睹記之便，內外傳襲，以爲生理之常。嘉靖六七年後，海防官員奉公，嚴禁商道，嚴禁下海通番，商販失其生理，於是轉而爲寇。嘉靖二十年後，海禁愈嚴，賊夥愈盛，許棟、李光頭輩然後聲勢蔓衍，禍與歲積。嘉靖三十年代的大倭亂，造端命意，實係於此。（註一）商販之事順而易舉，寇盜之事逆而難爲，惟其順易之路不容，故逆難之圖乃作。凡海上逐臭之夫，無處無之，惡少易動之情，亦無處無之。樵薪捕魚，逞俠射利者，原無定守，因不得安於其業，則隨人碌碌，乃常情之所必至。如果有力者，既已從商而無異心，則瑣瑣之輩，自能安於本業，無所效尤，以爲適從。故各年寇情，歷歷可指。嘉靖三十一年之寇，係海商爲寇，三十二年之寇，各行各業益之爲寇，三十三年之寇，沙上之黠夫　雲間之良戶，又大益之爲寇，三十四年之寇則有異方之集。（註二）三十一年以前，雖亦有寇亂，惟尙無攻城略邑，深入內地者，他們僅爲個別

報復行動，沿海居民之引倭、誘倭、勾倭者亦甚稀。

〈禦海策要〉說：爲民禦亂，莫若杜絕民眾從亂之心。嘉靖年間之海寇，動輒數萬人，皆託言倭寇，而其實出於日本者不下數千，其餘皆中國之赤子無賴者入而附之。大略福之漳郡居其大半，而寧、紹往往亦間有之，哪裏盡爲倭人。倭有時可使之無遺種，而雜以當地之人，則官軍之攻殺者有限，而民之附益者無窮，哪有安寧之日？（註三）主事唐樞說：備倭之法，斤斤明於國初，然寇之所以未嘗絕跡的原因，在於夷夏之互通有無。承平日久，市舶之官勢勝流職，於是爲私通之計。自天順（一四五七～一四六四）末年以來安之，而海上亦無盜警。凡從商於海者，武具而力齊，雖有小寇，無所容於其間。嘉靖初，流臣嚴其私請，商市漸阻。寇與商同是人，市通則寇轉而爲商，禁則商轉而爲寇。初時之禁禁商，後來之禁禁寇。寇勢盛於嘉靖二十年後，當時他們居有定處，而隱泊宮前澳、南紀澳、雙嶼澳而已。又人有定夥，出名渠魁不上六七人。許棟、李光頭就擒，張月湖、蔡未山死，陳思盼爲王直所殺，王萬山、陳太公、曹老又皆不聞矣。又況入有定時，登岸擄人至其巢，責令以家財贖回後，乃盤據內地，隨在成居，而惡少繼發。（註四）都御史章煥則說：倭夷之所以能到中國，乃因有首亂，有脅從，有導引，明白此一事實，而後方能處置賊寇事。外賊易見，內賊難知。當今海外蠻夷深入中國內地，而道路之紆曲，民間之虛實，官府之動靜，纖息必知，其所以能夠如此，是誰爲之？又其始賊寇至千人四布，無一人知者。及鳴號而須臾畢集。倭賊固擅長藏匿，然誰讓他們藏匿？此爲東南沿海地區發生重大變故之主要因素。中國人民之因受不了苛政之苦，雖早有欲爲盜之念，然時有見執之患，故尙不敢冒然以身試法。惟自賊間入而爲之用，進有望外之獲，退無盜賊之形，而海濱又無關隘阻詰。更因柔艣輕舟，往來甚捷，此賊之所以通行無阻。與賊連衡，與良民雜居，賊未至時皆爲良民，賊至則良民去而奸民留，賊去則又都是良民，此爲禍之所以難測之緣故。當官兵進入其地時，以爲他們是當地居民而詢問賊情、道路，卻悉爲所誤。當此之時，以爲他們是奸民而戮之，然有良民在其中；以爲良民而捨棄他們，則又有奸民在其中。因此，官軍多爲其所惑而亂行，而倭夷有辦法進入，賊勢之熾盛有其緣由，官兵行軍之所以發生錯誤，亦有其緣由，良民之受侵擾，自有其緣由，城郭之受驚恐，自有其道理在，而其所以產生奸萌，亦自有其理由。因此，奸黨不消，則賊患不止。（註五）

章煥又認爲：安攘之計，莫要於安反側，反側之初爲良民，因橫征暴歛迫使他們鋌而走險。因此，奸民不可以形治，治倭寇以兵，治反側以誠。職此之故 內賊爲急，外賊次之；政事爲急，甲兵次之。誠得良吏而分治之，行寬大布恩，信問疾苦，時時拊循，明示不校，則反側者自必回心。（註六）

太守嚴中說：海商原不爲盜，然盜從海商而起，其故安在？許二、王直輩通番渡海，常防劫奪，故募島夷之驍悍而善戰者蓄於舟中，泊於雙嶼、列表。濱海之民，以小舟裝載貨物接濟、交易，夷人欺其單弱，殺而奪之。接濟者不敢自往，聚數舟以爲衛其歸。許二輩遣倭一二十人持刃送之。倭人還舟，遇船即劫，遇人即殺。至其本國言中國劫奪之易，遂起各島歆慕之心而入寇，禍遂不可遏，（註七）故倭人之劫奪，原由中國小民之因接濟、交易而起。

都督萬表則說：向來海上漁船出近洋，打魚、樵柴，不敢過海通番。近因海禁漸弛，勾引番船，紛然往來海上，各認所主，承攬貨物裝載，或五十艘，或百餘艘，或群各黨，分泊各港。又各用舢板、草撇腳船，不可勝計。在於沿海兼行劫掠，故寇亂因此而生。自後日本、暹羅諸國無處不到，又誘帶日本島倭奴，借其強悍，以為護翼。許二住雙嶼港，他係海上宿寇，最稱強者。後來被朱紈遣將官領福兵破其巢穴，焚其舟艦，擒殺殆半，杜塞雙嶼港，許二逃逸。王直原在許二部下管櫃，素有沉機勇略，人多服之，乃領其餘黨，改住烈港，漸次併殺同賊陳思盼、柴德美船伍，遂至富強。以所部船多，乃令毛海峰、徐碧溪、徐元亮分領那些船隻。因而海上番船出入關無盤阻，而興販之徒，紛錯於蘇、杭近地。人民自有餽時鮮、酒、米，獻子女者。自陷黃巖、霩䨴而其志益驕。之後，四散劫掠，不於餘姚，則於觀海；不於樂清，則於瑞安；凡通番之家，則不相犯，人競趨之。杭城歇客之家，貪其厚利，任其堆貨，且為之打點、護送，如銅錢用以鑄銃，鉛以為彈，硝以為火藥，鐵以製刀、鎗，皮以製甲，及布、帛、絲綿、油、、麻、酒、米等物。（註八）

只因中國奸民與倭寇沆瀣一氣，為賊穿針引線，兵部尚書楊博乃上〈疏〉說：倭賊入寇，多因我民為之勾引，蓋逋逃不歸，則禍本未拔，東南無息肩之期。合行督撫諸臣，多方招徠，務使不軌之徒，以次歸正。（註九）又說：倭奴之所以敢肆流劫，皆緣中國之內逆爲之嚮導。倭奴如非有內逆，便無法逞其狼貪之志，而內逆如無倭奴，也無法遂其鼠竊之謀。所以必須查禁、逮捕內逆，方可消除外寇。因此他建議告知督撫諸臣，責令軍衛有司，將沿海居民逐一清查造冊在官，稽查他們的生理，並時加約束，敢有仍舊跟先前一樣，不知悔改，從倭爲逆，許令同里之人赴官告首，名下追銀三十兩充賞，本犯從重處治，以拔本塞源。（註一〇）

由以上所舉幾則職官談話或〈疏〉中之言，雖可瞭解當時中國奸民勾倭、從倭、濟倭之梗概，但其中因素相當複雜，此事就如前文所引章煥之言：海寇之聚，其初未必同情，有冤抑難理，因憤而流於寇者；有憑藉門戶，因勢而利於寇者；有貨殖失計，因困而營於寇者；有功名淪落，因傲而放於寇者；有傭賃作息，因貪而食於寇者；有知識風水，因能而誘於寇者；有親屬被拘，因愛而牽於寇者；有搶掠人口，因壯而役於寇者似的，（註一一）中國人之與倭爲伍的因素頗爲複雜。朱紈則於慨歎海防廢弛之後說：「夫所恃海防者兵也，食也，船也，居止瞭望也，今皆無所恃矣！賊船、番船則兵利甲堅，乘虛馭風，如擁鐵船而來。土著之民，公然放船出海，名爲接濟，內外合爲一家，其不攻劫水寨、衛、所、巡司者亦幸矣。官軍竄首不暇，姦狡者因而教通媒利，亦勢也。如今年（嘉靖二十六年，一五四七）正月內，賊虜浯州良家之女，聲言成親，就於十里外高搭戲臺，公然宴樂。又，八月內，佛狼（郎）機夷連艘深入發貨將盡，就將船二隻起水於斷嶼洲，公然修理。此賊此夷，目中豈復知有官府耶？夷賊不足怪也。又如同安縣養親進士許福先，被海賊虜去一妹，因與聯姻往來，家遂大富。」（註一二）而前舉考察閒住僉事林希元之欲牽制官員，及私造許多違禁大船，假以渡船爲名，專運賊贓並違禁貨物，以獲暴利；謝遷之積欠夷人鉅額貨款不還；徐海之爲代償其叔徐銓債務，而誘引衆多倭人至本國攻圍城鎮，搶劫居民等勾當，也都是使倭亂難於敉平的重要因素。至於造海船、鶯船、兵船之大戶，動費億萬，而多棄於烈燄。起蓋營、塡港、釘橋之功，動作經歲，而多毀於賊首。徵海防丁田鄉兵之雜稅，動及疲民，而多冒於巨奸。定羅米、夫馬支應之諸差，動累賠償，而多困於妄報。糟賊殘破之餘，又苦繁役之擾。民則困於有司之徵派，軍則苦於債帥之銖求。妻孥凍餒，不能聊生，輾轉死亡，莫爲矜卹。（註一三）於是那些困苦的軍民便結成死黨，肆無忌憚地齎糧漏師，忍棄故鄉，幡從異類，寧負中國，而不願負倭，爲倭人效力。結果，倭人便藉中國民衆爲耳目，中國人則藉倭人爲爪牙，彼此依附，沆瀣一氣，出沒海島，倏忽千里，莫可蹤跡，（註一四）遂致寇亂益發難於平息。

二、督撫之更迭

自從嘉靖初年因中國奸民勾結佛郎機人與日本人騷擾中國東南沿海以後，明朝當局便又嚴行海禁，故走私活動轉趨猖獗。東南沿海所在通番，而以福建、浙江爲尤甚。如前文所說，此一時期的走私活動，與往日沿海居民之爲生計所迫，冒禁下海者有異，乃是許多勢豪之家，及私梟舶主結合上層勢力，交通官府，挾制有司，包庇窩藏，公然進出海上。《明史》〈日本傳〉所謂：根據明祖的制度，在浙江設市舶提舉司，由中官主持，中官駐在寧波。每當海船至此，則平其直，而制馭之權在上。迄至世宗之治世，盡行裁撤天下鎭守中官，並裁撤市舶提舉司，而濱海奸人遂操其利。初時，市易之事尙由商人主導，及嚴通番之禁，市易之事，遂轉移到貴官家之手，而負欠夷人貨款者較商人爲尤甚。索貨款急，則以危言恐嚇，或又以好言欺騙，言其不會不付所欠貨款。倭人因拿不到貨款而喪失貲本，無法回去，故已大恨。而大奸如王直、徐海、陳東、麻葉輩，早已居住其間。他們因無法在內地從事干犯海禁勾當，遂潛往海島爲主謀。因倭人聽其指揮，遂誘之入寇。結果，海中巨盜遂穿著倭人服飾，使用倭人旗號，分艘寇掠中國內地而無不大利，所以倭患便日益嚴重。此言嘉靖年間倭患猖獗的原因，而語頗中肯。《嘉靖東南平倭通錄》嘉靖三十一年（天文二十一年，一五五二）四月條則說，浙江巡撫朱紈死後，因當事者採取與朱紈相反的政策，不僅開放海禁，而且「罷巡撫不復設，中外搖手，不敢言海禁事」，（註一五）致倭寇肆無忌憚，但貴官家，富室與倭寇狼狽爲奸，才是使沿海郡縣的治安工作益發困難，引發嘉靖三十年代發生大動亂的一大因素。然當時倭寇之所以難靖的原因，除本章第一、二節所說者外，靖倭督撫人事之頻繁更迭，似亦造成若干影響。

嘉靖三十一年四月，倭寇台州，巡按御史檄知事武緯防禦。緯突入倭賊中。倭賊之伏兵忽起，官軍潰敗，緯陣亡。在此一時期，前舉王直之黨徒徐惟學（碧溪）、毛勳、徐海、彭老等不下數千人，俱列兵近港，乘巨船，爲水寨，且築屋於港上諸山。時常出入近洋，寇掠居民。至此更登陸，

犯台州，破黃巖縣，非但殺掠甚慘，而且又四散大掠象山、定海。（註一六）

七月，浙江巡按御史林應箕上奏倭寇焚劫地方的情狀，因參署海道副使李文進，分巡副使谷嶠，僉事李廷松，分守參議李龍（寵），顧問、備倭把總等官周應禎、周奎、楊材等，各失事，當處分；給由海道副使丁湛，新推備倭都指揮張鐵（一作鈇），皆臨難規避，應並罰。於是給事中王國禎，御史朱瑞登等，便交章請復設都御史。（疏）下吏、兵二部議覆結果，認爲王國禎等人的意見頗有道理。不過巡視都御史必當假以巡撫總督之權，使之節制諸省，方可責其成功。其閩、浙二省，仍各設參將一員，駐紮邊海地方。世宗聽從其議，暫設巡視浙江兼管福、興、漳、泉提督軍務大臣一員，令吏部推舉堪任此一職務者，使其星馳任，督兵勦賊，其兼管巡撫等項，須待賊平議處。其於勦倭失事之丁湛等人，則按其情節輕重分別予以懲處。（註一七）並以都御史王忬巡視浙江海道，及福建福、興、漳、泉地方。（註一八）

王忬擔任巡撫後，奏釋坐贓累被繫獄中之參將尹鳳，及坐朱紈事被繫獄中之都指揮盧鏜等人，並募沿海壯民爲狼、土兵，使之分別率領，每日犒撫激勵，欲得其死力。（註一九）又鑒於明初建衛所四十有一，設戰船四百三十有九，董以總督備倭都司巡視海道副使控制外夷，至爲周密。惟後來因海波不驚，戒備漸弛，伍籍日虛，樓櫓朽弊。遇警輒以漁船應敵，號曰私哨，而官船廢。（註二〇）而今雖海波屢揚，邊備廢弛，但登埤之士卻十無一二。乃由於逃亡者過半，致實在守城者僅餘數人而已。（註二一）故乃根據浙江等處分守寧紹台道左參議李寵等會呈，由巡按浙江御史牌行各道，以查沿海寧波府所屬慈谿、奉化、象山三縣，台州府所屬寧海、黃巖、太平三縣，原無城牆，故是否應築砌而〈疏〉請早日決定，俾免貽害地方之禍。（註二二）此一建議當爲明廷所接受。除上述六縣外，王忬也曾先後修築平湖、蕭山、餘姚諸縣城，以鞏固海防。（註二三）爲鞏固海防，除防禦設施外，他認爲如能除去內奸，則外奸自杜。因而上陳：申明律以正刑求、定新例以嚴接濟、懲首惡以絕禍本、照邊例以便發軍、密機宜以調客兵，嚴會哨以靖海氛、選良吏以清盜源、布寬令以收反側、議稅課以助軍餉等，以防軍機。（註二四）

王忬上任後，雖爲鞏固海防而殫精竭慮，惟他奉命負責勦倭工作時，不僅倭寇已相當難制，而且賊首蕭顯等復糾合日本人，及福建漳州、泉州等地之群盜，連艦百餘，蔽海而至，致沿海數千里，同時告警。（註二五）昌國衛既爲賊所陷，上海、南匯、吳淞、乍浦、蘯嶼諸所亦被其攻破，而蘇州、松江、寧波、、紹興諸衛、所、州、縣之遭焚掠者，也多達二十餘。倭賊留內地凡三月，掠足後揚長而去。（註二六）迄至三十二年正月，倭賊自太倉掠蘇州，攻松江，復趨江北，薄通州、泰州。四月，陷嘉善，破崇明，復薄蘇州，入崇德縣。六月，由吳淞江掠嘉興，還屯柘林。縱橫來往，如入無人之境。（註二七）在此一時期，徽州歙縣人王直的勢力非但強大到可以指揮群倭，而且以日本九州之五島（長崎縣）爲其根據地發號施令，更被目爲倭寇王。直在五島煽動諸倭入寇之際，徐海、陳東、麻葉之輩，以柘林、乍浦、川沙窪等地爲其巢穴，日擾郡邑。（註二八）在此情形之下，王忬也不能有所爲，復因御史趙炳然劾其失事之罪而失位，惟世宗特宥他，未予懲處。當時

適逢山西大同發生寇亂，督撫蘇祐、侯鉞俱被逮捕，乃晉陞忬為右副都御史，巡撫大同。（註二九）

嘉靖三十三年（天文二十三年，一五五四）五月，明廷因倭寇猖獗而設總督大臣，命南京兵部尚書張經不解部務，總督江南、江北、浙江、山東、福建、湖廣諸軍，便宜行事。王忬改撫大同以後的職缺，則由右僉都御史李天寵繼任。（註三〇）同年十月，因兵科之言，並經廷議，改張經為右都御史兼兵部右侍郎，專辦討倭事宜。（註三一）

張經在擔任總督前夕曾上言：國初洪武年間，因倭夷不靖，遣信國公湯和經略海防，使福建、浙江濱海地區，陸有城堡可守，水有戰船，因此百餘年來，寇不為害。其後法弛弊生，至軍士有納料放班之弊。於是強富者散遣，老弱者哨守，船隻損壞，亦棄置不修，以致倭寇得乘之而入侵。故請各處巡撫嚴督所屬，預集兵船，以守要害之地；並追補納料軍士，以充實行伍；及清理累年未繳料銀，以造戰船。（註三二）又言：近來倭寇震鄰，惟因南京營卒之逃亡者數多，致防守缺人。仍請將各衛所原報冊籍，凡義男、女婿有名者，一體選收入伍，俟事寧之日，再議其去留。仍請貸支兵部草場銀，及南京戶部糧草折銀共二萬兩，委官於京城內外，及宿、邳等處招募兵勇，充為前鋒，並召原任指揮韓璽。路正等人督操，以備征調。此一意見經兵部覆議後被採納。（註三三）

當張經經廷議改總督之際，給事中王國禎、賀涇，御史溫錦葵等人復建議遣御史及兵部官員前往山東募兵，聽張經調度。（註三四）未幾，募兵參將李逢時、許國率山東民槍手六千人至江南，而與倭賊遇於新涇橋。逢時率其麾下先進，擊敗倭寇。倭寇退據羅店鎮，官軍追及之，擒斬八十餘人。（註三五）山東兵復追擊倭寇，至採淘港，乘勝深入，遂中伏而大敗，溺斃者千餘人，指揮劉勇等陣亡。初時，新涇之捷，李逢時之功居首，許國怨恨逢時與自己同事而不先約己攻賊，乃從間道襲賊，欲以之分逢時功。適值日暮而又下大雨，劉勇之兵先陷沒，諸軍繼之，皆倉卒不整，遂大敗。（註三六）

之後，倭寇二萬餘，盤踞柘林、川沙窪，其徒黨又接踵而來。張經每日選將練兵，謀畫搗賊巢之計。前此，張經曾徵調兩廣狼、土兵，及其他各地兵聽用，惟尚未抵江南。張經鑒於江蘇、浙江、山東兵屢敗，故欲俟狼、土兵至，用以攻倭。三十四年（弘治元年，一五五五）三月，田州瓦氏兵先至。瓦氏欲速戰，張經以為不可。所謂瓦氏，即廣西田州土司岑彭之妾。繼瓦氏之後到達者為東蘭兵。張經以瓦氏兵隸屬總兵俞大猷、以東蘭、那地、南丹兵隸屬游擊鄒繼芳，以歸順及思恩、東莞兵歸參將湯克寬，分屯金山衛、閔港、乍浦，三面犄賊，以待永順、保靖兵之集結，（註三七）然後一舉蕩平。

如前文所說，正當張經積極布署，等待永順、保靖兵前來，欲一舉蕩平倭賊之際，工部右侍郎趙文華以祭海至江南，而與浙江巡按御史胡宗憲沆瀣一氣，屢促張經進兵擊倭。張經說：「倭賊狡滑而且人數眾多，等待永順、保靖兵到達後予以夾攻，以策萬全。」然文華仍舊一再促他與倭賊戰，張經則守便宜之計而不為文華之言所動。因此，文華乃暗自上〈疏〉誣陷張經靡餉殃民，畏巽失機，欲俟倭賊飽掠遠颺後，方纔勦餘寇以報功，故宜亟治其罪，以紓解東南之禍。世宗即以此事垂問大學士嚴嵩。嚴嵩不僅以趙文華密〈疏〉內容回答，還落井下石，言：「蘇、松人怨張經，不可復留；宜與湯克寬一併逮至京師鞫訊，以懲欺怠。」（註三八）結果，世宗竟聽信其言，詔錦衣衛遣官校逮張經及湯克寬回北京鞫問。（註三九）因此，張經雖獲空前大勝利而竟被誣陷入罪，這對日後的勦倭，既會影響士氣，對戰局的發展，也難免造成影響。

張經雖在此一戰役獲空前大勝，卻以莫須有罪名遭趙文華陷害，被逮後，明廷拔擢巡撫蘇松諸府右僉都御史周琉為兵部右侍郎，以繼任張經離去後所遺職務。然因周琉在勦倭工作上，既無值得一提之傑出表現，當時的浙江巡按胡宗憲又覬覦此一職位，故宗憲之同黨趙文華乃予推薦，周琉則被罷黜為民。（註四〇）亦即周琉剛上任，尚未完全進入狀況就被罷免，他之在位，前後僅三十四日而已，（註四一）惟宗憲並未達到目的。

周琉被黜後，由南京戶部右侍郎楊宜繼任總督。楊宜擔任此一職務時，賊勢已蔓延，江蘇、浙江無不被蹂躪。新到之倭寇益眾，益發肆毒。倭寇來時，每自焚其舟，登岸劫掠。自杭州北新關向西剽掠至淳安，突襲徽州歙縣，至績溪、旌德，（註四二）經由涇縣趨南陵，遂至蕪湖。該批倭賊又縱火燒南岸，突然渡北岸入市。各商民、義勇們爬上屋頂，以瓦、石，灰罐擊之，因此倭賊有不少受傷者，遂奔往太平府。然後犯江寧鎮，逕侵南京。是時賊酋身穿紅衣，乘馬，張黃蓋，整眾犯大安德門。官軍自城上以火銃射擊。倭賊沿外城小安德門，至夾岡，往來覘視。當城中捕獲倭賊所遣間諜後，賊乃引眾從舖岡前往秣陵關。（註四三）之後由溧水流劫溧陽、宜興。賊聞官軍自太湖出，遂越武進，抵無錫，駐惠山，一晝夜奔走一百八十餘里，抵滸墅。至此，爲官軍所包圍，追及於楊林橋，終於將其殲滅。此次戰役，倭賊不過六七十人，而經行數千里，官軍之被殺戮、戰傷者約四千人，歷八十餘日始滅，（註四四）此乃嘉靖三十四年八月之事。殲此賊者爲蘇松巡撫曹邦輔，及僉事董邦政，把總婁宇等等人。

前文已說，此次戰役，工部右侍郎趙文華欲攘其功，且曹邦輔捷書已先奏，文華因而大恨。由於倭以陶宅爲巢，文華乃大集浙、直兵，與胡宗憲親自率領，復約邦輔會勦，分道並進，在松江之磚橋紮營。倭悉銳來攻，遂大敗。文華氣奪，賊勢益熾。十月，倭自樂清登岸，流劫黃巖、仙居、奉化、餘姚、上虞，被殺擄者無筭，至嵊縣始將其殲滅。此賊亦不滿二百人，竟深入三府，歷五十日始平。（註四五）其先一支則自山東日照流劫東安衛，至淮安、贛榆、沭陽、桃源至清河，爲雨所阻，遂爲徐、邳官兵所滅。他們亦不過數十人，流害千里，殺戮千餘。（註四六）

趙文華自磚橋之敗，見倭寇勢甚猖獗，而自己又無尺寸功，始知賊未易圖，即有歸志。及十一月，川兵破周浦賊，俞大猷復有海洋之捷，乃言水陸成功，〈疏〉請還朝。文華還京後，世宗諭大學士嚴嵩，問文華南寇始末之際，文華竟言督撫非人，不能調度兵員，請罷紺楊宜，以胡宗憲繼任其職位。（註四七）亦即自王忬以後的靖倭督撫人事往往爲嚴嵩、趙文華等人所左右。

胡宗憲經趙文華推舉當任浙江總督後，用計離間渠魁徐海、陳東等，使之反目。結果，徐海被傴殺，餘黨無不就擒，而麻葉等五賊首則被斬於嘉興北教場。（註四八）胡宗憲又遣人赴日招諭倭寇頭目王直返國，三十六年（弘治三年，一五五七）九月，將其收禁於浙江按察司獄，終於三十八年十二月二十五日，將王直斬於杭州官港口。

王直入獄後，其黨徒旋焚舟登山，據舟山群島之岑港堅守。逾年，新倭大至，肆寇浙東三郡。其在岑港者，徐移之柯梅，造新舟出海，胡宗憲未予追擊。三十六年十一月，倭賊揚帆南去，泊泉州之浯嶼，肆虐福建地方。至四十年（永祿四年，一五六一），江北諸寇以次平。惟胡宗憲坐貪贓罪被捕。四十一年，倭賊陷興化府，大肆殺掠，並移據平海衛不去。前此倭寇之犯浙江，破州、縣、衛、所城雖以百數，未有破府城者，及興化府城淪陷，遠近震動。明廷亟徵俞大猷、戚繼光、劉顯諸將合擊，奪回府城。其侵犯他州、縣者，亦陸續爲諸將所滅，福建亦平。

倭寇之蹂躪蘇、松，始於嘉靖三十二年（一五五三）迄於三十九年（一五六〇）。其間，爲巡撫者十人，安福彭黯，遷南京兵部尙書，畏賊，不俟代職者即去，下獄除名。黃岡方任，上虞陳洙，皆未抵任。方任丁憂，陳洙以才不足任，別用，而代以屠大山，使提督軍務。蘇、松巡撫之兼督軍務，始於屠大山。經半載，以疾免除其職務。尋坐失事，下詔獄，被黜爲民。繼屠大山者爲周琉，繼周琉者爲曹邦輔。曹邦輔討倭雖有顯赫功，卻因趙文華搆陷而下詔獄，謫戍朔州。其次爲眉州張景賢，以考察奪職、其次盩州趙忻，坐金山軍變，下獄貶官。其次江陵陳錠，數月即罷去。其次翁大立，當大立當巡撫時倭患已息，而坐惡少鼓譟爲亂，竟罷職，故無一非得罪去官者。（註四九）

表一一二：嘉靖三十年代浙江巡撫更迭情形

姓名	就任日期	去職日期	去職原因	備註	典據
朱紈	二十六年七月更戌朔丁巳	二十八年四月庚子朔庚戌	爲監察御史陳九德，給事中杜汝禎所構陷。	巡按御史周亮，給事中葉鏜奏改爲巡視，以殺其權。仰藥自殺。	明世宗實錄 明史朱紈傳 甓餘雜集
王忬	三十一年七月辛巳朔壬寅	三十三年六月庚午朔壬辰	御史趙炳然劾其勦倭失利。	三十二年七月改爲巡撫。去職後改撫大同，因北虜入侵，御史劾其罪論斬。	明史王忬傳 日本傳 國榷
李天寵	三十三年六月庚子朔壬辰	三十四年六月甲子朔壬午	工部右侍郎趙文華劾其嗜酒廢事。	被逮下獄，論斬。	明世宗實錄 明史李天寵傳 日本傳
胡宗憲	三十四年六月甲子朔壬午	三十五年二月庚寅朔戊午	遷爲浙江總督	因涉羅龍文案，爲御史汪汝正所劾下獄，瘐死獄中。	明世宗實錄 明史胡宗憲傳 日本傳
阮鶚	三十五年三月庚申朔乙丑	三十六年正月乙卯朔丁卯	因趙文華舉薦，改任福建巡撫。	去職後職務由胡宗憲兼理。後因歛民財以千萬計，被黜爲民。	明世宗實錄 明史阮鶚傳 日本傳 國榷

表一三：嘉靖三十年代應天巡撫更迭情形

姓名	就任日期	去職日期	去職原因	備註	典據
彭黯	三十六年一月己丑朔乙卯	三十二年十一月癸卯朔丙辰	遷南京兵部尚書	倭患，下南京法司。削籍。	明世宗實錄 明史楊宜傳 日本傳 國榷
方任	三十二年十一月癸卯朔辛酉		丁憂。	未抵任。	明世宗實錄 明史楊宜傳 國榷
陳洙	三十二年十二月癸酉朔丙申		才不足任，別用。	未抵任。	明世宗實錄 明史楊宜傳 國榷
屠大山	三十三年三月辛丑朔甲辰	三十三年八月己巳朔丁亥	以疾免。	尋坐失事下詔獄。	明世宗實錄 明史楊宜傳 國榷
周珫	三十三年八月己巳朔庚寅	三十四年五月甲午朔己酉	爲趙文華所陷。	後來削籍爲民。	明世宗實錄 明史周珫傳 日本傳 國榷
曹邦輔	三十四年五月甲午朔辛巳	三十五年二月庚寅朔戊午。	爲趙文華所陷。	下詔獄，謫戍。	明世宗實錄 明史曹邦輔傳 日本傳 國榷

張景賢	三十五年二月庚寅朔戊午	三十六年二月已酉朔戊申。	給事中蘇景和劾其貪墨。	以考察奪職。	明世宗實錄 明史楊宜傳 國榷
趙忻	三十六年三月甲寅朔	三十七年十一月甲戌朔	坐金山軍變。	下獄貶官。	明世宗實錄 明史楊宜傳 國榷
陳錠	三十七年十一月甲戌朔癸未			數月罷去。	明世宗實錄 明史楊宜傳 國榷
翁大立	三十八年五月壬申朔丁丑	三十九年三月丁卯朔乙未	坐惡少鼓譟爲亂。	罷職。	明世宗實錄 明史楊宜傳 國榷

表一四：嘉靖三十年代靖倭總督更迭情形

姓名	就任日期	去職日期	去職原因	備註	典據
張經	三十三年五月庚子朔丁巳	三十四年五月甲午朔己酉	工部右侍郎趙文華劾其畏巽失機，玩寇殃民。	械繫至京，下獄論死。	明世宗實錄 明史張經傳 日本傳 國榷
周琉	三十四年五月甲午朔己酉	三十四年六月甲子朔壬午	爲工部右侍郎趙文華所劾。	削籍。	明世宗實錄 明史周琉傳 日本傳 國榷

楊　宜	三十四年六月甲子朔壬午	三十五年二月庚寅朔己亥	御史邵惟中論其闒淺。	奪職閒住。	明世宗實錄 明史楊宜傳 日本傳 國榷
王　誥	三十五年二月庚寅朔壬寅	三十五年二月庚寅朔戊午	受吏部尚書李默被趙文華誣陷之累。	留在原職——戶部右侍郎。	明世宗實錄 國榷
胡宗憲	三十五年二月庚寅朔戊午		倭患已息	因涉羅龍文案，爲御史汪汝正所劾下獄，瘐死獄中。	明世宗實錄 明史胡宗憲傳 日本傳

註釋：

註一：唐樞，《禦倭雜著》（《明經世文編》，卷二七〇），卷一，〈復胡梅林論處王直〉。

註二：同前註。

註三：鄭若曾，《籌海圖編》，卷一一，〈經略〉，一，「敘寇原」。

註四：同前註。

註五：同前註。

註　六：同前註。

註　七：同前註。

註　八：同前註。

註　九：鄭若曾，《籌海圖編》，卷一一，〈經略〉，一，「除內逆」。

註一〇：同前註。

註一一：鄭若曾，《籌海圖編》，卷一二，〈經略〉，二，「散賊黨」。

註一二：朱紈，《甓餘雜集》，卷二，嘉靖二十六年十二月二十六日〈閱視海防事疏〉。

註一三：陳文石，《明洪武嘉靖間的海禁政策》，（臺北，臺灣大學文學院，民國五十五年（一九六六）），頁一六〇所引《松江府志》，卷三五。

註一四：鄭曉，《鄭端簡公文集》，（《明經世文編》，卷二一七），卷一，〈重大倭寇乞處錢糧疏〉、〈十分緊急倭寇疏〉。參看前註所舉陳文石書頁一六八。

註一五：《明史》，卷二〇五，〈朱紈傳〉。

註一六：徐學聚，《嘉靖東南平倭通錄》，嘉靖三十一年（一五五二）四月條。

註一七：《明世宗實錄》，卷三八七，嘉靖三十一年七月辛巳朔己亥（十九日）條。

註一八：《明世宗實錄》，卷四〇〇，嘉靖三十二年（一五五三）七月乙巳朔甲子（二十日）條。徐學聚，《嘉靖東南平倭通錄》，同年同月條。

註一九：徐學聚，《嘉靖東南平倭通錄》，嘉靖三十二年三月條。
註二〇：《明世宗實錄》，卷三八八，嘉靖三十一年八月辛亥朔條所引浙江御史林應基（箕）之奏報。
註二一：《明世宗實錄》，卷四一〇，嘉靖三十三年（一五五四）五月庚子朔條。
註二二：王忬，《御史大夫思質王公奏議》，（明隆慶刊本），卷三，〈易建城垣疏〉。此〈疏〉並見於《明經世文編》，卷二八三，《王司馬奏議》，卷一。
註二三：王忬，《御史大夫思質王公奏議》，卷六，〈懇乞築城以保固地方疏〉。
註二四：王忬在此〈疏〉所言者原有十條，但《明經世文編》所錄者僅九條。
註二五：《明史》〈日本傳〉。
註二六：采九德，《倭變事略》（明崇禎刊本，《鹽邑志林》之一），卷三。《明史》〈朱紈傳〉、〈日本傳〉。
註二七：《明史》，卷二〇五，〈李天寵傳〉，〈日本傳〉。參看《明世宗實錄》之相關記載。
註二八：參看采九德，《倭變事略》之相關記載。《明史》，卷二〇五，〈胡宗憲傳〉。
註二九：《明史》，卷二〇四，〈王忬傳〉。
註三〇：《明史》〈王忬傳〉、〈李天寵傳〉、〈日本傳〉。
註三一：《明世宗實錄》，卷四一〇，嘉靖三十三年五月庚子朔丁巳（十八日）條云：「給事中王國禎、賀涇，御史溫景葵等，以倭寇猖獗，逼近留都，各上〈疏〉請調兵、給餉，及推選總督大臣，重其事權，如往年征勦華林、麻陽諸寇故事。下兵部集廷臣議，俱稱〔便〕，因薦南京兵部尚書張經堪任總督。……議入，上允行之。乃命經不妨原務兼都察院右副都御史，總督南直隸、浙江、山東、兩廣、福建等處軍務，一應兵食，俱聽其便宜處分。臨陣之際，不用命者，武官都指揮以下，文官五品以下，許以軍法從事」。

註三二：《明世宗實錄》，卷四一〇，嘉靖三十三年五月庚子朔條。

註三三：同前註。

註三四：同前註。

註三五：《明世宗實錄》，卷四一三，嘉靖三十三年八月己巳朔癸未（十五日）條。

註三六：前註所舉書同年同月庚寅（二十二日）條。

註三七：《明史》，卷二〇五，〈張經傳〉。

註三八：徐學聚，《嘉靖東南平倭通錄》，嘉靖三十四年五月條。《明史》〈張經傳〉。

註三九：《明世宗實錄》，卷四二二，嘉靖三十四年五月甲午朔己酉（十六日）條。談遷，《國榷》（中華書局本），卷六一，同年月日條。

註四〇：徐學聚，《嘉靖東南平倭通錄》，嘉靖三十四年六月條。

註四一：《明史》，卷二〇五，〈周玩傳〉。

註四二：《明史》〈日本傳〉。

註四三：《明世宗實錄》，卷四二四，嘉靖三十四年（一五五五）七月癸巳朔丙辰（二十四日）條。《明史》

〈日本傳〉。

註四四：《明世宗實錄》，卷四二五，嘉靖三十四年八月癸亥朔壬辰（三十日）條。談遷，《國榷》，卷六一，同年月日條。

註四五：《明史》〈日本傳〉。

註四六：同前註。

註四七：《明世宗實錄》，卷四三三，嘉靖三十五年（一五五六）二月庚寅朔己亥（十日）條。《明史》〈日本傳〉。談遷，《國榷》（中華書局本），卷六一，同年月日條。

註四八：采九德，《倭變事略》，卷四，嘉靖三十五年八月二十六日條，及本書卷末所附〈胡總督奏捷疏〉。

註四九：《明史》，卷二〇五，〈楊宜傳〉。

第五章　倭亂對國家社會所造成之影響

第一節　對明朝財賦所造成之影響

一、明廷對倭亂所採的因應措施

倭寇寇掠中國東南沿海地區的情形既如上述，則不僅對該地區居民的日常生活造成嚴重威脅，破壞既有之社會結構，也使糧食生產或其他產業限於停頓，物資的流通也必陷於癱瘓。明政府為消弭倭患所採的方針，就是以武力征討。武力征討，必須要有強大武力始能竟其功。明初，沿海各要地都建衛、所，配置戰船，董以都司、巡視、副使等官，控制嚴密。然承平日久，船敝伍虛，(註一)竟連指揮官都不知自己負責的地區有多少裝備，兵員有多少。(註二)及遇警，就募漁船以資哨守。兵非平日就接受嚴格訓練，船也不是專門用於作戰者，所以見寇舶至，往往望風逃匿，而在上者又無法加以統御。在此情形下，賊帆所指向之處，無不殘破。(註三)

倭亂既已頻仍，明廷自非調兵遣將，轉輸糧秣，設法敉平不可。前文所舉南京兵部尚書張經在嘉靖三十三年（天文二十三年，一五五四）五月初所言者，即是針對當時軍備廢弛，遇倭兵員不足之情況所採因應措施之一。張經的此一建議經兵部覆議後，獲世宗裁可。（註四）在此一時期，巡按御史孫慎也曾提出類似張經的建議，而兵部對孫慎的意見也曾做適當處置。（註五）同月，即令參將李逢時、許國攜帶太倉銀六萬兩，前往山東調撥，奏留民兵一支，及青州等處水陸槍手共六千人，每人給軍裝銀十兩，將他們督赴揚州，聽張經調度。

嘉靖三十四年（弘治元年，一五五五）十二月，張經擔任總督直隸浙福軍務右都御史。當時倭寇正盤踞柘林、川沙窪，其人數且二萬餘。因吳會民兵脆弱，無法制御，乃奏調東蘭、那地、南丹、挺順等州的狼兵五千名，永順、保靖二宣慰司土兵六千名，合力勦倭。（註六）這兩次調兵，在嘉靖三十年代的靖倭戰役中，規模較大，人數較多。前文已說，在山東徵調之兵，因李逢時、許國之爭功，遂致潰敗。其從東蘭、那地、南丹、挺順、永順、保靖等地所調狼、土兵，則因未能同時到達江南，致延誤張經進勦王江涇之倭寇，結果，竟成爲張經被趙文華誣陷，被逮，問斬的重要因素之一。

當要募兵、調兵時，自非解決軍餉問題不可。就淮陽方面言之，禮運侍郎鄭曉說：根據直隸淮安府所申奉撫鎮衙門之〈劄〉，倭寇船隻在餘東等場劫擄，恐奔突淮安、廟灣、鹽城等處。蒙調千、百戶郭宗撫等。領兵在廟灣防勦。原任參將王元伯，把總周表，領兵淮城團練，運司判官馬龠，召募竈勇；淮安府同知劉一中，把總潘凖，領官軍宋簡、周官等，鹽城等處住劄委官陳詔等人領兵哨探。又調百戶江東曉、賽文等，隨賊截殺。百戶馬金前往馬邏巡檢司調兵。前項官軍之安家銀兩、廩給、口糧，並雲梯關海州官軍月糧，及賞功等項，一共用支出銀三千六百五十三兩一錢。經查該本院提留軍餉在庫事例，銀三千八百餘兩。扣除前項開支後，止餘銀一百餘兩。然尚有廟灣殺賊官兵賞功銀二百餘兩未付，故庫銀不敷支用。（註七）也就是說，爲支付官軍之安家銀兩、廩給、口糧、月糧、賞功等項，雖竭盡在庫銀兩，仍短缺應支給在廟灣勦殺倭賊官兵之賞功銀二百餘兩。非僅如此，日後的防倭、討倭，也非有足夠的軍餉不可，所以必須設法籌措，方能濟用。然在處處被倭寇蹂躪的情況下該如何籌措？鄭曉的構想是：按照當前倭寇初犯鹽城、廟灣，與洋厤港地方，雖淮安府同知劉一中督兵盡勦倭賊，未及旋師而倭賊又經贛榆、海州、沭陽、清河、桃源等處劫掠。數日之間，興師動眾，所費不貲。繼今以後，無一月無寇，無一月不防，官兵廩給、行糧，必得錢糧，方能濟用。何況方今府庫空虛，雖所屬州縣，俱有截留軍餉，然因連年兵荒，尚乞蠲貸兌軍本色。而截留錢糧，雖嚴行追繳，實際上卻都拖欠未納。然因兵機急如星火，臨時措手不及，且於無賊寇之府州，量將在庫堪動或緩解錢糧，借發一、二萬兩下府，以濟助軍前急用。（註八）也就是說，鄭曉希望從未受倭寇災害的府、州，借發在庫堪動，或緩解錢糧，以紓當前困境。

就江南而言，因浙、直督府諸臣以江西倭寇侵擾，調兵日多，無法供應糧餉，故請借留淮、浙餘鹽，南贛餉銀，以及各省庫銀來接濟。（註九）戶部對此一請求所作答覆是：餘鹽銀屬於京邊歲費，難以議留。贛州餉銀准借九萬兩，廣東、福建庫銀各十萬兩，江西、湖廣各五萬兩，更以兵部船料並各府應解均徭民兵銀存用。今日江南，軍餉孔亟，固當計慮，然京邊稅費日增，尤當議處。故宜行各司府邊派均徭銀接濟。其中除順天、應天、蘇州、松江、常熟、鎮江等府免編外，其餘司府俱預編一年。令將南直隸淮、揚、鳳、徐四府州，浙江、福建、廣東、廣西、雲南五省銀兩解南直隸、浙江軍門，以備邊用。（註一〇）

浙直督撫提出上舉〈奏疏〉的時間在嘉靖三十四年五月，鄭曉之上奏在六月，時間大致相同。而戶部之所以擬將福建、廣東兩省的庫銀解往南直隸、浙江軍門備用，乃因當時該兩省的倭寇問題尚不嚴重。

福建在嘉靖三十四年當時，因倭患尚不嚴重，所以還可將庫銀解往南直隸、浙江軍門，惟當浙江倭寇南移閩、廣地區以後。至四十一年時，其兵餉也感拮据而非設法籌措不可。這就如《明世宗實錄》所說，因福建頻年倭患，致兵餉匱竭，明廷乃採納福建巡撫游震得，給事中郭汝霖之意見，免將科舉銀四千二百兩，寺田銀八千六百七十兩，事例銀一萬六千餘兩，四十年分屯折銀一萬九千九百二十二兩，三十九年果品折銀三千八百三十六兩，蠟茶正價銀一萬四千一百九十三兩，補京價銀一萬四千三百八十七兩解往戶部，以佐軍需。（註一一）亦即游震得、郭汝霖〈疏〉請上舉各項銀兩共八萬一千二百零八兩餘，免解戶部，以爲靖倭之需。

迄至萬曆元年（天正元年，一五七三）十一月，巡撫福建右僉都御史劉堯誨上奏，言福建省自有倭患以來，每年增加兵餉四、五十萬兩，後來漸減至一十八萬餘。原額僱募客兵三十四營六百餘名，後來只留一十五營，主、客各半。至前任撫臣殷從儉，又放去客兵三營半，因此減餉二萬八千餘兩，歲額止有一十五萬六百兩。然而目前海賊未殄滅，以前放去客兵既須募補，則亦應當議足原有餉額。因此，請留今年（萬曆元年）稅契銀一萬兩，並暫借明年濟邊鹽折銀二萬二千二百兩，俟徵丁米銀時補解。經戶部覆議後，聽從劉堯誨的請求，仍請查該省存留餘糧徵抵兵餉。（註一二）

就廣東而言，兩廣提督殷正茂上奏嶺海兵機時謂：廣東寇盜有海賊、山賊、倭賊、番賊、狼賊、猺賊、裏海賊，其種不一，如非浙兵，必不能衝鋒。議水、陸之戰，大約用兵三萬。因此，募浙兵八千，其餘悉募土兵。俟教練既成，堪用於衝鋒時，逐漸淘汰浙兵。為此所需銀兩共計三十餘萬兩，因請本省額運錢糧停解三年，以充餉費。戶部的意見是：金花、顏料、蠟茶、果品等銀兩，係上供用者，難以輕議。其鹽課、鐵稅、賦罰事例銀等則雖係供濟邊用，但該省急缺軍餉，故酌停解二年，並以前托缺者共八萬七千六百兩餘，作為兵餉之需。戶部的此一意見為神宗所同意。（註一三）

廣東地方短缺軍餉的原因雖未必全由倭寇問題而來，但當時為征勦倭寇而調動不少兵力，動支許多政府經費，此事實不容否認。結果，在軍費方面給政府帶來不少壓力。軍費既然短缺，就非設法籌措不可，其能採行的方式，就是提撥太倉銀、戶部糧草折銀、停解各種稅款、汰冗費及

其他來因應。

表一五：嘉靖後期籌措軍費情形　　**典據：明世宗實錄**

年月日	軍費來源	金額（兩）	用途	地區	卷第
三十二年六月丙子朔戊寅	汰冗費，省繁文	三四〇、〇〇〇以上	軍國調度	南京	卷三九九
三十二年九月甲辰朔癸丑	布疋、船料事例、折糧銀	二八〇、〇〇〇餘	濟軍興	蘇松常鎮四府	卷四〇二
三十三年一月壬寅朔辛未	榷閶門商稅，留三十一年以前應解本色布銀	不詳	充軍費	蘇松常鎮四府	卷四〇六
三十三年五月庚子朔	兵部草場銀，南京戶部糧草折銀	二〇、〇〇〇	募兵	京城內外及宿、邳等處	卷四一〇
三十三年五月庚子朔壬子	南京戶部銀	二〇、〇〇〇	備倭兵費	蘇松二府	卷四一〇
三十三年五月庚子朔丁巳	太倉銀	六〇、〇〇〇	調撥山東民兵一支，及青山等處水路槍手六〇〇名	揚州	卷四一〇

三十三年五月庚子朔丁巳	南京戶部銀 截留起運米	五、〇〇〇 二三〇、〇〇〇（石）	山東兵六、〇〇〇名之糧餉	揚州	卷四一〇
三十三年九月己亥朔壬寅	邊倉食糧本色兼徵	不詳	備海防	紹興府	卷四一四
三十三年九月己亥朔己酉	太倉州三十二年秋糧折兌銀 華亭縣 蘇松常鎮四府三十三年兌運秋糧 并派剩餘銀兩	三五、〇〇〇餘 三六、〇〇〇餘 不詳	兵餉	江南	卷四一四
三十三年十二月丁卯朔乙亥	南京兵部積貯船料銀	二〇〇、〇〇〇	工食	南京地區	卷四一七
三十四年二月丙寅朔癸酉	淮浙餘鹽銀 南贛軍餉銀	一〇〇、〇〇〇 八〇、〇〇〇 或九〇、〇〇〇	糧餉	南京地區	卷四一九

三十四年五月甲午朔丁未	贛州餉銀	九○、○○○	糧餉	南京地區	卷四二二
	廣東庫銀	一○○、○○○			
	江西庫銀	五○、○○○			
	湖廣庫銀	五○、○○○			
	兵部船料并各府應解均徭民兵銀	不詳			
	順天、應天、蘇、松、常、鎮四府以外司府預編一年均徭銀	不詳			
	南直隸、淮、揚、鳳、徐四府，浙江、福建、廣東、廣西、雲南五省銀	不詳			
三十四年五月甲午朔癸丑	量借閩、廣、江、湖四省糧餉	不詳	濟軍興	東南沿海	卷四二二
三十五年五月戊子朔戊辰	發銀糴米，并發存留預備倉儲，漕糧未過淮者，兩淮運司工本餘鹽銀未解者	不詳	充軍餉	江北	卷四三五

三十五年七月丁巳朔己未	山東所屬六府均攤	四〇、〇〇〇	新調官兵七、〇〇〇名寧家	山東	卷四三七
三十五年九月丙辰朔戊午	太倉銀	六四、八八六餘	新召義勇及守墩官軍應調征倭兵馬之需	東南沿海	卷四三九
三十六年二月己丑朔己未	鳳陽所貯糧銀，揚州沒官田租銀	二〇、〇〇〇	築寶應縣城工費	寶應	卷四四四
三十六年五月癸丑朔庚申	兩淮餘鹽銀 提編三十七年均徭銀	二〇、〇〇〇 不詳	助軍興	揚州	卷四四七
三十六年五月癸丑朔庚申	海州、邳州、儀真、興化、鹽城、宿遷、桃源、沭陽、贛榆、睢寧諸州縣本色馬匹盡徵其值，并原折馬價銀二兩	不詳	因倭患	江北	卷四五一

三十七年三月己酉朔乙亥	代辦鹽五十一萬五千五百十九引，每引加銀三錢	一半解部，一半備倭	備倭	江北	卷四五七
三十八年十二月戊戌朔庚子	預處錢糧	三〇、〇〇〇	供餉	留都	卷四七八
四十一年六月癸丑朔丙辰	科舉銀 寺田銀 事例銀 四十年分屯折銀 三十九年果品折銀 蠟茶正價銀 補京價銀	四、二〇〇 八、六七〇 一六、〇〇〇餘 一九、九二二 三、八三六 一四、一九三 一四、三八七	佐軍需	福建	卷五一〇
四十二年九月丙子朔己丑	自有倭患以來應天、蘇、松等處加派餉銀	四三五、九〇〇餘	兵餉	江南	卷五二五
四十四年十一月甲午朔己酉	浙省自有倭警以來所加徵山蕩税	五五、〇〇〇餘	兵餉	浙江	卷五五二
四十五年閏十月戊子朔庚戌	浙自倭寇侵擾，悉增田地山蕩税	不詳	給召募兵餉	浙江	卷五六四

表一五所錄列者，乃自嘉靖三十二年六月起，至四十五年閏十月止，前後十三年半，因倭亂而額外支付的各種軍費。因這些資料均來自《明世宗實錄》，故或許有漏記、漏列者，雖然如此，卻可由此看出當時倭亂對國家財政所造成之影響是如何的大。

明朝當局除爲因應倭亂從各方面設法籌措軍費外，對被災地區的難民也非採救濟措施不可。救濟難民雖有種種方式，但就與倭亂有關者言之，就是減免災區民眾的稅賦。減免稅賦的程度雖因時、地之不同而有異，但當時所採方式則如表一六。

表一六：嘉靖後期因倭亂所採減免稅賦情形： **典據：明世宗實錄**

年月日	事由	卷第
三十二年十二月癸酉朔甲申	以蘇、松、常、鎮四府近遭倭患，除光祿寺物料并三十一年以前布疋外，其積逋二十七年至三十一年錢糧皆緩征	卷四〇五
三十三年九月己亥朔	詔停徵蘇、松、常、鎮四府租一年，以被倭故也。	卷四一四
三十三年九月己亥朔癸亥	以倭亂罷浙江今年歲貢魚鮮	卷四一四
三十三年十二月丁卯朔乙亥	以蘇州被倭，暫令滸墅鈔關收折色一年。	卷四一七

三十五年四月己丑朔癸卯	以直隸鎮海、太倉、金山、松江、青村、南匯諸衛所被倭，改徵屯糧折色一年。	卷四三四
三十五年九月丙辰朔戊午	以直隸通州、泰州、江都、泰興、海門、如皋六州縣被倭，免存留稅糧，有差。	卷四三九
三十五年九月丙辰朔乙丑	以直隸應天、池州等府水災，蘇、松、常、鎮四府被倭，各量免秋糧及折徵衛所屯糧，有差。	卷四三九
三十五年十月丙戌朔丁酉	以浙江桐鄉、平湖、慈谿、仙居、嘉興、秀水、嘉善、海鹽、崇德、海寧諸縣被倭，減免稅糧有差。	卷四四〇
三十五年十二月丙戌朔己亥	詔福建巡按御史查勘所部州縣被倭甚者，量留備用贓罰銀并預備倉穀充賑。	卷四四二
三十六年九月辛亥朔丙子	以倭患詔通、泰、高郵三州，寶應、如皋、泰興、安東、山陽、江都、清河、盱眙八縣是年本折馬匹盡行蠲免。	卷四五一
三十六年九月辛亥朔丙子	以倭患免寶應、清河、天長、盱眙、安東五縣稅糧各如例，仍命賑卹傷重之家。	卷四五一
四十四年十月甲子朔丙子	初，福建興化府被倭殘破後，詔莆田縣一應起存錢糧，自四十年起蠲免三年。	卷五五一

表一六所錄列者，乃明廷為因應東南沿海地區受倭寇劫掠災區所採之賑卹措施，大致上其時期能與各地被害時間相對應，這表示明廷雖因倭亂而財政困難，但對廣大地區的災民仍採若干救濟措施。我們雖無從得知這些措施對那些災民有多少裨益，惟就表中所見減免大都為錢糧的情形觀之，實際獲益的可能都是地主階級，佃農與一般大眾則似乎未能享受減免的好處。

由史料所示，當某一地區所受倭寇災害嚴重時，明廷都會免除各該地方機關首長朝覲。乍看起來，這種措施似與國家財賦無關，其實讓那些地方首長無須往返於其任所和京城之間，而能夠將全副精神投注於災區的重建，使災區民眾的日常生活能夠早日獲得安定，恢復生產，這對充裕國家財賦應有相當裨益。

茲將明廷在倭亂最猖獗的嘉靖後期，免除地方正官朝覲的情形表列如下：

表一七：嘉靖後期免除地方首長朝覲情形　　典據：明世宗實錄

年月日	事由	卷第
三十四年八月癸亥朔丁亥	以倭警，免南直隸、兩淮鹽運司、淮、揚、蘇、松、常、鎮諸府，并所屬州、縣，及應天府之句容、溧陽、溧水、高淳、六合、江浦縣，廣德州建平縣，福建之福寧州，及福清、晉江、龍溪、詔安、寧德五縣各正官入覲。	卷四二五

三十四年九月癸巳朔庚子	以倭警，免浙江杭、嘉、湖、寧、紹、溫、台七府并所屬正官朝覲。	卷四二六
三十七年七月丙午朔戊午	以福建福、興、泉、漳四府及長樂、古田等縣被倭，免明年正官入覲。	卷四六一
三十七年閏七月丙子朔丁丑	以倭患，免蘇、松、常、鎮四府正官入覲。	卷四六二
三十七年閏七月丙子朔辛丑	以廣東倭患，免潮州府海陽、饒平、潮陽、揭陽四縣，及海北鹽課司正入覲。	卷四六二
四十年六月己未朔癸未	以倭警，免福建福州、泉州、漳州、汀州、興化等府所屬州、縣正官入覲。	卷四九八
四十年六月己未朔丙戌	以寇警，免廣東惠、潮、南、廉等府，江西南昌、南安、贛州、廣信、吉安、臨江、袁州等府，并所屬州、縣正官入覲。	卷四九八
四十三年六月辛未朔庚子	以福建倭亂，免福、興、泉三府，及福清、莆田、南安、漳浦等縣正官入覲。	卷四三五
四十三年七月辛丑朔辛亥	以廣東倭亂，免惠、潮、韶、肇等府、州、縣官入覲。	卷五三六

由表一五、表一六、表一七可知，在倭寇最猖獗的十六世紀中葉，亦即在嘉靖三十～四十年代，明朝除設法籌措經費以濟軍興；採取各種減免稅賦措施以救助災民，以紓解他們困境；及免除各災區之各級地方首長朝覲，俾使他們有較多時間處理善後外，也還從四方徵調客兵協助戡平倭亂。我們雖無法由此三個表來瞭解東南沿海地區被災的詳情，卻可從而推知明代倭亂對國家社

會所造成的傷害是如何嚴重。采九德在其《倭變事略》〈序〉所謂：

自嘉靖癸丑歲（三十二年，一五五三），倭夷騷動閩、浙、蘇、松之境，中患我邑（海鹽），數載匆靖。幸而漸就殲滅。然東南罷敝極矣。余世居海濱，目擊時變，追惟往昔，四郊廬舍，鞠為煨燼；千隊貔貅，空填溝壑。既傷無辜之軀命，復浚有生之脂膏。聞者興憐，見者隕涕。

當是以最簡短的文字，記述此一時期江南之災情者。采九德是嘉靖年間在浙江海鹽縣任職的官員，他不僅目睹倭寇肆虐的情狀，也還親身體驗海鹽地區被劫掠以後，哀鴻遍野的悲慘情形。故其言信而有徵，而我們對當時倭亂所造成災害重大的推測，也應該八九不離十。

二、對財賦的影響

明朝政府爲平定倭亂，不僅一再調兵遣將，招募兵勇，而且再三撥出太倉銀，或酌留各地應繳中央的種種稅款以充軍餉；或蠲減錢糧以甦民生。尤其在嘉靖初年，因佛郎機人東來騷擾東南沿海地區，及因日本貢使引發之寧波事件，致海禁趨嚴以後，干犯海禁走私者日多，從而衍生的寇盜行爲日益嚴重。在倭寇侵擾下，不僅農民的耕稼受到嚴重影響，一般生產事業也必遭波及，物資的流通也會發生問題。與之同時，因倭亂而來的財稅收入之減少，與政府爲平亂、救卹而增加的開支，必給國家財政帶來負面影響。這種現象在世宗即位後不久就已呈現。嘉靖二年（大永三年，一五二三）五月，御史黎貫說，明初的夏、秋兩稅，麥四百七十餘萬石，現今少九萬石；米二千四百七十餘萬石，如今短少二百五十餘萬石。而宗室之蕃，官吏之冗，內官之眾，軍士之增，悉取給其中。稅賦日損而支費則日加。（註一四）黎貫所說歲出增加的原因雖不侷限於兵員增加，然因倭亂而擴充軍備所增加之軍費必非少數。（註一五）

迄至嘉靖二十年代末期，浙江巡撫朱紈失位後，倭亂較前猖獗。當時不僅須要征勦倭寇，還得重整軍備，這對國家財賦所造成的影響當然更爲嚴重。如據給事中張秉壺的報告，是時邊供繁費，加以土木禱祀之役，月無虛日，因此帑藏匱竭。司農雖百計生財，甚至變賣寺田，收贖軍罪，猶無法供應，乃遣使者括逋賦。遂致民眾嗷嗷待哺，海內騷動。戶部覆議後認爲：天下財賦，每年實徵起存之例，夏稅、秋糧、馬草、屯田地租、食鹽錢鈔、稅課、鹽課、門攤之類，各有定數。成化（一四六五～一四八七）以前，各邊寧謐，百費省約，一歲出入，沛然有餘。今則不然，京通倉糧，歲入三百七十萬石，嘉靖十年以前，每歲軍、匠之米二百八十萬石，廩中常有八九年之積。十年之後，歲支加至五百三十七萬石。抵今所儲僅餘四年。太倉銀庫歲入二百萬兩，先年各邊額用主兵年例銀四十一萬餘兩，各衛所折糧銀二十三萬餘兩，京營馬料銀一十二萬餘兩，倉場糧草銀三十五萬餘兩。一年大約所出一百三十三萬兩，常餘六十七萬兩。嘉靖八年以前內庫積有四百餘萬兩，外庫積有一百餘萬兩。近年則除進用、修邊、給賞、賑災諸項外，每年各邊加募軍銀五十九萬餘兩，防秋、擺邊、設伏、客兵銀一百一十餘萬兩，補歲用不敷鹽銀二十四萬餘兩，馬料銀一十八萬餘兩，商鋪料價銀二十餘萬兩，倉場糧草銀五萬餘兩。一年大約支出三百四十七萬兩，與歲入較之，常多出一百四十七萬兩。如今若不設法解決，長久下去，將至無法措手。(註一六)

戶部所言歲出雖非全屬軍費，其軍費也非全部用在東南沿海地區的禦倭方面，但揆諸當時因浙江巡撫朱紈失位後不復設此一職位，致倭寇日益猖獗的事實，則其用在這個地區的軍費比例一定很高。也就是說，因邊防問題增加許多軍事的開支。

戶部又說，太倉每歲額入銀二百一十二萬五千三百五十五兩，去年（二十八年，一五四九）合節年解欠及括取，共入銀三百九十五萬七千一百一十六兩，其數目較歲額爲多。及計一年的支出，竟多達四百一十二萬二千七百二十七兩，較歲徵數目多達一倍。京通倉糧歲運三百七十萬石，先年常有八年之蓄，本年官軍工匠月糧歲支二百八十餘萬兩，京通蓄積僅餘五年，蓋因連年戍邊，募軍諸費不次增加所致。(註一七)亦即從帳目上看，嘉靖二十八年當時的歲入，是較往年增加了，理應可使帑藏更爲充裕，實則因軍費問題支出多了一倍，致財計絀乏。

如據戶部的統計，嘉靖十九年各邊境的修邊銀進八十萬兩，惟至後來，因倭寇日漸猖獗，所以調動客兵的次數與人數也隨著增加。嘉靖二十八年以後，客兵銀每年增加二百餘萬兩，募軍、調發等銀年加一百餘萬兩。在這種情形下至三十三年時，京通倉米不滿一千萬石，僅能供應兩年支費。太倉所貯庫銀不滿三、四十萬兩，而應發各鎮年例尚欠七、八十萬兩；各項商價則尚欠二十八萬兩，而光祿借、補供應軍士冬衣還未計算在內，故國用困窘，未有甚於此時。(註一八)禮運侍郎鄭曉上〈疏〉謂：因今年（嘉靖三十三年）春末夏初海寇猖獗，乞寬秋糧以救民生，事亦止因江北四府三州秋糧難徵，而乞蠲減之計尚未知，即今海寇猶未斂戢。浙江杭州、嘉興二府，直隸蘇州、松江、常熟、鎮江四府，俱爲財賦重地，嘉靖三十三年既因賊寇而夏麥未得全收，秋苗未得全種。幸而稍有得種者，卻久罹旱魃，屢經賊寇，秋禾未得登場，夏麥未得入土。兩年三熟，收成失望。在此情形下，即使爲富厚之家，已難支持，故貧細之民，盡皆逃徙。更因死於疾疫之屍，餓莩轉於溝壑，而征兵饋餉又急於星火。在此情形下，萬一海寇今冬未能解散，明春將更加縱橫肆虐。如此則耕稼方興，必貽田畯之憂，舟車所至，必有萑蒲之警。如此年復一年，何時休息？田賦日增，軍旅日煩，民力日疲，國計日乏矣。（註一九）由此一〈奏疏〉內容觀之，當時使國家財賦陷於困窘的雖有旱魃等天災的因素存在，然其最大原因應該是倭寇的猖獗。

由於倭寇猖獗，不僅使當地居民無法安居樂業，辛苦栽種的作物也未必能夠全部加以收穫。因此，即使富有之家，也難於支撐，貧困者便只有逃亡以避徵兵、徵餉。復因隨寇亂而來的疾疫之流行，更加深民眾之困苦。結果，遂導致田賦日縮，民力日疲，國計日乏。戶部因此說：計算近日費用，固已顧慮到濟用之艱難，如果預料未來費用，而圖善後之策，則猶有可寒心者。因爲往日海內安寧，時歲豐登，邊陲無久戍之兵，郡縣無流徙之民；倉廩充盈，閭閻殷富；本部猶得以借往時之積，窮搜括之計，資外以供內，借有以濟無。而今太倉乏數年之蓄，而耗蠹者日被於前；內帑缺現年之用，而仰給者日伺於後。加以兵戈迭見，水旱災頻仍。非但輸運不前，反而欲乞免以圖存；非僅搜括不繼，而且欲請計以助費，則漕糧求四百萬之數，銀庫求二百餘萬之銀，固已難集。在此情形下，京師百萬生靈之眾，又何所倚恃？各邊主、客兵四百餘萬之費用，又何所給發？各寺、庫數十萬兩之經費，又如何籌辦？雖欲加派於民，而民力已困；欲借用於官府，而官帑已空虛，又將如何施行方可？（註二〇）

由於征倭戰役未曾間斷，而水、旱災又一再發生，致影響了漕運。加以各地方政府又相繼請求將應解中央的錢糧留在當地支用，致國庫不但始終無法達到欲存的目標，而且也無法發放邊境所需經費，與各寺、庫所請求之經費。因此，戶部又說：臣等以凡庸之才職司國計，值此財用殫竭之時，不知該如何握算縱橫之畫。所以希望陛下博訪廷臣而集眾思，俾各述所見，抒發所懷，於臣等所列增設、加添、因循、侵冒四者，詳議其汰存節縮之宜而加以裁擇，庶群策畢陳而經制之長利可舉。（註二一）

只因天災、倭禍導致國庫空虛，無法支應各方所需錢糧，所以戶部不得不請世宗徵求各臣意見，藉求擺脫此一困境的因應之道。戶部的此一請求雖獲世宗同意，但因受資料限制，無從得知世宗徵求諸臣意見的結果。然就日後的國家財賦未獲改善的情形觀之，當時似未找出解決之道。在此情形下，世宗乃下令清查太倉中庫所貯積銀兩的數目。戶部清查的結果是：先年財賦入多出少，帑藏充盈，續收銀兩貯於堂下兩邊周圍的房屋，以便支發，中庫所藏者則不予動用，故中庫遂有老庫之名。嘉靖十八年以後，因邊方多事，支出八十九萬九千兩餘，目前實際存放者一百一十三萬六千兩餘。（註二二）也就是說，太倉中庫原貯有二百餘萬兩，嘉靖十八年以後因邊境寇亂頻仍，至三十四年七月時已用去五分之二以上。所以世宗遂下令：「中庫所貯，爲備緩急之需，務足一百二十萬兩之數。非有旨欽取，不得妄用。」（註二三）就太倉外庫言之，也因東南苦倭患，其歲入也僅有常數之半，致無法因應邊防之需。（註二四）

此一時期的邊患，雖尚有宣大的虜警而不侷限於倭寇寇掠東南沿海郡縣，但嘉靖三十年代的倭患之達於極點，可由采九德《倭變事略》、鄭若曾《籌海圖編》、徐學聚《嘉靖東南平倭通錄》諸書，及《明世宗實錄》、《明史》的相關記載獲得佐證。

帑藏既已匱竭，入不敷出，自非設法增加歲收不可。謀求增加歲收的最佳捷徑，就是額外提編，亦即增加稅賦。但此提編不僅衍生官員之操守問題，也留下若干嚴重的後遺症。有關後遺症的問題，容於稍後論述。値得重視的是：增加稅賦雖能解決財政困窘於一時，但也使不肖官員藉機斂財，增加人民痛苦。嘉靖三十六年十二月當時的工科給事中徐浦言：浙、直、福建，近因軍興，經費不敷，故額外提編，以濟一時之急。近因奉行非人，因公倍斂，致民不堪命。如今事勢稍寧，正宜培植休息，別求生財之道。而督撫胡宗憲、阮鶚乃於加徵存留之外，仍照前提編。節年所費，漫無稽考。前南京御史愼蒙奏止提編，並請餘歲終差遣給事中清查軍門錢糧。愼蒙同時參原任吏部郎中呂希周指名和買，侵官銀至三萬餘兩，希望能夠嚴行追究。（註二五）即當時擔任浙江總督，肩負征勦倭寇總責的胡宗憲，與擔任福建巡撫，負責福建之平倭工作的阮鶚，及經辦人事的吏部郎中呂希周等人，他們本應設法早日平定寇亂，使民生復甦。但他們不僅未能體卹人民困苦，反而在加徵、存留之外，仍前提編，中飽私囊，或侵用官銀，致爲徐浦所舉發。後來，胡宗憲仍以貪瀆罪名被給事中羅嘉賓，御史龐尙鵬等人告發，（註二六）阮鶚也因斂括民財，爲御史宋翟望等所彈劾，被黜爲民。（註二七）

且說徐浦雖〈疏〉請嚴行追究胡宗憲、阮鶚、呂希周等人的貪瀆行爲，而世宗也將此案件交給戶部處理，但該部尙書方鈍竟依違兩端，蔓辭塞責，既想以年終查盤責成巡按，復使其酙議提編可否具奏。因此，徐浦乃請罷黜方鈍，以戒大臣之不忠者，並將呂希周處以應得之罪。同時還請降敕制止軍門提編，至年終時，差遣給事中前往江南稽查。更請嚴諭胡宗憲、阮鶚，凡事要樽節，不可浪費，增加人民困擾。（註二八）不過當此一〈奏疏〉交到戶部時，方鈍說：人民的困窘本當體卹，不過倭情尤爲可慮。如果地方無備，一時倭患突至，則其焚劫殺傷之慘，將有甚於提編、加派之苦。御史係風紀之官，除弊釐奸係他的本職，如果他盡忠職守，必不致相互掩飾。如恐其弗躬弗親，則給事中查盤，也不過根據司、府造報之數目，轉委司、道等官檢對磨勘而已。何況地方多事，差官適足以擾民，似不如就近責成於巡按爲愈也。且兵無定形，勢難逆料，人馬之虛實，糧餉之增減，時勢之緩急，皆非臣等所可遙議；惟地方巡按能目見而心計它，故加派、提編，必聽御史斟酌具奏，乃可議處施行。事體宜如此，豈敢以蔓辭塞責？至於徐浦所言逮問呂希周，及切責胡宗憲、阮鶚，則宜如其議。（註二九）方鈍認爲加徵、存留雖苦了民眾，但倭患更爲可慮，因爲一旦倭寇來臨，不僅打家劫舍，還可能殺人放火。如果這樣，則其禍害將遠甚於提編、加派之苦。並且他又認爲與其從中央派遣官員前往江南稽查而擾民，不如就近責成巡按御史調查，瞭解實情。更何況當地倭情的變化難於逆料，所以非身在京城者所可遙議，而主張仍舊額外提編、加派，以濟一時之急。至於逮問呂希周，糾正胡宗憲、阮鶚等人的不法行爲，則贊成徐浦的意見。

由上述可知，嘉靖三十年代發生於東南沿海地區的倭亂，不僅使明朝當局不時招募兵勇或調兵遣將，致政府爲因應此一寇亂而花費不少帑藏，當地居民也因此無法從事生產而顛沛流離，甚至家破人亡。結果，嚴重影響了國家的財賦收入。當時的國家財政非但入不敷出，而且有用罄往年所貯積錢糧之虞。爲彌補財賦短缺所作提編、加派雖被部分不肖官員作爲斂財手段而衍生不少問題，但明朝當局卻認爲：「民固所當卹，倭情萬爲可慮」，亦即明政府雖知提編、加派所衍生的弊端，但與倭患較之，則其害較輕微，故不得不仍然採取頗受訾議的，彌補國庫空虛的這種下策。

額外提編、加派不僅給部分不肖官員帶來斂財機會，也留下嚴重的後遺症。即當時東南被倭，南畿、浙江、福建多額外提編，而應天、蘇州、松江等處加派兵餉銀多至四十三萬五千九百餘兩，故應天巡撫周如斗乞減加派。（註三〇）給事中何煃亦具陳南畿困敝。言：「軍門養兵，工部料價，操江募兵，兵備道壯丁，府州縣鄉兵，率爲民累，甚者指一科十，請禁革之。」（註三一）世宗雖採納何煃意見，卻認爲提編之額不能減。因此，至隆慶（一五六七～一五七二）、萬曆年間（一五七三～一六一九），增額既如故，又多無藝之徵，逋糧愈多，規避亦愈巧。已解而逾限或至十餘年，未繳而報收，一縣有至十萬者。逋欠之多，縣各數十萬。幸賴實施一條鞭法，無他苛擾，民力方纔不大絀。（註三二）

由上述可知，原爲紓解國庫空虛所採取的因應措施，竟變成地方官員用以剝削人民的手段，這是明政府始料未及的。

得在此附帶一提的事：當倭亂猖獗而採稅糧減免措施時，其標準如何？當實施額外提編、加派時，以甚麼作標準使人民承受這種負擔？在減免之後又有提編、加派，在此情形下，民眾是否真正享受到減免的好處？這些問題有待日後進一步探討。

註釋：

註一：《明史》〈日本傳〉

註二：朱紈，《甓餘雜集》，卷二，嘉靖二十六年（一五四七）十二月二十六日〈閱視海防事疏〉。

註三：同前註。

註四：《明世宗實錄》，卷四一〇，嘉靖三十三年（一五五四）五月庚子朔條。

註五：《明世宗實錄》，卷四一〇，嘉靖三十三年五月庚子朔己酉（十日）條云：「兵部覆巡按御史孫愼言：『浙江、江北諸郡倭患方殷，蘇、松二三月間所在告急，皆經略失人，軍令不嚴所致。乞敕巡撫屠大山收召忠勇之士，申明誤軍之罰。仍榜諭沿海居民，有能奮勇殺賊者，如軍功陞（陞）賞，所得倭器，悉以與之。……一切軍費，悉從便宜區處。參政翁大立，無事，令往來蘇、松、常、鎮催給糧餉；有事，專任松江，以便調度』」。

註　六：《明世宗實錄》，卷四一二，嘉靖三十三年七月己亥朔乙丑（二十七日）條；卷四二四，嘉靖三十四年（一五五五）七月癸丑朔丁巳（五日）條所引張經〈自理疏〉。又，永順、保靖兵也被徵調，見同書卷四三五，嘉靖三十五年（一五五六）五月戊午朔甲戌（十七日）條。

註　七：鄭曉，《鄭端簡公奏議》（明隆慶四年〔一五七〇〕嘉禾項氏萬卷堂本），卷一〇，淮陽類，嘉靖三十四年六月十二日〈請留江北府州預編徭銀疏〉。

註　八：同前註。

註　九：《明世宗實錄》，卷四二二，嘉靖三十四年五月甲午朔丁未（十四日）條。

註一〇：同前註。

註一一：《明世宗實錄》，卷五一〇，嘉靖四十一年（一五六二）六月癸丑朔丙辰（四日）條。科舉銀，報經樓本、內閣大庫藏舊朱絲闌精鈔本《明世宗實錄》俱作「庫銀」。

註一二：《明神宗實錄》，卷一九，萬曆元年（一五七三）十一月丁丑朔戊寅（二日）條。

註一三：《明穆宗實錄》，卷八，隆慶六年（一五七二）十二月癸丑朔條。

註一四：《明神宗實錄》，卷二七，萬曆二年（一五七四）五月庚午朔辛未（二日）條。

註一五：參看《明史》，卷七八，〈食貨〉，二。

註一六：《明世宗實錄》，卷三五一，嘉靖二十八年（一五四九）八月戊戌朔己亥（二日）條。參看《明史》〈食貨〉，二。

註一七：《明世宗實錄》，卷三五六，嘉靖二十九年（一五五〇）五月丙寅朔甲午（二十九日）條。

註一八：《明世宗實錄》，卷四一四，嘉靖三十三年九月己亥朔乙卯（十七日）條。

註一九：鄭曉，《鄭端簡公奏議》，卷五，嘉靖三十三年十月二十四日〈預處來年漕運疏〉。

註二〇：同註一八。

註二一：同前註。

註二二：《明世宗實錄》，卷四二四，嘉靖三十四年七月癸巳朔戊申（十六日）條。

註二三：同前註。

註二四：《明世宗實錄》，卷四四四，嘉靖三十六年（一五五七）二月乙酉朔甲午（十日）條云：「上諭戶部問太倉銀數。尚書方鈍對言：『外庫銀見在銀十四萬，奏給諸邊者計十九萬有奇，因貯積未之發也』。上曰：『太倉，財源也，今所積不勾常發之，何備之焉，欽取者亦不知備否？其開具回奏』！鈍言：『外庫見在之銀，其十萬兩者，即備欽取數也。十萬之外，僅餘四萬，待有續入者，當悉以供邊』。蓋由邇來東南苦倭患，歲入僅常半數，而京旁諸費，日益浩繁，以故隨入隨出，常發不能給耳」。

註二五：《明世宗實錄》，卷四五四，嘉靖三十六年十二月庚辰朔癸未（四日）條。

註二六：《明史》，卷二〇五，〈胡宗憲傳〉云：「宗憲多權術，喜功名。因〔趙〕文華結嚴嵩父子。……然則編提（提編）均徭之法，加賦額外，民爲困敝，而所侵官帑，斂富人財務亦不貲。嘉賓、尚鵬還，上宗憲侵帑狀，計三萬三千，他冊籍沉滅」。按：給事中羅嘉賓，御史龐尙鵬曾於三十八年倭寇大掠溫州、台州之後，奉詔往勘。

註二七：《明史》，卷二〇五，〈阮鶚傳〉云：「阮鶚者，桐城人。……以附文華、宗憲，得超擢右僉都御史，代宗憲巡撫浙江。又以文華言，特設福建巡撫，即以命鶚。初，在浙不主撫，自桐鄉被（徐海）圍，懼甚。寇犯福州，賂以羅綺、金花及庫銀數萬，又遺巨艦六艘，俾載以走。不能措一籌而斂括民財動千萬計，帷帟、盤盂，率以錦綺、金銀爲之。御史宋儀望等交章劾，逮下刑部。嚴嵩爲屬法司，僅黜爲民。所侵餉數，浮於宗憲，追還之官」。

註二八：同註二四。

註二九：同前註。

註三〇：《明世宗實錄》，卷五二五，嘉靖四十二年（一五六三）九月丙子朔己丑（十四日）條所錄應天巡撫周如斗之〈疏〉。

註三一：《明史》〈食貨〉，二。

註三二：同前註。

第二節　因倭亂傷亡之文官與將士

一、調兵遣將

嘉靖三十二年（天文二十二年，一五五三）至三十六年（弘治三年，一五五七）之間，因以徐海、王直為首的倭寇大肆蹂躪江南，故明廷曾經一再從各地調兵遣將，或增募壯士，預藉此早日戡平倭亂。此一事實見諸載籍，斑斑可考。例如：

○巡撫應天都御史彭黯，巡按御史陶承學等言：「倭勢日熾，非江南脆弱之兵，承平紈袴之將所可辦者，請以便宜調山東、福建等處勁兵，及敕巡視浙江都御史王忬督發兵船，犄角攻勦」。兵部覆：「山東陸兵不閑水鬥，見海滄、月港亦在戒嚴，豈能分兵外援？宜令黯等就近調處州坑兵一二千名，仍隨宜募所屬濱海郡縣義勇、鄉夫，分布防禦，并請命王忬　互相應援。其應用兵船、糧餉、器械、火藥、許徵發在所支用」。（註一）

○兵部覆巡按御史孫慎言，浙江、江北諸郡，倭患方殷，蘇、松二三月間所在告急，皆經略失人，軍令不嚴所致。乞敕巡撫屠大山，收忠勇之士，申明誤軍之罰。（註二）

○給事中王國禎、賀涇，御史溫錦葵等，以倭寇猖獗，逼近留都，各上〈疏〉乞調兵、給餉，……

因薦南京兵部尙書張經堪任總督；調兵當遣御史及本部司官各一員，賚太倉銀六萬兩往山東調發；奏留民兵一枝，及青州等處水陸槍手共六千人，人給軍裝銀十兩，令參將李逢時、許國督赴揚州，聽經調度。（註三）

○命調永順宣慰司彭明輔，保靖宣慰司彭藎臣，各率所部士兵三千人前赴蘇、松勦賊。先是，總督張經議調廣西狼兵及湖廣民兵尙未至，而蘇、松自十月後新倭繼至者又萬餘人；經至是告急，因復以調兵請。許之。（註四）

○本年（嘉靖三十四年）三月初，廣西田州土官瓦氏，及東蘭、南丹、那地、歸順等州狼兵六千餘名，承〔張〕經調至〔江南〕（註五）

○總督南直隸浙福軍務侍郎楊宜言：「吳浙民柔懦不可用，所調客兵日久思歸。今松江、浙東間賊尙千餘，新倭且至，何以禦之？請如正德間（一五〇六～一五二一）每邊擇勁兵二枝，以敢戰將二人領之，期以（三十五年）三月至；河南睢、陳、彰德官軍及毛葫蘆軍，共選三千，隨給甲兵衣費，以宣武等衛帶俸都指揮吳子英等統之，期以二月至」。章下，兵部獨請調河南兵，其邊兵留以備虜。（註六）

○命操江都御史史褒善量調九江、安慶官軍防守京口、峕（一作圖）山等處，添設把總指揮一員領之。初，上從部議，以南京營兵不宜出戍，悉令掣還。及是，江南北俱被倭，自京口以西至南京，各關隘戍守盡仰外兵，不敢發京營一卒。於是應天、常、鎭守臣各稱不便，兵部乃復爲請，于近京龍潭、觀音港、株陵、淳化四處，量發營兵，與在城民兵戍之。其京口去京遠者，聽操江都御史以便宜調別衛軍協守，因有是命。（註七）

○兵部尚書許綸以江南新場餘倭未平，上言二事：「一、請精選嵩、盧（一作廬）、徐、沛之兵爲輕兵，又調募邊兵及廣兵，俱犄角賊巢之傍爲重兵，每戰則以重兵結寨自固，而遣輕兵更出肆（肆）之。其餘不足用者爲冗兵，可復還故鎭。……」詔：「如議行」。（註八）

當時調兵遣將的情形既如此，這不僅表示此一時期倭患之劇烈，也可由此證明文官與儒士及官軍將士傷亡之慘重。

那麼，當時文官、儒生、將士的傷亡情形如何？茲將嘉靖三十二年至三十五年的各書相關記載錄列如下：

1. 文官與儒生

嘉靖三十二年

○知事何常明，與賊戰於杭島山，乘勝追賊，中伏而死。（籌海圖編卷一〇）

○倭寇復入海縣，……縣丞宋鰲戰死。（明世宗實錄卷三九八）

嘉靖三十三年

○倭寇……攻松江府，官軍追戰，敗績，縣丞劉東陽死之。（明世宗實錄卷四〇七）

○浙江倭寇破崇明縣，知縣唐一岑死之。（籌海圖編卷六，卷一〇，明世宗實錄卷四〇九）

嘉靖三十四年

○賊犯慈谿，義士魏鏡死之。（籌海圖編卷一○）

○倭寇常熟縣，知縣王鈇（一作鐵）率兵乘城禦之。賊屢攻不克，移舟泊三里橋。鈇及致仕參政錢泮，率耆民、家丁追賊於上滄港，爲賊所掩擊，俱死，其民丁僅有脫者。（籌海圖編卷六，卷一○，明世宗實錄卷四二二）

○賊攻無錫縣，孝子監生蔡元銳死之。（籌海圖編卷一○）

○賊犯嗚鶴，省祭官杜槐死之。（籌海圖編卷一○）

○倭進據江陰蔡涇閘，分眾犯唐頭。知縣錢錞統狼、民兵禦之，遇賊於九里山。時已薄暮，雷雨大作。賊伏兵四起，狼兵悉奔，惟餘錞及民兵八人，盡死於賊。（籌海圖編卷六，卷一○，明世宗實錄卷四二三）

○高埠逃倭……至嚴州淳安縣，僅六十餘人，……乃趨南陵。縣丞莫逞以三百人守分界山。……賊遂入縣城，縱火大焚居民房屋。蕪湖縣丞陳一道，太平府知事郭樟，各承檄以兵來援。……一道所率皆蕪湖驍健，乃麾眾獨進，爲賊所殺。一道男子義，橫身捍賊刃，死之。（明世宗實錄卷四二四）

○賊自宜興奔蘇州，……流劫杭、嚴、徽、寧、太平、留都，經行數千里，凡殺一御史，一縣丞，二指揮，二把總，入二縣，歷八十餘日始滅。（明世宗實錄卷四二五）

○故省祭官杜槐父文明，主簿畢清，與賊戰於楓嶺，死之。（籌海圖編卷六、卷一○）

○八月，指揮張大綱，生員陳淮，與賊戰於蘇州橫涇，死之。（籌海圖編卷一○）

○監生謝志望，與賊戰於餘姚斤嶺，死之。（籌海圖編卷一○）

○九月，官兵進搗陶宅賊巢，生員于岳死之。（籌海圖編卷一○）

○生員胡夢雷，與堂兄應龍、操六等，率鄉兵與賊戰於東關，手刃數賊，力竭而死。（籌海圖編卷一○）

○倭五千餘人犯浙江平陽縣，……義士吳德四、吳德文與賊戰，俱死之。（籌海圖編卷一○，明世宗實錄卷四二八）

○儒士金應暘，與賊戰於母婆嶺，死之。（籌海圖編卷一○）

嘉靖三十五年

○倭船二十餘艘，自浙江觀海登岸，攻慈谿縣破之，殺鄉官副使王鎔，知府錢煥等，大掠而出，軍民死者數百人。（籌海圖編卷一○，明世宗實錄卷四三四）

○江北倭流劫至岡山、山北等港，無為州同知齊思，率舟師迎戰，敗之，斬首百餘級。思長子敞，次子嵩，叔仲賓，弟實、榮，侄寅、友良、大卿，孫童，俱在行。嵩年十八，驍勇善射，獨前追賊至安港，思等從之。會伏發，賊四面圍合，思等及其家丁錢鳳等二十一人力戰，皆死之。獨嵩、愼、寅三人得脫。（籌海圖編卷六，卷一○）

○官軍與賊戰於雁門嶺，生員倪泰員死之。（籌海圖編卷一〇）

○賊陷慈谿，生員戎良翰，孝子生員馮履祥、向叔、王應麒死之。（籌海圖編卷一〇）

2. 將士

文官與儒生的傷亡情形既如上述，那麼官軍的傷亡情形又如何？此可由表一八了解其梗概。

表一八：嘉靖三十一年至隆慶六年間勦倭官軍傷亡概況

年月	西元	傷亡情形	典據
三十一年三月	一五五二	寇瓊州，殺指揮陳忠言、胡松，百戶郁瑛。	明世宗實錄卷三八三
三十一年四月	一五五二	攻遊仙寨，百戶秦彪死之。	籌海圖編卷一〇
三十一年四月	一五五二	倭寇台州，巡按御史檄知事武緯禦之。緯突入賊中，伏發，眾潰，緯死之。	嘉靖東南平倭通錄
三十一年五月	一五五二	瑞安所百戶李潮、高良，戰於坡南滙高山，死之。	籌海圖編卷一〇
三十二年閏三月	一五五三	官兵與賊戰於烈港，軍人葉七死之。	籌海圖編卷一〇
三十二年四月	一五五三	賊抵新行鎮，所過殺傷十數人。……勇士茅堂、舒惠、敖鎮，素稱勇敢者皆歿，我軍死者十八人。賊自竹林廟經平湖縣地，典史喬父子率兵壯邀擊，喬遇害，兵死者十七人云。	倭變事略

三十二年四月	一五五三	海寇犯太倉州，……是時有失舟倭四十人，至浙江乍浦，……官兵前後遇之，皆敗。凡殺把總，指揮四，千戶一，百戶六，縣丞一，所殺官兵無慮數百人。	明世宗實錄卷三九七
三十二年四月	一五五三	賊犯海鹽孟家堰，千戶宋應瀾死之。	籌海圖編卷一〇
三十二年四月	一五五三	賊犯杭州，指揮吳懋宣禦之於赭山，死之。	籌海圖編卷一〇
三十二年四月	一五五三	賊破乍浦所，百戶陳綬死之。	籌海圖編卷一〇
三十二年四月	一五五三	把總馬呈圖，指揮陳釆煉，百戶王相、姜楫、呂鳳、姚岑，與賊戰於海寧教場，死之。	籌海圖編卷一〇
三十二年四月	一五五三	賊犯平湖，百戶劉、黃與戰，死之。	籌海圖編卷一〇
三十二年四月	一五五三	犯白馬廟，指揮蔡死之。	籌海圖編卷一〇
三十二年四月	一五五三	犯南湖，把總陳，指揮胡死之。	籌海圖編卷一〇
三十二年四月	一五五三	倭犯三江港口，百戶陳、黃死之。	籌海圖編卷一〇
三十二年四月	一五五三	官兵追賊於海鹽海口巡司，千戶王繼隆，百戶楊臣、康綬死之，官軍死者二十人。	籌海圖編卷一〇 倭變事略

三十二年四月	一五五三	賊陷昌國衛，百戶陳表死之。	籌海圖編卷一〇
三十二年四月	一五五三	參將湯克寬，與賊戰於乍浦長沙灣，指揮陳善道，冠帶總旗張儒死之。	籌海圖編卷一〇
三十二年五月	一五五三	倭寇復入上海縣，燒劫縣市，……指揮武尚文戰死。	明世宗實錄卷三九八
三十二年九月	一五五三	賊船十餘隻泊乍浦，湯公率兵來會，……賊出奇兵擊我，松陽葉十戶，嘉興沈隊長等四人被殺，兵民死者百餘人。	倭變事略
三十二年十月	一五五三	總兵湯克寬，督邳、漳等兵擊南沙倭，敗績，亡卒四百餘人	明世宗實錄卷四〇三
三十二年十二月	一五五三	賊登西匯嘴，千戶張應奎，百戶王守正、張永死之。	籌海圖編卷一〇
三十三年四月	一五五四	參降俞大猷，督兵勦普陀山倭寇，我軍半登，賊突出乘之，殺武舉火斌等三百餘人。	嘉靖東南平倭通錄 籌海圖編卷一〇 明世宗實錄卷四〇八
三十三年四月	一五五四	官兵至孟家堰，與賊夾河而戰。賊誘我入伏內，四面攻殺。掌印指揮李元律，處州千戶薛綱，及千總劉大仲皆力戰，死之，亡卒一千四百七十五人。	倭變事略 籌海圖編卷一〇

三十三年四月	一五五四	賊掠糠篩橋而歸，……時省城周都閫及指揮徐行健，率兵兩路追賊。周自山南而下，徐自山北而合。徐失期，周行至菩提寺前，陣如半月形。……周墜馬被殺，兵亡過半。	倭變事略
三十三年四月	一五五四	賊入上海縣，指揮武尚文死之。	籌海圖編卷一〇
三十三年四月	一五五四	賊攻松江府，副千戶童元，巡檢李叢祿死之。	籌海圖編卷一〇
三十三年六月	一五五四	倭寇由吳江轉嘉興，署都指揮僉事夏光督兵禦之，背王江涇而陣。賊鼓譟而前，我兵大潰，光中流矢死。	倭變事略 明世宗實錄卷四一一
三十三年六月	一五五四	寇至太倉劉家河，眾約千餘由官塘經崑山，抵儀亭。……湯、盧、夏、丁、劉五帥會勦於王江涇巡檢司前，勝之。……復戰於杉青閘百步橋，我師敗績。夏總戎遇害，殺溺官兵數百人。賊乘勝登北麗橋，城上射死一賊，退就石條街。焚劫一夜，焰燼亙數百里焉。	倭變事略
三十三年八月	一五五四	山東兵復追倭寇於採淘港，乘勝深入。伏起，我兵大潰，溺水死者千人，指揮劉勇等死之。	嘉靖東南平倭通錄 明世宗實錄卷四一三
三十三年九月	一五五四	賊犯百家山，百戶趙軒、梁踰死之。	籌海圖編卷一〇

三十三年九月	一五五四	賊寇沈家河，都指揮周應禎死之。	籌海圖編卷一〇
三十三年十月	一五五四	百戶張耀，與賊戰於湖頭，死之。	籌海圖編卷一〇
三十三年十月	一五五四	賊至東陽南午嶺，巡檢朱純死之。	籌海圖編卷一〇
三十三年十月	一五五四	賊犯芙蓉海口，指揮戴杞，江九山千戶崔海，鎮撫劉彧，百戶易坎，死之。	籌海圖編卷一〇
三十三年十二月	一五五四	賊入嘉善縣，百戶賴榮華死之。	籌海圖編卷六、一〇
三十四年一月	一五五五	正月朔，柘林倭奪舟犯乍浦、海寧、攻陷崇德縣，又轉掠塘棲、新市、橫塘、雙林等處，復攻德清縣，殺把總梁鶚，指揮周奎、孫魯，百戶陸陵、周應辰、副理問、陶一貫，武生郭周、張景安、朱平、姚清等。	嘉靖東南平倭通錄 籌海圖編卷一〇 明世宗實錄卷四二〇
三十四年一月	一五五五	二十三日，先鋒丁總戎駐兵方炊，會大風起，……掩擊，我軍大潰，覆千餘人，由是賊勢益振。	倭變事略
三十四年一月	一五五五	賊復抵杉青，嘉興兵與戰，止獲四賊，而喪師三千，沒官十二員。	倭變事略
三十四年四月	一五五五	賊犯瑞安縣，守備劉隆。千戶尹，死之。	籌海圖編卷一〇
三十四年四月	一五五五	百戶劉夢祥，與賊戰於崇丘，死之。	籌海圖編卷一〇

三十四年五月	一五五五	倭舟三十餘艘，眾約千人，自海洋突犯蘇州青村所，……南京都督周于德引兵來援，一戰而敗，鎮撫孫憲臣被殺。	明世宗實錄卷四二二
三十四年五月	一五五五	贛榆倭，流劫海州、沭陽，……此賊自日照登岸，不足五十人，流害兩省，殺戮千餘人。	明世宗實錄卷四二二
三十四年五月	一五五五	原屯川沙窪倭賊突犯閘港，……分掠泗涇北簳山。僉事董邦政，游擊周藩，引兵追擊於塘行。我兵驚潰，藩被創死，軍士死傷者三百餘人。	籌海圖編卷一〇 明世宗實錄卷四二二
三十四年六月	一五五五	三板沙倭賊搶民船出洋，……是日，倭舟有被海風飄回者。舟壞，餘賊五十人屯嘉定民家。參政任環以耆兵攻之，不克，傷亡幾三百人，乃投火民宅爇之，賊盡死。	嘉靖東南平倭通錄 明世宗實錄卷四二三
三十四年七月	一五五五	指揮張大綱，生員陳淮，與賊戰於蘇州橫涇，死之；兵卒傷亡亦眾。此賊自紹興高埠奔竄。不過六七十人，……殺戮及戰傷無慮四五千人。	籌海圖編卷一〇 明世宗實錄卷四二五
三十四年九月	一五五五	督察軍務侍郎趙文華，……浙兵分三道，直兵分四道，東西並進。賊悉銳衝，浙江諸營皆潰。我兵擠沉於水及自相蹂躪，死者甚眾，損失軍事凡一千餘人。直兵亦陷伏中，死者二百餘人，由是賊勢益熾。	倭變事略 明世宗實錄卷四二六

三十四年九月	一五五五	官兵進搗陶宅賊巢，指揮邵昇、姚泓死之。	籌海圖編卷一〇
三十四年十月	一五五五	倭二百餘人，自樂清岐頭登岸，流劫黃巖、仙居、寧海等處，所過焚掠。……至楓樹林、慈谿，領兵主簿畢清見殺。	嘉靖東南平倭通錄
三十四年十一月	一五五五	倭二百餘人犯福建莆田縣鎮東等衛，千戶戴洪、高懷德、張鑾俱戰死	籌海圖編卷一〇 明世宗實錄卷四二八
三十四年十一月	一五五五	百戶劉愍，與賊戰於麻園，死之。	籌海圖編卷一〇
三十四年十一月	一五五五	倭五千人犯浙江平陽縣，……殺協守指揮祁嵩。……又倭八十餘人犯舟山，……指揮閔溶，義士吳德四、吳德文與賊戰，死之。	籌海圖編卷一〇 明世宗實錄卷四二八
三十四年十一月	一五五五	倭寇犯福建興化府涵頭舖等處，平海衛正千戶丘珎，副千戶楊一茂與戰，死之。……泉州衛指揮僉事童乾震直奔其壘，斬十餘賊，亦被害。	明世宗實錄卷四二八
三十四年閏十一月	一五五五	倭犯溫州之平陽，守備劉隆率兵禦之，遇賊於三港，敗績，隆及千戶劉綱，百戶張澄，俱死。	嘉靖東南平倭通錄 籌海圖編卷六、一〇 明世宗實錄卷四二九
三十四年閏十一月	一五五五	川兵遊擊曹克新，擊倭於嘉定之高橋，賊殺大渡河千戶李燦，成都衛指揮百戶鄭彥昇。川兵傷及溺死十四，諸軍奪氣。	明世宗實錄卷四二九

三十五年一月	一五五六	松江新場倭，襲敗官軍於四橋，參將尚允紹等十六官員死之，亡其卒千餘。	嘉靖東南平倭通錄 籌海圖編卷一〇 明世宗實錄卷四三一
三十五年一月	一五五六	賊犯青田縣，百戶方存仁死之	籌海圖編卷一〇
三十五年三月	一五五六	福建冬備倭劉，千戶王月，與賊戰於石壁嶺，死之。	嘉靖東南平倭通錄 明世宗實錄卷四三四
三十五年四月	一五五六	賊眾至海鹽北王橋，指揮徐行健率兵迎戰，……徐力戰，死之，兵覆百餘人。	籌海圖編卷一〇
三十五年四月	一五五六	河朔兵有將軍宗禮，裨將霍貫道，鎮撫侯槐、何衡，遇賊，戰於皂林，死之。	倭變事略 籌海圖編卷一〇 明世宗實錄卷四三四
三十五年四月	一五五六	賊犯嘉興，指揮程錄死之。	倭變事略 籌海圖編卷一〇
三十五年四月	一五五六	千戶沈宗玉、王世臣，與賊戰於金山江中，死之。	籌海圖編卷一〇
三十五年四月	一五五六	賊犯揚州，都指揮張恒，千戶羅大爵，百戶曾沂，死之。	籌海圖編卷一〇
三十五年五月	一五五六	千戶韓綱，百戶葉紳，與倭賊戰於七里店及樟村，死之。	籌海圖編卷一〇
三十五年五月	一五五六	遊擊將軍周藩，與賊戰於朱涇，死之。	籌海圖編卷一〇

三十五年五月	一五五六	巡檢劉岱宏，與賊戰於仙居縣東嶺，死之。	籌海圖編卷一〇
三十五年六月	一五五六	百戶帥印，與賊戰於青村得勝港，死之。	籌海圖編卷一〇
三十五年七月	一五五六	浙江巡按御史趙孔昭類奏：倭犯兩浙，前後官軍死事者……溫州府同知黃釗死，處州衛百戶方存仁死。	明世宗實錄卷四三七
三十五年九月	一五五六	官兵搗乍浦賊巢，士官汪相、向鑾死之。	籌海圖編卷一〇
三十五年十月	一五五六	巡按直隸御史吳伯朋類奏倭犯揚州，前後諸臣死事狀。請追錄故同知朱裒，參將張恒，千戶羅大爵，張希嶽，百戶曾沂，王元，鎮撫楊住等。	籌海圖編卷一〇 明世宗實錄卷四四〇
三十五年十二月	一五五六	官兵與賊戰於舟山，冠帶把總莫翁送死之。	籌海圖編卷一〇
三十六年五月	一五五七	揚州倭自淮子沙進犯天長縣，都司沃田，把總岳君寵禦之，皆敗死，亡其卒一百七十餘人。	籌海圖編卷一〇 明世宗實錄卷四四七
三十七年一月	一五五八	賊陷蓬州所，百戶李日芳等死之。	籌海圖編卷一〇
三十七年三月	一五五八	廣東僉事萬仲，分部水陸兵爲東西哨攻倭，……領哨千戶魏岳、島洪死之。	籌海圖編卷一〇 明世宗實錄卷四六〇
三十七年三月	一五五八	百戶秦杭，與賊戰於梁灣港，死之。	籌海圖編卷一〇

三十七年四月	一五五八	倭千餘，攻福建惠安縣丁壯死者數百。	明世宗實錄卷四五六
三十七年四月	一五五八	致仕僉事王德，與賊戰於龍灣，被圍，死戰，遂遇害。	籌海圖編卷一〇
三十七年四月	一五五八	指揮劉茂、朱廷錀，千戶周賓，百戶季爵、劉源等，與賊戰於白巖塘，死之。	籌海圖編卷一〇 明世宗實錄卷四六〇
三十七年六月	一五五八	觀海衛百戶（闕名），與賊戰於柯梅，死之。	籌海圖編卷一〇
三十七年十月	一五五八	賊掠磚頭北塔，守備楊篚因貪功力戰而前，故死之。	籌海圖編卷一〇
三十八年三月	一五五九	賊犯樂清，千戶胡鳳、朱璠、胡珊，百戶姚憲，死之。	籌海圖編卷一〇
三十八年三月	一五五九	官兵與賊戰於奉化江口橋，武士蔡啓元死之。	籌海圖編卷一〇
三十八年四月	一五五九	江北倭趨通州，總兵鄧城遣兵禦之，敗績，指揮張容死之。	明世宗實錄卷四七一
三十八年四月	一五五九	官兵與賊戰於灣頭，千戶蕭，百戶蘇，死之。	籌海圖編卷一〇
三十八年四月	一五五九	千戶趙世勳，鎮撫韓胤，與賊戰於如皋，死之。	籌海圖編卷一〇

三十八年四月	一五五九	官兵搗廟灣賊巢，千總沈儒死之。	籌海圖編卷一〇
三十八年七月	一五五九	江北諸軍追倭至鍋團，參將丘陞與賊戰於洪，死之。	籌海圖編卷一〇 明世宗實錄卷四七四
三十八年十一月	一五五九	指揮夏正爲王直黨徒所支解。	倭變事略 籌海圖編卷一〇
四十一年十一月	一五六二	倭寇攻陷興化府。初，賊至，先犯邵武，殺指揮齊天祥，轉掠羅源、連江等縣，殺遊擊倪祿，遂攻玄鍾所城及寧德縣，入之。會都督劉顯兵未至，賊遂襲入城，殺同知希世亮等。	明世宗實錄卷五一五
四十二年二月	一五六三	福建興化倭寇，結巢崎頭城，與都指揮歐陽深相拒，久之不出。深望見其兵少，輕之，道前挑戰。伏發，深與其部下數百人皆戰死，賊乘勝攻陷平海衛。	明世宗實錄卷五一八
隆慶二年五月	一五六八	先是，倭夷犯溫州，原任廣東僉事王德率鄉兵禦之。德率兵出戰，後兵不繼，死於賊。	明穆宗實錄卷二〇
六年二月	一五七二	倭寇分道犯廣東化州石城縣，攻破錦囊所，殺千戶黃隆，又陷神電衛縣城。	明穆宗實錄卷六六
六年二月	一五七二	先是，廣東惠州海賊六百餘人，破甲子門所，殺千戶董宗儒及軍民二百餘人，掠二百餘人以去，撫寇朱良寶等遂反。名色把總韓國、李時魁領兵禦之。賊夜襲，破國等於洋崗寨，殺二十餘人，擄六百餘人。	明穆宗實錄卷六六

以上所錄列者乃目前在臺灣能見到嘉靖三十一年至隆慶六年，前後共二十一年的紀錄，由這些紀錄，當可瞭解官軍在此一時期因勦倭而傷亡之情況。惟在此所舉者當僅是眾多犧牲者之一部分，其未見載籍者應遠較此爲多，否則便無須再三再四的從全國各地調兵遣將，來因應倭亂了。

二、因倭亂傷亡之民衆

當寇亂發生之際固有許多官員、儒生、將士因勦倭而殺身成仁，但一般民眾之因此喪失生命財產者，應遠較官員、軍人爲多，此一事實無須贅言。故在此擬根據上舉各種文獻史料，來探討此一時期江南民眾因倭亂傷亡之大致情形，並錄列賊寇入侵之際，因不甘受辱而自絕之烈女們事蹟，以彰顯其貞節。

1. 一般民衆

嘉靖三十二年

○四月三日，遁賊沿北新塘而北，經白苧橋，就民家索食，由腹裏抵新行鎮，所過殺傷十餘人。（倭變事略卷一）

○初，賊執一民欲導出海口，怪引入腹內，殺之；復執民以髮貫耳鼻，曳而行。（倭變事略卷一）

○五月十八日，賊數犯平湖，居民死者百餘人。（倭變事略卷一）

○二十五日，……倭船二十七艘泊龍王塘，……賊攻（海鹽）城連三夕，……賊遂瀰漫四入，而

城陷矣。屠殺淫劫，不勝其慘。（倭變事略卷一）

○十一月，此上皆癸丑年（嘉靖三十二年）事。吾〔海〕鹽被寇者四，死者約三千七百有奇。（倭變事略卷一）

嘉靖三十三年

○三月初八日，流賊二百餘，……餘黨流入硤石鎮，歷長安、臨平諸鎮，至餘杭去。惟此賊深入內地，殺掠甚慘，數把里內，人皆竄亡，困苦極矣。（倭變事略卷二）

○賊由海鹽官塘直犯嘉興，……午間至錢給舍就食，殺農人三四，……入姜家，殺伯姪五人。一姪孩提宿床上，殺之，取而漬酒飲之。（倭變事略卷二）

○四月十二日，賊自松江來者，二百十七人，經新行。……越數日，黃灣賊千餘，掠袁花鎮，焚劫甚慘。……抵澉浦，所過數十浬無人煙，海寧大姓多罹其害。廟灣周氏有二庠生，執之，令負擔。不勝，釘手足於樹，殺之。抵朱家柵，宿其家。守港門賊，用布漬油裹長竿燃之，徹夜如晝。隨處掠劫人口，男則導行，戰則令先驅；婦人晝則繅繭，夜則聚而淫之。（倭變事略卷二）

○五月十一日，石墩賊攻澉浦城，……賊回壘不得志，殺男婦千餘以泄怒，見者悲痛。（倭變事略卷二）

○十五日，石墩賊復爲攻澉浦狀，……此黨賊留居吾土，凡四旬有三日，殺害數千人，蕩民產數萬家。（倭變事略卷二）

嘉靖三十四年

○正月初三日，有避寇村婦數百，襁負幼小，齊渡西浦橋。值天雨，橋滑，皆棄兒匍匐以渡。河畔積孩屍甚多，悲號震野。賊掠出袁花鎭，載輜重由黃道湖抵硤石。有先鋒六騎，按劍把截硤石口鎭。値年節，男皆酣飲，婦皆粧飾，不虞寇至。猝忽四發，煙塵蔽天，經三宿，燼猶未熄，死水火者無算。遂西犯崇德，崇德因初築城未就，初九日攻陷之。執一儒學官，一縣尉，咸殺之。（倭變事略卷三）

○五月二十六日暮，〔賊〕抵長安鎭。鎭爲四方通衢，其市民未四鼓，即啓門張燈，以待上下河所到客船。賊與漳人及所擄民，佯就店家買飯，飯畢，遂分入客店擊殺。鎭民騷動出避，傷者、死者塞途；樂土一旦丘墟矣。（倭變事略卷三）

嘉靖三十五年

○四月己亥（十一日），倭船二十餘艘，自浙江觀海登岸，……軍民死者數百人。（明世宗實錄卷四三四）

2. 烈　女

由上舉事例可知，倭寇不僅攻城掠邑，殺害文官武吏及一般民眾，連在床睡覺的幼兒也不放過。因此，他們的暴虐行爲，當然及於一般婦女，而此種不幸事件的發生所在皆有。茲以《籌海圖編》，及各地方志等所見婦女之因不願受辱而自盡的情形，依縣別錄列如下：

嘉興縣

○六烈婦：全氏、周聰妻吳氏、沈茂華妻婁氏、顧惠妻沈氏、吳銓妻費氏、徐胡妻皆遇倭寇投水死。（四庫本浙江通志卷二〇四，萬曆嘉興府志）

海鹽縣

○傅橋妻朱氏：海寧朱天弘女。嘉靖三十五年正月，遇倭賊，欲污之。不從，抱幼子投虞溪橋下。倭以槍引之起，朱罵不絕口。輪槍戮之，貫其額顱，母子同死。（四庫本浙江通志卷二〇五，海鹽縣圖經）

石門縣

○朱阿妹：市民朱潮女。被倭劫至城隍廟橋。朱紿曰：「吾偕祖母來，有金可取」。倭信之。乘間投河，頭觸石柱死。祖母陸亦隨溺焉。（四庫本浙江通志卷二〇五，萬曆崇德縣志）

○姚菊香：市民姚縉義女。聞倭至，言笑自若，眾蚩之。菊香曰：「若輩第怕死耳，死，何怕之有？」及倭至，抱其子自沉於河。數日，屍浮水面，母子相抱如生。（四庫本浙江通志卷二〇五，萬曆崇德縣志）

○陸道弘妻朱氏：年二十七，抱三歲遺孤匿一樓，爲倭所獲，劫之行。氏紿倭，令抱其孤，下樓投井死。（四庫本浙江通志卷二〇五，萬曆崇德縣志）

○朱貴妻范氏：倭犯境，夫妻走避，猝與倭遇。倭揮刀殺貴，氏厲聲奮臂爪倭面。倭怒剖其腹，

罵不絕口而死。（四庫本浙江通志卷二〇五，兩浙名賢錄）

○吳鑾妻戴氏：年二十五，被倭執，將污之。以死力拒，身被數刃而死。（四庫本浙江通志卷二〇五，萬曆崇德縣志）

烏程縣

○錢欽妻茅氏：賊犯烏鎮，氏與姑引舟猝遇之。賊業已擄姑并欲及婦。婦時懷孕九月，又攜一幼男隨舟中。呼曰：「吾母子三人俱死矣」！及手抱男沉河而死。賊憤之，復抽刀剖其腹。御史〈疏〉其事於朝，敕爲立祠。（四庫本浙江通志卷二〇六，籌海圖編卷六）

慈谿縣

○姜阿龍妻桂氏：桂阿寶女。方少艾，賊至，與眾婦走匿。馮氏闢室，室後有池。賊搜室，眾競赴池。賊以手挽之，桂絕袂而死。（四庫本浙江通志卷二〇八，籌海圖編卷六）

○馮謦妻張氏：年二十，歸謦。六年，遇倭寇，偕姑竄匿。其夫爲寇所殺，張亟收夫屍殮葬。未數日，寇復至，張偕姑及妯娌，買舟逃至管山江，爲寇所及。張知不免，曰：「不死，且污賊手，然馮之嗣不可絕也」。以幼子付其姑，偕伯之妻徐氏即沉於江。賊大驚異，遂捨舟中諸婦以去。（四庫本浙江通志卷二〇八，籌海圖編卷六）

○沈氏六烈：章氏，沈祚妻；周氏，沈希曾妻；馮氏，沈信魁妻；柴氏，沈惟瑞妻；孟氏，沈弘量妻；孫氏，沈琳妻。沈爲慈谿思橋巨族，家觀海、鳴鶴之間。家眾至二千人，多驍黠善鬥。

自嘉靖以來，海寇上烏山，燬鳴鶴，縱橫蹂躪。沈氏不惟自衛，且能殲其渠魁，奪其所掠，賊甚讎之。至是，賊大至，沈氏豪誓於眾曰：「無出婦女，無輦貨財，誓以死守，不能者先戮之」！張氏亦示於內曰：「男子死鬥，婦人死義，辱與死等耳」！眾婦皆悚聽。既而賊圍沈氏，群婦聚于一樓。賊散入戶。章氏遽出投於河。周氏、馮氏繼之。柴氏方為夫礪刃，賊已斫戶入。柴即以刃斫賊，旋自刃。孟氏、孫氏，娣姒為賊所得，相持不放。奪賊刃自刺，皆死焉。思橋之難，沈宗婦死難者三十餘，其六人尤烈者也。（四庫本浙江通志卷二〇八，籌海圖編卷六）

○王氏二節：姜氏，余氏娣姒也，遭倭變。奔匿鄰圃。賊窺見二婦，拔刀迫之。余赴池死，姜被亂刃。（四庫本浙江通志卷二〇八，慈谿縣志）

○茅氏女：年十四，父母亡，獨與兄嫂居，其兄瘘臥。賊入縣，嫂出奔，呼之以行。女曰：「吾室女也，去將安之？孰為扶兄」？賊至，遽縱火，女力扶兄避於空屋，俱被燔灼而死。二屍相攣焉。（四庫本浙江通志卷二〇八，籌海圖編卷六）

○錢應文妻朱氏：夫亡守志。嘉靖間，倭入寇，負姑匿空舍，四望俱燼，獨所匿處無恙。奉旨旌表。時有一女，初字尚美，衣飾，賊執欲污之。女詈曰：「汝賊也，吾為儒家婦，豈從賊耶？速殺我，當以血濺汝」！賊怒，刀裂腹死，惜其名不傳。（四庫本浙江通志卷二〇八，嘉靖浙江通志）

奉化縣

○竺欽妻陳氏：嘉靖丙辰（三十五年）五月，倭入奉化。氏少艾，與夫攜姑及女而逃。至徐家渡，倭追甚逼。陳度不能脫，言於姑曰：「辱而生，寧不辱而死」。遂令其夫負其姑，自抱女，投水中死。（四庫本浙江通志卷二〇八，兩浙名賢錄）

鎮海縣

○傅烈女：嘉靖中，昌國傅梓女。年十七，美姿色，未嫁。寇猝至，家故瀕海，遂爲賊所得。女即石自破其面，流血塗地。賊怒，磔之。（四庫本浙江通志卷二〇八，籌海圖編卷六）

○李烈女：昌國人。寇至，執而欲污之。李罵賊不屈，遂投河而死。（四庫本浙江通志卷二〇八，籌海圖編卷六）

○葉小九妻嚴氏：爲賊所執，驅之而前。氏知不免，遂投河而死。（四庫本浙江通志卷二〇八，籌海圖編卷六）

象山縣

○王憲維妻邱氏：賊劫西山，至憲維室。夜時分，賊欲污之。邱氏不從，執木棍擊之，中賊首。賊以刃刺其腹而死。（四庫本浙江通志卷二〇九，嘉靖浙江通志）

○俞衛妻王氏：島寇犯境，衛戰死。氏年甫十七。時孀姑在堂，幼子在抱。家故壁立，旦暮治織紝，佐姑膳。姑歿，歲且儉，有奪之在醮者。抱子泣曰：「吾所不獲從，地下以此藐孤耳」！剪髮自誓，垂死，足不踰戶。（四庫本浙江通志卷二〇九，嘉靖浙江通志）

黃巖縣

○陳克諧妻解氏：名縑奴。年十五。倭寇犯境，克諧娶之以逃。至邑西霓橋，其姑分金授之曰：「賊至，當以贖命」。解泣曰：「有死而已」。及賊至，遂投河而死。（四庫本浙江通志卷二一一，黃巖縣志）

天台縣

○陳音妻曹氏：年二十二。性嫻靜，寡言笑，事舅姑至孝。嘉靖乙卯（三十四年）冬，倭寇入境，隨姑出避。與夫訣曰：「脫有不虞，有死而已」。既而遇寇，度不得全，遂投水中死。寇驚駭而去。其母王氏亦早寡守節。（四庫本浙江通志卷二一一，天台縣志）

○龐氏二女：龐貴女，年十六；龐豪女，年十五。嘉靖乙卯冬，倭寇殺掠至溪畔，逐之急，俱投水死。（四庫本浙江通志卷二一一，天台縣志）

以上所舉者，乃發生於嘉靖三十二年至三十五年之間，因受倭寇寇掠而犧牲生命的江浙地區居民，與在賊寇入侵之際，爲保持己身清白，慷慨赴死的烈女之感人事蹟。惟在此所舉者，也應該只是眾多犧牲者裏的一少部分，其未見載籍者必多。

註釋：

註　一：《明世宗實錄》，卷三九九，嘉靖三十二年（一五五三）六月丙子朔壬辰（十七日）條。

註　二：《明世宗實錄》，卷四一〇，嘉靖三十三年（一五五四）五月庚子朔己酉（十日）條。

註　三：前註所舉書同卷同年同月丁巳（十八日）條。
註　四：《明世宗實錄》，卷四一七，嘉靖三十三年十二月丁卯朔甲戌（八日）條。
註　五：《明世宗實錄》，卷四二二，嘉靖三十四年（一五五五）五月甲午朔乙酉（十六日）條。
註　六：《明世宗實錄》，卷四三一，嘉靖三十五年（一五五六）正月辛酉朔己丑（二十九日）條。
註　七：《明世宗實錄》，卷四三二，嘉靖三十五年二月庚寅朔乙巳（十六日）條。
註　八：《明世宗實錄》，卷四三三，嘉靖三十五年三月庚申朔戊辰（九日）條。

第三節　城鎮之失陷與户口損耗

一、城鎮衛所之失陷

前文已說，明初嚴密的海防措施，至嘉靖年間已面目全非，毫無抗禦敵寇之力。此事就如海道副使譚綸所說，嘉靖年間的衛所官兵既不能以殺賊，又不足以自守，往往歸罪於行伍空虛，徒存尺籍，此言似為正確。然浙中寧、紹、溫、台之沿海諸衛所，環城之內，並無一民眾相雜而廬舍鱗集，難道他們非衛所之人？顧家道殷實者，往往納充吏承，其次賂官出外為商，其次業藝，其次役占，其次搬演雜劇，其次識字，通同該伍，放回附近原籍，歲收常例；其次舍人，皆不操守。即此八項，居十之半，且皆精銳。至於補伍食糧，則反爲疲癃、殘疾、老弱不堪之輩。軍武不振，戰守無資，弊皆坐此。至於逃亡故絕，此特其一節而已。（註一）唐順之也說，明初的海防規劃至爲精密，百年以來，海烽久息。更由於人情怠忽，海防因而毀壞。當時雖在海島近處設水寨以伺敵，後來卻因將士憚於過海，將他們移置海岸，遂致昔日海防設施成爲倭寇賊巢。（註二）在此情形下，倭寇一旦來襲，則既無招架之功，也無還手之力，自屬必然。

在靖倭各戰役中，其所以有時會有無謂犧牲，除上述軍備廢弛，軍紀敗壞，及在戰鬥時欠缺警覺心而中敵伏等因素外，有時竟發生因敵寇來臨時不肯策應，或因指揮官之一時大意，致衛所城被攻陷而居民慘遭屠戮、淫劫之事。例如：當倭賊於嘉靖三十二年（天文二十二年，一五五三）五月寇略海鹽之際，賊曾一連三夜攻城，而於東、北二門外造高三四丈的雲梯數十具。居民乘賊出掠時偷竊那些雲梯獻給官員。守巡之官乃命海鹽縣每獲一雲梯發給三、二兩黃金。因此，倭賊旋造旋失。倭賊寇認爲城中既然有備，則雖竭力進攻亦無益，遂開船駛往乍浦方面。守巡登城樓最高處眺望倭賊行蹤，果然不出所料，係往乍浦。乃回頭對衆人說，「乍浦將無法支撐矣」！

當時乍浦由把總王應麟防守，適逢大雨，乃下令曰：「毋擊梆柝，靜聽之」！過了不久，倭賊遂瀰漫四入，而城淪陷矣。結果，屠戮、淫劫，不勝其慘。（註三）只因王應麟一時大意，疎於防備，致乍浦之萬千軍民遭受一大浩劫。

就倭賊寇掠長江北岸之通州而言，初時賊兵僅有百餘人，鹽徒及脅從千餘人。當時參將解明道擁重兵居於城中；揚州府同知朱裒，儀真守備張壽松，駐紮城外；鳳陽巡撫鄭曉發兵往援，檄原任都指揮月輪統率。輪以非朝命爲辭不至。乃更檄兩淮通判馬崙，原任守備陳津，往會千戶洪岱等共同作戰，然城內、外之兵竟無策應者。岱等因孤軍作戰而敗，與千戶文昌齡、王烈等俱戰死。（註四）事後，解明道、張壽松、月輪等將領雖被處以應得之罪，但在此一戰役所造成之損失已無法挽回。

如據《明世宗實錄》的記載，嘉靖年間倭寇之攻陷城寨，始於三十一年（天文二十一年，一五五二）癸丑朔丙子（二十四日）。當時漳、泉海賊勾引倭奴萬餘人，駕駛千餘艘船，從浙江舟山、象山等處登岸，流劫台州、寧波、紹興之間，攻陷城寨，殺擄居民無數。《嘉靖東南平倭通錄》則僅言：倭寇於同年同月寇台州，巡按御史檄知事武緯抵禦。緯突入賊中時，衆官兵因賊伏發而潰，緯戰死，而未提及溫、寧、紹各府同時被寇，及城寨被攻陷之事。

次年三月，渠魁王直勾諸倭，大舉入寇，連艦數百，蔽海而至，浙東、浙西、江南、江北，濱海數千里，同時告警，破昌國衛。（註五）四月，犯太倉，破上海縣，掠江陰，攻乍浦。八月，劫金山衛，犯崇明及常熟、嘉定。（註六）三十三年正月，自太倉掠蘇州，攻松江，復趨江北，薄通州、泰州。四月，陷嘉善，破崇明，復薄蘇州，入崇德縣。六月，由吳江掠嘉興，還屯柘林。縱橫來往，如入無人之境。（註七）三十四年正月，倭賊奪舟楫犯乍浦、海寧，陷崇德，轉掠塘棲、新市、橫塘、雙林等處，攻德清縣。五月，復合新到之倭，突犯嘉興，至王江涇，被浙江總督張經擊斬一千九百餘級，餘賊奔柘林。（註八）十月，倭自樂清登岸，流劫黃巖、仙居、奉化、餘姚、上虞而被殺擄者不計其數。其間，靖倭督撫也由王忬、李天寵、張經、周琉、楊宜、胡宗憲而一再更迭。及工部右侍郎趙文華至江南祭海神，督察軍情之際，又顛倒功罪，搆陷功臣，此事對勦倭工作所造成之負面影響實難估計。（註九）

在嘉靖三十年代前半，倭寇寇略的地方以江南及浙之東西爲主，惟自渠魁徐海於三十五年八月，在浙江平湖之梁莊爲浙江總督胡宗憲所滅，及渠魁王直於三十七年正月，被宗憲誘捕，收押於按察司獄後，情勢便有所改變。直在縲絏之中時，其徒黨以宗憲食言而憤慨異常，乃焚舟登山，據岑港固守以爲報復。越明年，新倭大至，屢寇浙東三郡。其在岑港之王直餘黨毛烈（毛海峰、王激）等，於直被捕之年，徐移之舟山群島之柯梅，造舟出海，同年揚帆南去，泊泉州之浯嶼，掠同安、惠安、南安諸縣。攻福寧州，破福安、寧德而閩、廣各地屢遭其殃，連府城也被攻陷。

當倭賊來寇時，雖有上海縣知縣喻顯科似的逃匿，或如福建軍務副都御史阮鶚之取布政司庫銀賄賂賊徒，使之離去，更有如月輪之坐視不救者，但這些畢竟屬於例外，絕大多數官員都能盡忠職守，捍衛家園，爲國、爲自己轄區之平安而犧牲生命。當時不僅府、州、縣城屢被攻陷，地方官員也常遭殺害，這些事實對當時社會的秩序，產業的發達，物品的流通，或其他一切經濟活動，居住環境所造成之傷害，實難於估計。

茲將嘉靖以後至萬曆初年東南沿海地區的城鎮、衛、所被寇掠的情形表列如下：

表一九：嘉靖以後倭寇寇掠城鎮、衛、所情形

寇掠年月	西元	被寇掠城鎮
嘉靖十二年十月	一五三三	台州　溫州　寧波
二十六年六月	一五四七	台州　溫州　紹興　寧波　福寧州　寧波　台州
三十一年三月	一五五二	瓊州
三十一年四月	一五五二	紹興　寧波　象山　台州　普陀山
三十一年八月	一五五二	○黃巖
三十二年二月	一五五三	溫州
三十二年閏三月	一五五三	台州　松江　紹興　蘇州　湖州　寧波　嘉興
三十二年四月	一五五三	○臨山衛　松陽　海州　○嶼所　太倉　海鹽　太倉　海鹽　海寧　乍浦　○昌國衛
三十二年五月	一五五三	海鹽　寧化　○上海　○乍浦　奉化

三十二年七月	一五五三	上海　餘姚　〇南滙所　象山　慈谿　〇錢倉　黃巖　會稽
三十二年八月	一五五三	嘉定　常熟　金山衛
三十二年九月	一五五三	上海　寶山　金山衛　崇缺
三十二年十月	一五五三	寶山　陶宅　太倉　福山港　南日水寨　周浦
三十二年十一月	一五五三	新場　南滙所　嘉定
三十三年一月	一五五四	松江　泰州　通州　蘇州
三十三年二月	一五五四	松江　黃浦　南日水寨
三十三年三月	一五五四	徐州　通州　泰州
三十三年四月	一五五四	〇嘉興〇乍浦　海寧　嘉興　德清　〇海鹽　松江　泰州　〇崇德
三十三年五月	一五五四	蘇州　〇崇德　青村所　如皐
三十三年六月	一五五四	吳江　嘉興
三十三年七月	一五五四	〇南陵

三十三年八月	一五五四	宜興　南京　南陵　杭州　常州　無錫　溧水　溧陽　秣陵關　惠山　涇縣　滸墅關　蕪湖　徽州　旌德　柘林　嘉定　太平府
三十三年九月	一五五四	呂四場　海門
三十三年十月	一五五四	上虞　黃巖　仙居　奉化　樂清　餘姚　嵊縣　上海　金山　嘉興　永康　餘姚　東陽
三十三年十一月	一五五四	橫涇　松江　○青村所　湖州　嘉興
三十三年十二月	一五五四	紹興　健跳所　○青村所
三十四年一月	一五五五	乍浦　海寧　○崇德　新市　塘棲　雙林
三十四年閏一月	一五五五	青浦
三十四年二月	一五五五	淮安
三十四年四月	一五五五	福清　○川沙窪　○柘林　呂四場　狼山　海門　通州　淮陰　揚州　餘西　餘東　海門　淮安　鹽城　江陰　常熟　海州　狼山
三十四年五月	一五五五	王江涇　平望　嘉興　上海　崑山　陶宅　日照　安東　呂四場　淮安　贛榆　江陰　無錫　常熟　滸墅關　蘇州　沭陽　清河　海州　桃園　王江涇　常熟　○周浦

三十四年六月	一五五五	上虞 江陰 杭州 會稽 爵溪 ○江陰 平望 吳江 嘉興 嘉定 三爿沙
三十四年七月	一五五五	杭州 淳安 涇縣 旌徳 徽州 白茆港 江陰 金涇 寶山 太平府 江寧 秣陵關 蕪湖 江陰 三爿沙 ○南陵
三十四年八月	一五五五	夾岡 秣陵關 ○溧水 江寧 南京 淳安 宜興 常州 望亭 溧陽 陶宅 華亭滸墅關 蔡廟港
三十四年十月	一五五五	○川沙窪 上海 南匯所 沈家門 上虞 台州 仙居 黃巖 樂清 寧波 寧海 會稽 ○周浦
三十四年十一月	一五五五	興化 鎮東衛 川沙窪 平陽 普陀山 福清 興化
三十四年閏十一月	一五五五	○南匯所 平陽 樂清 上虞 會稽
三十五年	一五五六	雙林
三十五年三月	一五五六	乍浦 松江
三十五年四月	一五五六	○慈谿 鎮江 山北 皂林 烏鎮 ○慈谿 餘杭 梁莊 皂林 通州 清河
三十五年五月	一五五六	通州 清河
三十五年六月	一五五六	潮州 七了港 黃浦 ○仙居

三十五年七月	一五五六	桐鄉　丹陽
三十五年八月	一五五六	梁莊
三十五年九月	一五五六	古田
三十五年十月	一五五六	○詔安
三十六年	一五五七	浯嶼　樂清
三十六年一月	一五五七	周浦
三十六年三月	一五五七	嘉興
三十六年四月	一五五七	觀海　呂四場　海門　如皋　金沙　泰興　通州　掘港　揚州　如皋　高郵
三十六年十月	一五五七	○岑港
三十六年十一月	一五五七	浯嶼
三十七年一月	一五五八	潮州　○蓬州所
三十七年四月	一五五八	台州　泉州　福州　溫州　象山　樂清　興化　○福清　惠安

三十七年五月	一五五八	岑港
三十七年六月	一五五八	樂清　○南安　泉州　○福清　漳州　興化
三十七年七月	一五五八	岑港
三十八年二月	一五五九	詔安　漳浦
三十八年三月	一五五九	三片沙
三十八年四月	一五五九	海門　揚州　海豐　○黃岡巡司　饒平　泉州　○福安　福州　福清 福寧州　浯嶼　詔安　梅花洋　興化　漳州　漳浦　福州　福寧州 連江　閩縣　羅源　揚州　淮安　白浦　海門　環安　長樂　郎山 三片沙　饒平
三十八年五月	一五五九	通州○永福
三十八年七月	一五五九	七星港
三十八年八月	一五五九	白駒場
三十八年九月	一五五九	永安　同安　泉州　福州　福清　惠安　漳州　興化
三十八年十一月	一五五九	長樂　福清　梅花洋
三十九年一月	一五六〇	○南匯所　泰興

三十九年二月	一五六〇	潮州　泰順　桐山
三十九年五月	一五六〇	平和　○崇武所　詔安
三十九年八月	一五六〇	沙縣　○泰寧
四十年二月	一五六一	沙縣　泰寧　閩清
四十年閏五月	一五六一	光澤　寧化
四十年七月	一五六一	○大城所　台州　福寧州　溫州　詔安
四十年十一月	一五六一	汀州　泉州　○南靖　福州　漳州　興化
四十一年一月	一五六二	古田　永安　同安　南安　惠安　○永寧衛
四十一年七月	一五六二	寧波
四十一年十月	一五六二	政和　福清　福寧州
四十一年十一月	一五六二	連江　古田　玄鍾所　松溪　○政和　福清　梅花洋　○寧德　○壽寧　龍巖　○興化
四十二年一月	一五六三	潮州　玄鍾所
四十二年二月	一五六三	興化　長樂　政和　福清　連江　梅花洋　○寧德　羅源　○平海衛　饒平

四十二年三月	一五六三	福清
四十二年八月	一五六三	○平海衛
四十三年	一五六四	東莞
四十三年二月	一五六四	仙遊　同安　漳浦
四十三年六月	一五六四	甲子所　海豐
四十四年四月	一五六五	呂四場　通州　台州　溫州　福寧州　三沙巡司
四十五年	一五六六	寧波　漳州　漳浦　雞籠
隆慶三年三月	一五六九	甲子所　○碣石所　海豐
四年一月	一五七〇	廣海衛
四年五月	一五七〇	○廣海衛　東莞　澄邁
六年	一五七二	文昌　樂會
六年二月	一五七二	化州　吳川　○錦囊所　○神電衛　○甲子門所　海豐　陽江　○高州

六年五月	一五七二	○神電衛 ○錦囊所 ○甲子所 惠來 廣海衛 雷州 廉州 瓊州 ○雙魚所
萬曆二年七月	一五七四	寧波 ○雙魚所
三年一月	一五七五	○雙魚所
三年三月	一五七五	電白
八年	一五八○	東湧 澎湖
十年八月	一五八二	東湧 廣海衛 澎湖

典據：明實錄、籌海圖編

說明：⑴地名依被寇掠先後排列，在同一日被寇掠者則依筆劃排列。

⑵地名前有「○」號者，表示被攻陷。

⑶如同一地名在同一欄內出現兩次，表示該地在同一個月內被寇掠兩次。

由表一九可知，倭寇最猖獗的時期在嘉靖三十二年至四十五年之間。自三十二年開始猖獗之倭寇可與《明史》〈日本傳〉所記載同一時期之肆虐情形相印證。當徐海、陳東、麻葉等渠魁於三十五年七、八月間，在乍浦之梁莊爲浙江總督胡宗憲所滅後，賊勢雖一時稍微收斂，惟當渠魁王直於三十七年八月被宗憲誘捕，收押於按察司獄後，其徒黨遂恨自己爲官府所紿，且痛懺悔之途梗塞，乃與他倭糾結，肆虐沿海府州縣以爲報復。《明史》〈日本傳〉於記載嘉靖三十七年以後倭寇寇掠之梗概時所謂：「逾年，新倭大至，屢寇浙東三郡。其在岑港者，徐移至柯梅，造新舟出海，宗憲不之追。十一月，賊揚帆南去，泊泉州之浯嶼，掠南安、惠安、同安諸縣。攻福寧州，破福安、寧德。」即說明其中情形者，而此一記載一與表九所示三十七年以後之寇掠情形相符。至於胡宗憲不追擊自柯梅南移倭寇的經緯，可參看拙著〈胡宗憲與靖倭之役〉，或《明代中日關係研究》，頁四二八至四四八。

我們亦可由表一九得知，從嘉靖三十一年八月，黃巖被攻陷時起，至萬曆三年一月，雙魚所第三度淪陷爲止的二十四年間，縣城及衛、所城之陷於敵手凡六十六次，其中，軍事要地有臨山、永寧、廣海、神電、平海、昌國等六衛，及浯嶼、乍浦、南滙、青村、蓬州、崇武、碣石、錦囊、雙魚、甲子等十所，及黃岡巡檢司。此十六處軍事基地中，南滙所與雙嶼所各被攻陷三次，蓬州、崇武、碣石三所，與永寧、廣海、永平、昌國四衛各一次外，其餘九衛、所各淪陷兩次；城鎮之被攻陷兩次者則有崇德、川沙窪、周浦、慈谿、福清、寧德等。因此實際被攻破之軍事基地與城鎮之總數爲四十九處，一般城鎮之被攻陷者則有：黃巖、上海、新場、嘉興、海鹽、崇明、崇德、南陵、川沙窪、柘林、周浦、江陰、溧水、慈谿、仙居、詔安、寶應、天長、盱眙、安東、清河、岑港、福清、南安、福安、永福、泰寧、南靖、政和、寧德、壽寧、興化等三十二處，其中淪陷兩次者有崇德、南陵、川沙窪、周浦、慈谿、福清、寧德等七處。其被寇掠之地區則遍及至個東南沿海地區，與台灣之澎湖、雞籠。因雞籠被寇時期在嘉靖末，故姑且將其列為四十五年。其有關整個明代倭寇寇掠地區之分布、寇掠日期等，則請參看拙著《明代中日關係研究》，或《明・日關係史の研究》所附圖十二至圖十六。

二、戶口之損耗

倭寇既然攻城掠邑，殺害官員，則除姦淫擄掠外，對一般民眾也必有殺傷。徐學聚說：「正統四年（永享十一年，一四三九）倭寇大嵩，入桃渚，官庾民舍，劫掠一空。」（註一〇）楊守陳則說：「正統年間，倭寇入桃渚，侵犯大嵩，劫掠倉庾，焚燒房舍。賊沙蒸庶，積骸流血如陵。並且縛嬰兒於柱上，澆以沸湯，視其啼號，以為笑樂。捕得孕婦，則推測其所懷孕者為男或女，則剔視以賭酒。荒淫污穢，至有不可言者。民眾之少壯，與其粟帛，席卷而歸巢穴。至越野蕭條，來往者見而隕涕。」（註一一）

上述者固為倭寇暴虐事，且東南沿海地區居民之因此一寇亂而死傷者指不勝屈，此事可以本章第二節所錄列「因倭亂傷亡之民眾」窺見其一斑。

倭賊既劫掠東南沿海地區，公然抵抗官軍，使地方官員傷亡，殺擄一般男女老幼，及焚毀許多官民廨舍，則必嚴重影響地方治安。所以此一地區之居民非但無法安居樂業，而且隨時都會有喪失生命、財產之虞。在此情形下，戶口之會有損耗，自屬必然。茲以福建地方，及爲日本貢使必經之地，且曾有一段時間成爲王直徒黨巢穴之定海等縣爲例，以窺當時戶口因倭亂受損之情形。

1. 莆田縣

福建興化府莆田縣之被寇掠，始於嘉靖三十四年十一月壬辰朔乙未（四日），《明世宗實錄》紀錄此事曰：「倭二百餘人，犯福建莆田縣鎮東等衛，千戶戴洪、高懷德、張鑾俱戰死」。又曰：「倭寇犯福建興化府涵頭鋪等處，平海衛正千戶丘珎，副千戶楊一茂與戰，死之。」（註一二）又如據該書的記載，之後該地區於三十七年四月四日、六月二十日；三十八年四月五日、九月十六日；四十年十一月一日；四十一年十一月二十九日；四十二年二月二十八日被寇掠，且如前文所說，自四十一年十一月至次年二月，陷入敵手達三個月之久。又如據光緒五年《莆田縣志》卷五〈賦役志〉的記載，該縣在弘治五年（明應三年，一四九四）有軍民等戶二六、二七一，口一六五、四八一；嘉靖三十一年（天文二十一年，一五五二）有戶二七、九四三，口一六六、七三〇。亦即從弘治五年至嘉靖三十一年的約六十年裏，戶增一、六七二，口增一、二四九。惟至嘉靖四十一年（永祿五年，一五六二），卻僅存戶二五、八五一，口一四七、三一六，亦即四十一年的戶數較三十一年減少二、〇九二，口減二一、四一四。《莆田縣志》嘉靖四十一年戶口數下的雙行註言其戶口減少的原因，在於受倭寇寇掠的影響，曰：「是年倭變，井邑蕭條」。

表二〇：莆田縣戶口變遷情形

年分	弘治五年（一四九四）	嘉靖三十一年（一五五二）	嘉靖四十一年（一五六二）
戶數	二六、二七一	二七、九四三	二五、八五一
口數	一六五、四八一	一六六、七三〇	一四七、三一六

典據：光緒五年《莆田縣志》，卷五，〈賦役志〉。

我們如再根據萬曆三年（一五七五）序刊之《興化府志》卷四〈田賦志〉的記載，其所錄莆田縣上舉三年分之戶、口數，與《莆田縣志》相同，並且在其〈田賦志〉卷末記謂：「吾郡國初黔黎繁庶，弘〔治〕、正〔德〕之間稍減異時。迨嘉靖壬戌（三十一年），兵役駢臻，十損四五矣」！可見興化府，尤其它所管轄之莆田縣戶口之所以損耗的原因，在於受嘉靖三四十年代倭寇寇掠的影響。此事亦可由萬曆三年《興化府志》所記，在同一時期未曾被寇掠的仙遊縣戶口之持續增加的情形獲得佐證。

2.福寧州

如據《明太祖實錄》的記載，福寧州早在洪武五年（文中元年、應安五年，一三七二）八月，已爲倭寇所掠，永樂十六年（應永二十五年，一四一八）復遭蹂躪。此後百餘年間，平安無事。

直至嘉靖二十七年（天文十七年，一五四八）六月，再受其害。《明世宗實錄》嘉靖二十七年九月癸亥朔己亥（二十七日）條謂：前此六月二十七日，海賊嘯聚福寧州流江等澳，拒傷官軍。七月二十八日，仍流劫黃崎等澳。署印副使張謙，率兵將其擊敗。因被擊敗，故未能達到劫掠目的。同書嘉靖三十八年（永祿二年，一五五九）四月壬寅朔丙午（五日）條則說：福建新倭大至，且多賚攻具，先攻福寧州城。經旬不克，乃移攻福安縣，將其攻破。亦即倭寇攜帶攻城器具進攻福寧州，因經旬不克，乃移攻福安縣城，使之淪陷。然在八日後，又在福寧州之連江、羅源等處流劫。（註一三）此後則於四十一年十月，及四十四年四月，前後兩次受其寇掠，（註一四）致其戶口有損耗。

如據萬曆二十一年（文祿二年，一五九三）《福寧州志》卷四，〈食貨〉〈戶口〉條的記載，該州自嘉靖十一年起，至萬曆二十年之間的戶口變遷情形是：嘉靖十一年有戶六、一三八，口一八、三六五；三十年後的嘉靖四十一年有戶六、四五六，口一八、七一二；亦即在這三十年間，戶增三一八，口增三四七而速度緩慢。再經三十年後的萬曆二十年，其戶數爲六、五二九，口數一九、二三五。此與嘉靖四十一年較之，戶增七三，口增三四七。其戶數之增加數字並不大，口數則較前三年多出二九而已。如據《福寧州志》卷四〈糧餉〉條的記載，嘉靖間倭寇入侵福建時，曾攻福寧州城三晝夜，不拔而去。攻福安城時，則將其攻陷，然後陷寧德。當時焚燒、屠戮之慘，致使天地晦冥，提兵者望塵走避，而沒有人敢接近他們。迄至嘉靖三十八年，參將黎鵬舉覆倭船於火焰山；四十一年，戚繼光殲倭壘於橫嶼；次年，把總金科、葉大正俘倭首於利埕。於是民憤稍舒，而荷戈之士始輕島夷，負壯志。可見福寧州戶口增加速度緩慢的原因，也是受倭寇蹂躪之影響。

表二一：福寧州戶口變遷情形

年分	戶數	口數
嘉靖十一年（一五三二）	六、一三八	一八、三六五
嘉靖四十一年（一五六二）	六、四五六	一八、七一二
萬曆二十年（一五九二）	六、五二九	一九、二三五

典據：萬曆二十年《福寧州志》，卷四，〈食貨志〉「戶口」。

3. 泉州府

泉州府之受倭寇寇掠，始於嘉靖三十七年（永祿元年，一五五八）。《籌海圖編》卷四〈福建倭變紀〉記謂：「五月，賊攻泉州府」，然後說，賊復自惠安進犯府城。巡按御史樊獻科親自督兵禦敵，使敵退走。萬曆四十年《泉州府志》卷二四〈雜志〉「海賊類」嘉靖三十七年條則說：倭賊自郡城石筍橋燔民居。因城中固守，乃從烏石南離去。又說：嘉靖三十七年，倭入寇，譙樓燬。可證。

泉州被寇掠的次數，雖較其鄰近的福寧州或福清、莆田等縣少，但該府之戶口也因其寇掠而有所損耗，此一事實無法否認。就表二二觀之，嘉靖元年時，該府有戶四二、三三七，口二一二、九〇三，四十年後的嘉靖四十一年（永祿五年，一五六二），其戶口理應有所增加，其實不然。戶數雖有四八、二四三而較前增加六、九〇六，但口數卻減爲一六九、九三五，亦即減少四二、九六八。在此以後，也就是說倭亂逐漸平息後，方纔有逐漸增加的跡象。自嘉靖元年至四十一年的四十年間，泉州府人口劇減的時期，應在嘉靖三十年代後半，因爲如據《明世宗實錄》的記載，該府自三十七年至四十年的四年間，曾被寇掠五次，而萬曆四十年《泉州府志》卷六〈版籍志〉上「戶口」條所謂：「自嘉靖以來，煦育日久，黎庶蕃殷。逮季年，倭夷入寇，兵火、癘疫之餘，戶口十損六七」可爲佐證。惟値得注意的是使泉州人口減少的原因，除倭寇之肆虐外，尚有疾疫作祟。

表二二：泉州府戶口變遷情形

年分	戶數	口數
嘉靖元年（一五二二）	四二、三三七	二一二、九〇三
嘉靖四十一年（一五六二）	四八、二四三	一六九、九三五
萬曆二十年（一五九二）	四八、七〇四	一九〇、三四九

典據：萬曆四十年《泉州府志》，卷六，〈版籍志〉，二，「戶口」條。

由上舉三例可知，倭寇對戶口所造成之損失是如何的大，如何的嚴重。這些事例固爲福建方面的，但在江南地方的情形亦復如此。就日本貢使必經之地，且曾成爲渠魁王直徒黨毛海峰等人巢穴的定海縣言之，該縣嘉靖二十一年之戶數爲一四、〇一七，口數三八、七一〇；十年後的三十一年之戶數未增加，口數則爲三八、七四八而僅增三十八口；再經十年後的戶數、口數亦毫無增加。四十一年的戶口與三十一年雷同之現象容或有商榷餘地，（註一五）然如從當時該地的情勢觀之，即使有所增加，其幅度也不可能很大。

表二三：定海縣戶口變遷情形

年分	嘉靖二十一年（一五四二）	嘉靖三十一年（一五五二）	嘉靖四十一年（一五六二）
戶數	一四、〇一七	一四、〇一七	一四、〇一七
口數	三八、七一〇	三八、七四八	三八、七四八

典據：嘉靖《定海縣縣志》，卷八，〈物土志〉，「戶口」條。

倭亂既使各地居民喪失生命財產，也使他們顛沛流離。在此情況下，要使戶口持續增加，實不可能。此事就如今日動盪不安的國家如伊拉克，或巴勒斯坦而言，亦復如此。

以上係就城鎮之失守，與戶口損耗問題，來探討明嘉靖年間東南沿海地區因倭亂所導致社會殘破之一端。

就城鎮衛所之淪陷問題而言，其所以會失守的原因，除上述軍備廢弛、軍紀不振，軍心怯懦等因素外，各部隊間的默契不足，戰略失誤，警覺心低，或無城可守等，也都使他們陷入敵手的重要因素。所以當時雖一再從全國各地調派部隊至東南沿海地區，但對整個靖倭戰役的助益並不大。幸虧後來因軍備逐漸充實，戰術有所改善，軍心漸次恢復自信，方纔把戰局扭轉過來。

註釋：

註一：鄭若曾，《籌海圖編》，卷一一，〈經略〉，一，「實行伍」條所引海道副使譚綸之言。

註二：唐順之，《荊川外集》（明萬曆九年〔一五八一〕純百齋刊本），卷二，〈條陳海防事略疏〉。

註三：采九德，《倭變事略》，卷四，嘉靖三十五年（一五五六）五月二十五日條。

註四：徐學聚，《嘉靖東南平倭通錄》，嘉靖三十三年（一五五四）四月條。

註五：《明史》〈日本傳〉。

註六：同前註。

註七：同前註。

註八：鄭若曾，《籌海圖編》，卷九，〈大捷考〉「王江涇之捷」。參看鄭樑生，〈張經與王江涇之捷〉，鄭著，《中日關係史研究論集》，第五集（臺北，文史哲出版社，民國八十四年〔一九九五〕），頁七五

～一〇八。

註　九：參看鄭樑生，〈明嘉靖間靖倭督撫之更迭與趙文華之督察軍情〉，鄭著，《中日關係史研究論集》，第七集（臺北，文史哲出版社，民國八十六年〔一九九七〕），頁七九～一二五。

註一〇：徐學聚，《國朝典彙》（明天啓四年〔一六二四〕刊本），卷一六九，〈兵部〉，三，「日本」。谷應泰，《明史紀事本末》（中華書局本），卷五五，〈沿海倭亂〉。

註一一：鄭若曾，《籌海圖編》，卷一二，〈經略〉，二，「通貢道」所錄尙書楊守陳之言。此言並見於茅元儀，《武備志》（明天啓元年〔一六二一〕刊本），卷二三〇，〈四夷〉，八，「日本考」；葉向高，《四夷考》（明萬曆刊本）〈日本考〉；朱吾弼等編，《皇留臺奏議》（明萬曆原刊本），卷一五，〈兵防類〉所錄張翀，〈杜狡夷以安中土疏〉。

註一二：《明世宗實錄》，卷四二八，嘉靖三十四年十一月壬辰朔庚申（二十九日）條。

註一三：《明世宗實錄》，卷四七一，嘉靖三十八年（一五五八）四月壬寅朔甲寅（十三日）條。

註一四：《明世宗實錄》，卷五一五，嘉靖四十一年十一月辛巳朔己酉（二十九日）；卷五一七，嘉靖四十二年正月庚辰朔壬寅（二十三日）；卷五一八，同年二月庚戌朔丁丑（二十八日）各條。

註一五：其所以雷同，可能與其資料之因倭亂而散逸或毀壞有關。在其他方志中亦多見因散佚或毀損而錄列以往資料之情形。

第六章 結 論

由上述可知，明代倭寇實肇因於明太祖朱元璋所實施之海禁政策。朱元璋雖因倭寇問題實施海禁，卻因此海禁不僅無法根絕倭寇之肆虐，反而衍生更多的問題。

元末，中國東南沿海地區已有被倭寇寇掠的事實，而朱元璋於其即皇位之次年即受其騷擾。因此，他雖數次遣使招諭日本，欲利用外交方式禁戢倭寇，並未達到目的。迄至其孫惠帝在位之建文三年（應永八年，一四一〇）。日本室町幕府第三任將軍足利義滿以祖阿、肥富爲正副使，齎〈表文〉，具方物朝貢中國後，中、日兩國方纔恢復自唐末以來中斷的正式邦交，而義滿頗能順應明朝政府的要求取締倭寇，並將渠魁及被擄中國男婦送還，故明廷不惜給予很高評價，成祖認爲「王之忠誠，可以貫金石，可以通神明。允合天心，式慰朕望。自今海隅肅清，居民無警，得以安其所樂，雞豚狗彘，舉得其寧者，皆王之功也。」（註一）惟義滿於永樂八年猝死後，其子義持卻改變乃父的對明政策，與明斷交，既未解送倭寇至中國，也不送回被倭寇所擄之中國人，而此事應與義持本人之權勢有關，因爲他之繼承將軍職位，得力於守護們，故守護們未必聽從其發號施令，而他之未獲乃父之愛，而反對其政策，亦有以致之。由於室町幕府本身之財政困窘，有賴對明貢舶貿易來彌補，故義持死，其弟義教於宣德年間繼任將軍後，便立刻恢復遣使。惟此後的來往，日本的目的對華貿易唯利是圖，所以往往違反明朝規定，一味要求增加朝貢次數、船數與人數，逐漸露出其經濟需求之面目。雖然如此，因貢舶貿易依然存在，所以雖間有倭寇寇掠之事件發生，並未造成重大災害。

迄至嘉靖二年（大永三年，一五二三），因爆發寧波事件，與葡萄牙人東來後在東南沿海地方騷擾，致海禁更趨嚴厲。隨著海禁的嚴厲，走私活動便更爲猖獗，明廷遂於二十六年新設浙江巡撫，由朱紈擔任斯職，負責執行海禁。然因紈執行海禁的手段嚴急，致招閩、浙大姓之忌，終於失位。紈被絀後，數年之間不復設巡撫，直至三十一年，鑒於倭寇猖獗的嚴重，乃命都御史王忬擔任斯職。然對倭寇激烈的寇掠已束手無策，終於進入所謂嘉靖大倭寇時期。之後，李天寵、張經、周珫、楊宜等人先後擔任此一職務，於三十五年二月，胡宗憲繼其任。宗憲計捕徐海、陳東、麻葉等渠魁，並遣蔣洲、陳可願赴日招降倭寇頭目王直。於是倭寇的擾害便從兩浙轉移到閩、廣而逐漸平息。不久以後，沿海居民方得安堵。

或以爲明嘉靖年間倭寇的發生，肇因於當時資本主義的萌芽，（註二）此一說法容或有其理論根據，但仍有商榷餘地。眾所周知，明朝政府曾於洪武四年實施海禁，片板不許下海。所以凡有意載運中國貨物前往海外貿易的，都非干犯海禁不可。如果資本主義的萌芽，促使那些財主興起對外貿易念頭，則在海禁政策下，只有助長走私之猖獗而已。走私猖獗，與寇亂之發生並無相關關係，唯有那些私販施詐，激怒其貿易夥伴，從而發生武力爭鬥，或誘引其債主至本國劫掠時方纔發生。此事可由《明實錄》、《明史》〈日本傳〉、《籌海圖編》、《日本一鑑》、《嘉靖東南平倭通錄》、《甓餘雜集》的相關記載，或本書前文所引資料獲得佐證。

當時如未發生寇亂，則即使以走私方式往販海外，對當時中國工商業之發展與對外貿易活動，也必能產生正面影響。若然，則不僅促進了明清時代的經濟活動更爲發達，產業更爲進步，今日中國在此一方面的活動，也必呈現另一種局面。

當倭患日益嚴重之際，明朝當局爲賑卹災區民眾，往往採取減免稅糧，或停徵措施，但又因調兵遣將，招募兵勇而增加巨額開支，造成入不敷出，帑藏日益空虛，財政絀乏的現象。

爲充實國庫，在稅收方面曾經額外提編，但此額外提編卻給部分不肖官員帶來斂財機會，並留下嚴重的後遺症。東南沿海地區的倭亂在嘉靖末年已大致平定，軍事上的開支較往日大爲減少，故其額外提編、加派，原應隨著倭亂之逐漸平靜而減輕或取消。然在事實上非僅未見減輕，反而有指一科十之弊。也就是說，倭患雖使當地居民受到嚴重傷害，但那些不肖官員給他們帶來的損失與困擾，也難於估計。兵科給事中李熙言：「今志士謀臣，焦心疚懷，爲國家抱長遠之慮者，誰不說是北虜南夷？然自嘉靖三十一年倭掠浙東，而吳越諸郡咸罹荼毒。南都爲根本之地，而岌然震驚。其人民、廬舍、畜產，焚劫無餘矣。乃始蔓入福建，自嘉靖三十四年至四十二年，八、九年之間，福建之人民、廬舍、畜產，殘破尤慘。故又轉而入廣，至今已十年餘。計其所受災害，與之前之福建、浙江無異，其凋敝耗乏，以無復可垂涎。他們之所睨盼而窺伺者，如非福建，則爲浙江。故臣以爲今日之計，宜專意海防」。（註三）且在其所條陳喫緊六事的第六事說要「重剋減之禁」。（註四）可見原爲紓解國庫空虛所採取的臨時性因應措施，竟變成地方官員用以剝削人民的手段，這當是明朝政府始料未及的。

註釋：

註　一：瑞溪周鳳，《善鄰國寶記》（續群書類從本），應永十五年（一四〇八）〈大明書〉。

註　二：參看戴裔，《明代嘉隆間的倭寇海盜與中國資本主義的萌芽》（北京，新華書店，一九八二），林仁川，《明末清初私人海上貿易》（上海，華東師範大學出版社，一九八七）。

註　三：《明神宗實錄》，卷七，隆慶六年（一五七二）十一月癸未朔戊申（二十六日）條。

註　四：同前註。

編輯後記

鄭老師逝世一週年之際，最後完稿之《明代倭寇》遺稿終於能夠順利出版，這個消息讓大家都感到相當欣慰，我們希望藉此表達學生對老師悼念之意，並安慰其在天之靈。

去年春節過後，老師在病榻中，最掛念的事莫過於已經答應交稿的這本書日文版撰稿進度，當師母勸他應該先養病再工作時，老師卻完全不願接受勸說，並強調爲人最主要的原則是「信守承諾」，爲了在期限內交稿，他交代我們兩人幫他打字，記憶中這是老師第一次開口要我們幫忙。然而，沒想到接到稿件不久，隨即驚聞老師往生之消息。哀痛之餘，我們認爲最足以告慰老師的方式，就是爲他出版這本遺著。由於日文稿尚未完成，日文版之刊行只能留待來日，今日只能先以中文版問世。老師逝世後，中文稿文字檔遍尋不找，因此只好重新打字，然後再由我們兩個非專業者來校對。這樣的處理方式，既無作者本人最後的潤飾改稿，也沒有精確的校訂，內容如有疏漏錯誤之處，當由我們兩人負責，在此得先向讀者致歉，並請方家不吝指正。本書出版過程中，承蒙師母、老師愛女卉芸之關懷與鼓勵，以及文史哲出版社彭正雄社長全面協助，謹此一併致謝。

曾焕棋、何義麟謹記